Bernd Greiner

9/11

Bernd Greiner

9/11

Der Tag, die Angst, die Folgen

Verlag C. H. Beck

Für Betsy

«Another day over, and all I ask is to share the next with you.»

Mit 26 Abbildungen und 1 Karte

Satz aus der JansonMT und Scala Sans bei:
Janß GmbH, Pfungstadt
Druck und Bindung: CPI – Ebner & Spiegel, Ulm
Gedruckt auf säurefreiem, alterungsbeständigem Papier
(hergestellt aus chlorfrei gebleichtem Zellstoff)
Printed in Germany
ISBN 978 3 406 61244 2

www.beck.de

Inhalt

Einleitung

Ein Passagierflugzeug, das sich am 11. September 2001 auf halber Höhe in einen Wolkenkratzer fräst;

zerklumpte Metallteile auf den Straßen, Überreste eines Triebwerks, daneben zerfetzte Körper mit breiten Gurten um die Hüften, angelegt zur Sicherheit während eines Fluges;

der benachbarte Büroturm, auch er wenige Minuten später in Flammen und Rauch, getroffen von einem zweiten Düsenjet;

im oberen Drittel der Hochhäuser Eingeschlossene, den Tod durch Ersticken oder Verbrennen vor Augen, mit Stofffetzen um Hilfe winkend die einen, in ihrer Verzweiflung zum Sprung aus Hunderten von Metern Höhe bereit die anderen, im Fall gefilmt von Fernsehkameras und Touristen;

Feuerwehrleute mit Äxten auf dem Weg zur Brandstelle – «you went in, when we went out», wird später in ihren Todesanzeigen als letzter Gruß von Überlebenden zu lesen sein;

die Meldung, dass zwei weitere Flugzeuge entführt wurden, beide mit Kurs auf die politischen und militärischen Schaltzentralen des Landes, schließlich die Nachricht: auch Teile des Pentagon stehen in Flammen, und «United Airlines 93» ist in der Nähe von Shanksville, Pennsylvania, in einen Acker gestürzt, 20 Flugminuten vom Weißen Haus und vom Kapitol entfernt.

Eine Synagoge in Tunesien, April 2002, Todesstätte für 21 Menschen – darunter 14 deutsche Touristen – nach der Explosion einer Bombe, die von den Drahtziehern von «9/11» in Auftrag gegeben worden war.

Der beliebte Touristenort Kuta auf Bali am späten Abend des 12. Oktober 2002, wo «Jemaah Islamiah» – eine Gruppe mit engen Kontakten zu Al-Qaida – drei Bomben zündete und 202 Menschen tötete.

Das mit 900 Besuchern voll besetzte Dubrowka-Theater in Moskau, am 23. Oktober 2002 während einer Vorstellung von einem tschetschenischen Kommando besetzt und nach zwei Tagen unter Einsatz von Nervengas erstürmt – eine Aktion, die 129 Geiseln und ungefähr 50 Terroristen das Leben kostete.

Vier Vorortzüge in Madrid, von Bomben zerfetzt im Berufsverkehr am frühen Morgen des 11. März 2004 – 191 Tote und über 2000 Verletzte nahmen die Bombenleger in Kauf, um die spanische Regierung zum Rückzug ihrer Truppen aus dem Irak zu bewegen.

Die knapp 1300 Geiseln, Anfang September 2004 drei Tage lang in der «Schule Nummer Eins» in Beslan festgehalten und gequält von radikal-islamischen Gotteskriegern, die ihren Kampf gegen Moskau auf Nordossetien ausweiten wollten und 331 Menschen, darunter 186 Kinder, mit in den Tod rissen.

Die Londoner U-Bahn am Morgen des 7. Juli 2005, erschüttert von der Explosion mehrerer Bomben, die 56 Menschen töteten und 700 verletzten.

Die dreitägigen Schießereien Ende November 2008 in Mumbai, nachdem mehrere Kommandos an zehn verschiedenen Stellen der Stadt Bomben und Feuer gelegt, 174 Personen ermordet und über 300 verletzt hatten.

Der Morgen des 29. März 2010, als in der Moskauer U-Bahn zwei Selbstmordattentäterinnen, Mitglieder extremistischer Gruppen aus dem Nordkaukasus, sich selbst und 40 Passagiere in die Luft sprengten.

Bilder und Eindrücke aus den letzten zehn Jahren, Schattenwürfe einer Geschichte, die sich jederzeit wiederholen kann, an jedem Ort der Welt. Diese Geschichte handelt im Kern von einer Rückkehr politischer Angst ins öffentliche Leben, erinnert an die dunkelsten Kapitel des Kalten Krieges: «Sie sind überall, in Fabriken, Büros, Metzgereien, an den Straßenecken, in privaten Firmen», so der amerikanische Justizminister Tom Clark Ende der 1940er Jahre über kommunistische Schläferzellen. «Und jeder trägt den Keim für den Untergang der Gesellschaft mit sich.»[1] Tom Ridge, Leiter des US-Heimatschutzministeriums, klang zum Verwechseln ähnlich, als er 2003 und 2004 wiederholt vor noch schlimmeren Angriffen als im September 2001 warnte. Von Giftgasanschlägen in U-Bahnen war die Rede, Hunderte von Detektoren wurden in der Hoffnung auf eine frühzeitige Warnung über das Stadtgebiet von Los Angeles verteilt, F-15-Abfangjäger patrouillierten über potentiellen Anschlagzielen. Was ein Mitarbeiter der CIA über die Stimmung in den USA sagte, konnte und kann man zeitweise auch in Europa beobachten: «Etwas nicht anzuzeigen, weil es einfach verrückt ist, kommt den Leuten gar nicht mehr in den Sinn. Es gibt keine Blockaden mehr. Alles wird angezeigt, überall. Und die Bewertungskriterien sind verloren gegangen. Niemand sagt: ‹Also gemessen an meiner Erfahrung ist dieser Kerl ein verdammter Lügner›. Niemand sagt, ‹diese Berichte haben überhaupt keine Grundlage›.»[2] Wie hätte es auch anders sein sollen angesichts von verängstigten Meinungsmachern und Politikern, die ihrerseits die Ängste der Anderen für eigene Zwecke ausbeuteten? Auffällig oft warnte das Weiße Haus ausgerechnet während des Wahlkampfes 2004 vor erhöhter Terrorgefahr; und 2008 versuchte auch Hillary Clinton, während der Vorwahlen auf Kosten von Barack Obama mit Angst Politik zu machen: «Wem würden Sie mehr vertrauen, wenn nachts um drei das Telefon klingelt?»

Schon jetzt eine umfassende Geschichte dieses nervösen Jahrzehnts schreiben zu wollen, wäre ein vermessener Anspruch. Trotzdem ist die Zeit für eine erste Bilanz über die Hintergründe und Folgen des 11. September 2001 gekommen. Ausgerechnet über die Administration George W. Bush, die sich hermetisch gegenüber der Außenwelt abzuschotten versuchte, drang noch während ihrer Amtszeit ungewöhnlich viel nach außen. Von Finanzminister Paul O'Neill über den Koordinator der Anti-Terrorpolitik, Richard Clarke, bis zum ehemaligen Botschafter Joseph Wilson und weniger bekannten Mitarbeitern von Ministerien quittierten Dutzende den Dienst und gaben Interna preis – in der Regel nicht wegen gekränkter Eitelkeit, sondern aus Sorge um den Kontrollverlust innerhalb des politischen Systems und mithin über den Zustand der Demokratie in ihrem Land. Allen Unkenrufen über den Niedergang ihres Genres zum Trotz leisteten auch investigative Journalisten – vorweg Seymour Hersh, Dana Priest, Barton Gellman und Ron Suskind – einen unverzichtbaren Beitrag. Ihnen, der Initiative von Hinterbliebenen der Anschlagsopfer in New York und Washington sowie Anwälten und Bürgerrechtsorganisationen, die sich um Häftlinge in Guantanamo kümmern, ist die Freigabe Hunderter von Akten zu verdanken, die ungewöhnliche Einblicke in die Arbeit der Regierung, des Pentagon und der Geheimdienste bieten. In der vom Kongress bestellten Untersuchungskommission zu den Hintergründen von «9/11» wurden zahlreiche dieser Dokumente penibel ausgewertet, John Ehrenberg, Karen Greenberg und John Prados haben einschlägige Editionen vorgelegt. Die umfangreichste Quellensammlung indes steht im Internet zur Verfügung, aufgearbeitet von Historikern des «National Security Archive». Diese an der George Washington University angesiedelte gemeinnützige Organisation ist für Zeithistoriker mittlerweile unumgänglich; sie genießt zu Recht den Ruf, ihre umfangreichen, bis zum Zweiten Weltkrieg zurückreichenden Bestände nach den Maßstäben professioneller Archivare zu pflegen. Herkunft, Kontext und Wirkungsgeschichte der Quellen sind nachvollziehbar, elektronische Findbücher erleichtern die Recherche. Fortlaufende Ergänzungen ermöglichen überdies eine kontinuierliche Ergänzung oder Korrektur bereits vorhandenen Wissens.

Aufgrund dieses vielfältigen Materials lassen sich auch die «weißen Flecken» in der Geschichte des 11. September 2001 kartographieren, jene Bereiche also, die künftig für ein besseres Verständnis der Ereignisse bearbeitet werden sollten. In diesem Sinne kann das vorliegende Buch zugleich als Beitrag zur Diskussion von Fragen verstanden werden, die sich aus der Geschichte von «9/11» aufdrängen, aber keineswegs nur von historischem Interesse sind – Fragen zur Außen- und Militärpolitik, zu Bündnisbeziehungen, zum internationalen Völker- und Kriegsrecht und vor allem zur Art und Weise, wie Demokratien mit realen oder imaginierten Gefahren umgehen und welchen Preis sie für den Ausnahmezustand zahlen.

Gerade die Vorgeschichte der Anschläge spielt, sei es hintergründig oder explizit, in tagespolitischen Debatten eine herausragende Rolle. Die Behauptung, dass religiös motivierter Terror und Religionskriege im Namen Allahs die größte Gefahr für Freiheit und Zivilisation sind, steht wie ein Glaubensbekenntnis im Raum, eingängig wegen der radikalen Reduktion von Komplexität und tröstend zugleich, weil es den Blick auf irritierend andere Facetten erspart. Zieht man demgegenüber Studien zu Selbstmordattentätern im Allgemeinen und zu Al-Qaida im Besonderen zu Rate, macht das Bild der von glühender Religiosität getriebenen Fanatiker kaum noch Eindruck. Stattdessen gewinnen weltliche, säkulare Elemente an Kontur: soziale Entwurzelung, Enttäuschung, Demütigung, Bindungslosigkeit, verletztes Ehrgefühl, Wut und Zorn über nationale Erniedrigung, Rache für die Opfer von Amerikas Politik und Kriegen in muslimischen Ländern und nicht zuletzt: ein Pochen auf soziale Gerechtigkeit, unterlegt von politischer Leidenschaft zur Durchsetzung dieses Ziels. Daher war auch der Schriftsteller Orhan Pamuk vielen Historikern seiner Zeit voraus, als er die Freudentänze in Istanbul nach dem Einsturz der Zwillingstürme wie folgt kommentierte: «Was den Terrorismus nährt, […] ist weder der Islam noch die Armut selbst, sondern es sind die Gefühle von Hilflosigkeit und Minderwertigkeit, die sich wie ein Krebsgeschwür in den Ländern der Dritten Welt verbreitet haben.»[3]

Dass die Anschläge auf New York und Washington in die Zeit der Einführung des Breitbandinternet fielen, beförderte eine zweite Lesart über alle Maßen – Verschwörungstheorien. Keine Behauptung ist zu abenteuerlich, als dass sie mittels der neuen Medien nicht weltweit diskutiert und Anhänger finden würde: Polizei und Geheimdienste hätten die Tragödie verhindern können, aber eine Verhaftung Osama Bin Ladens und anderer Drahtzieher sei politisch unerwünscht gewesen; die Flugzeuge seien nicht von Entführern gesteuert, sondern durch manipulierte Bordcomputer gegen den Willen einer hilflosen Besatzung automatisch ins Ziel gelenkt worden; nicht explodierende Flugzeuge, sondern im Vorwege platzierte und kontrolliert detonierte Sprengladungen hätten die Türme zum Einsturz gebracht; das Pentagon sei nicht von einem Flugzeug, sondern von einer Cruise Missile der US-Streitkräfte getroffen worden; die Air Force habe das vierte Flugzeug über Shanksville abgeschossen; Insider hätten in den Tagen vor dem Anschlag auffällig mit Aktien der betroffenen Fluggesellschaften und mit Obligationen im World Trade Center niedergelassener Investmenthäuser spekuliert und dabei ungewöhnlich hohe Gewinne erzielt, seien über das Kommende ebenso im Bilde gewesen wie israelische Banker und Regierungsstellen, die rechtzeitig Warnungen ausgegeben und damit jüdische Opfer verhindert hätten. Und so weiter und so fort in einer endlosen Litanei nach dem ewig gleichen Muster: Jedes Detail wird auf einer Fertigmatrix in Kausalketten eingepasst, bis am Ende alles Zufällige, Ungereimte und Kontingente geplant, beabsichtigt und wohl überlegt erscheint. Fazit: Was am 11. September geschah, hätten amerikanische Geheimdienste entweder ausgeheckt oder im Wissen um die Pläne der Terroristen geduldet – angeblich, um einen Vorwand für einen Krieg um Öl und gegen Muslime in der ganzen Welt zu finden.

Wie es scheint, hat der 11. September einen Trend kenntlich gemacht, wenn nicht gar beschleunigt, der vor allem in den USA, aber auch andernorts um sich greift. Meinungen, Vorurteile und Gefühle treten auf Kosten von Fakten in den Vordergrund, Gläubige an die Stelle des Staatsbürgers. Sosehr Letztere über die Begründbarkeit von Argumenten streiten, sosehr immunisieren sich Erstere gegen die Kraft des Arguments. Wer nur noch die eigenen

Überzeugungen duldet, kann auf streitbaren Dialog verzichten, denn Glaube ist von Haus aus nicht falsifizierbar. In den emotionalen Aufwallungen der «Tea Party» in den USA oder der populistischen Islamwut in Europa findet dergleichen seinen vorläufigen Höhepunkt. Dass Barack Obama ein im Ausland geborener Muslim sei, halten bis zu 25 Prozent der von Meinungsforschern befragten Amerikaner für erwiesen; auch in Europa steigt offenbar der Anteil jener, die wider alle Evidenz schlicht alles für möglich halten. Im einen wie im anderen Fall kündet der öffentliche Umgang mit Gefahren und Unübersichtlichkeit von einer «Beschädigung der demokratischen Kernfähigkeit», wie Benjamin Barber schreibt: «Wir verlieren unsere demokratische Kernfähigkeit, nämlich einzuräumen, dass wir unrecht haben könnten, und dass unsere Ansichten nach irgendwelchen anderen Kriterien beurteilt werden müssen, als nur danach, wie sehr wir von ihnen überzeugt sind. […] Wir haben Meinung und Vorurteil an die Stelle von Wissenschaft und Vernunft gesetzt – oder noch schlimmer, wir erkennen den Unterschied zwischen beidem gar nicht mehr.»[4]

In welcher Weise der «Krieg gegen den Terror» demokratische Werte, Verfahren und Institutionen und mithin jene Fundamente beschädigt, die es gegen die terroristische Herausforderung eigentlich zu stärken gilt – dieses Problem steht im Mittelpunkt der vorliegenden Studie. Dass die USA unter George W. Bush besondere Aufmerksamkeit verdienen, liegt nahe. Zwar forderte der Ausnahmezustand auch in anderen Demokratien seinen Preis; aber einzig in den USA war von einer Verfassungskrise die Rede, gar von der schwersten Belastungsprobe seit dem Bürgerkrieg. Wie konnte es einer anfänglich schwachen, mit dem Makel einer gestohlenen Wahl behafteten Regierung gelingen, binnen kürzester Frist ihre Agenda auf ganzer Linie durchzusetzen? Warum funktionierten die «checks and balances» – Gewaltenteilung und wechselseitige Kontrolle des Machtapparates – nicht mehr? Wieso fügten sich mächtige Ministerien und Behörden, weshalb ließ der Kongress die Exekutive kritiklos gewähren? Weshalb galten scheinbar unverrückbare Prioritäten von einem Tag auf den anderen nichts mehr? Und wie ist das jahrelange Schweigen des Supreme Court, der obersten Verfassungshüter, zu erklären? In den Worten von Seymour Hersh: «Ist unsere Demokratie wirklich so fragil?»[5]

Historiker und Verfassungsrechtler verwenden seit den 1970er Jahren zur Charakterisierung dieser Fragilität ein einprägsames Schlagwort: «Imperiale Präsidentschaft». Das Adjektiv wurde vom Schöpfer des Begriffs, dem Historiker Arthur Schlesinger Jr., mit Bedacht gewählt und soll signalisieren, dass amerikanische Präsidenten seit der zweiten Hälfte des 20. Jahrhunderts wiederholt auf Vollmachten pochen, die einst den Potentaten europäischer Imperien vorbehalten waren. Eine Gleichstellung mit absoluten Monarchen ist damit selbstverständlich nicht gemeint; dagegen spricht der extrem enge Handlungsspielraum der Exekutive in der Innenpolitik im Allgemeinen und gegenüber den Einzelstaaten im Besonderen. Vielmehr geht es darum, dass Präsidenten in der Außen- und Sicherheitspolitik, bei der Entscheidung über Leben und Tod, die alleinige Entscheidungskompetenz für sich beanspruchen und ein um das andere Mal durchsetzen. Und dass sie dabei eine Theorie von «inherent rights» geltend machen, die einem vordemokratischen Politik- und Staatsverständnis geschuldet ist – der Vorstellung unteilbarer, nicht begründungsbedürftiger Privilegien nämlich, die vom ersten Mann im Staat nach eigenem Gutdünken in Anspruch genommen werden können. George W. Bush tritt nur insofern aus der Reihe, als er die Machtüberdehnung der Exekutive so konsequent wie kaum ein anderer vor ihm betrieb.

Krieg zur symbolischen Beglaubigung imperialer Größe und Durchsetzungsfähigkeit, Angriffskriege auf bloßen Verdacht und zur Vorbeugung gegen künftige Gefahren, Setzung neuen Rechts ohne Verfahren, ohne Diskussion und ohne Legitimation – ob George W. Bush eine radikale Ausnahme bleibt oder ob die USA auf künftige Kränkungen, Niederlagen und Machteinbußen ähnlich radikal reagieren werden, ist eine offene Frage. Sich mit ihr zu beschäftigen, mithin nach den Möglichkeiten und Grenzen politischer Selbstkorrektur zu fragen, erscheint aber unhintergehbar –

auch angesichts der seit «9/11» feststellbaren Beschädigungen des Rechtsstaats in Europa und nicht zuletzt auf Grund der Tatsache, dass der «Krieg gegen den Terror» die Wahrscheinlichkeit künftiger Anschläge nicht reduziert, sondern erhöht hat.

Berlin, 13. Januar 2011

«Ground Zero»: Rauchende Trümmer des World Trade Center unmittelbar nach den Anschlägen.

Dienstag, 11. September 2001

«American 11 – Flugzeug auf zwei Uhr, zwanzig Meilen in südwestlicher Richtung vor Ihnen.» – «Hier American 11, verstanden.» – «American 11, drehen Sie zwanzig Grad auf rechts.» – «Zwanzig rechts, verstanden.» Es ist Dienstag, der 11. September 2001, als diese Kommunikation zwischen der Flugkontrolle Boston und dem Cockpit von American Airlines Flug 11 aufgezeichnet wird – ein strahlender Tag, tiefblau der Himmel und wolkenlos, an der gesamten Ostküste der Vereinigten Staaten um die 20 Grad Celsius, kaum Wind, perfektes Flugwetter. 14 Minuten vorher, um 7 Uhr 59, war «American 11», eine Boing 767, am Flughafen Boston Logan mit 81 Passagieren und elf Crew-Mitgliedern gestartet. Die Flugzeit nach Los Angeles würde voraussichtlich sechs Stunden betragen, die Tragflächen sind randvoll mit 35 000 Litern Kerosin betankt. Gegen 8:14 melden sich die Lotsen erneut: «American 11, steigen Sie auf Flughöhe Drei Fünf Null [35 000 Fuß], und halten Sie diese Höhe.» Zehn Sekunden später noch einmal: «American 11, steigen Sie auf Flughöhe Drei Fünf Null, und halten Sie diese Höhe.» Keine Antwort. 13 Mal versucht «Boston Center» in den nächsten zehn Minuten Kontakt aufzunehmen: «American 11, hören Sie uns?» – «American 11, wenn Sie Boston Center hören, schalten Sie auf Eins Zwei Sieben Punkt Acht Zwei.» Dann endlich – es ist 8 Uhr 24 Minuten und 38 Sekunden – sind wieder Stimmen aus dem Cockpit zu hören. Aber es sind nicht die Stimmen der Piloten. Ein Unbekannter wendet sich auch nicht an die Flugkontrolle, sondern an die Passagiere; womöglich ahnt er noch nicht einmal, dass die Mikrophone auch nach außen geöffnet sind: «Wir haben ein paar Flugzeuge», ist mit schwerem Akzent zu hören. «Verhalten Sie sich ruhig, und es wird Ihnen nichts geschehen. Wir fliegen zum Flughafen zurück. Wenn sich keiner bewegt, wird alles in Ordnung sein. Wenn Sie versuchen sich zu bewegen, gefährden Sie sich selbst und das Flugzeug. Bleiben Sie einfach ruhig. Keiner bewegt sich, bitte.

Wir kehren zum Flughafen zurück. Kommen Sie nicht auf die Idee, irgendwelche dummen Bewegungen zu machen.»[1] Mittlerweile ist es 8:34 Uhr.

New York City, Washington, D. C., Shanksville

Die Entführer gestatten ihren Geiseln die Benutzung von Bord- und Mobiltelefonen. Viele nutzen die Gelegenheit, führen Gespräche voller Liebe und Zärtlichkeit, als ahnten sie, dass es das letzte Mal ist. Zwei Stewardessen schildern einem Außenbüro ihrer Fluggesellschaft, dass ein Passagier mit durchgeschnittener Kehle verblutet und zwei Kolleginnen durch Messerstiche verletzt sind. Und sie geben die Sitzplatznummern der fünf Entführer durch, ein wichtiger Hinweis zur schnellen Ermittlung ihrer Namen. 32 Minuten nach der Erstürmung des Cockpits hat der Terrorpilot den Nordturm des World Trade Center an der Südspitze Manhattans auf Augenhöhe. Um 8 Uhr 46 bohrt sich «American 11» mit 630 Stundenkilometer auf halber Höhe, zwischen dem 93. und 99. Stockwerk, in das Gebäude. In der Außenwand und im Kern des Turms wird ungefähr die Hälfte der Stützpfeiler durchschlagen oder schwer beschädigt, die 300 000 Tonnen schwere Konstruktion aus Glas und Stahl schwingt mehrmals hin und zurück, sie ist auf schwere Erdbeben und Hurrikans ausgelegt – aber nicht darauf, dass Feuerisolierungen weggesprengt und Stahlträger einem Feuer von mehr als 1000 Grad ausgesetzt werden.

Knapp sieben Minuten nach dem Einschlag im Nordturm wird der Flugüberwachung im Großraum Boston, die bisher alle Aufmerksamkeit auf «American 11» konzentriert hatte, klar, dass auch mit einer weiteren Maschine etwas nicht stimmt: United Airlines Flug 175, eine Boing 767, um 8 Uhr 14 ebenfalls in Boston Logan gestartet, reagiert nicht mehr auf die Funksprüche der Luftüberwachung New York. «We may have a hijack» – «Kann sein, dass wir eine Entführung haben», ist um 8 Uhr 53 aus «New York Center» zu hören. Und kurz darauf: «Wir haben es hier mit mehreren Dingen gleichzeitig zu tun. Es läuft völlig aus dem Ruder» – «It's escalating big, big time.»[2] Um 8 Uhr 41 waren die Piloten von «United 175» noch auf Empfang gewesen, hatten berichtet, dass sie sich auf die Funkfrequenz von «Ameri-

«It's escalating big, big time»: «United 175» kurz vor dem Einschlag in den Südturm des World Trade Center.

can 11» geschaltet und Merkwürdiges gehört hatten: «Irgendjemand [im Cockpit von «American 11»] sprach ganz aufgeregt ins Mikro und sagte, äh, dass alle, äh, in ihren Sitzen bleiben sollten.»[3] Es ist der letzte Funkspruch von «United 175», kurz darauf sind Kapitän und Kopilot tot, wahrscheinlich erstochen von einem der fünf Entführer – so schildern Passagiere in Telefonaten mit ihren Familien die Situation an Bord. Einige sind noch geistesgegenwärtig genug, um die Sitzplatznummern der Terroristen durchgeben zu können. Kurz darauf verglüht «United 175» mit

61 Fluggästen und neun Besatzungsmitgliedern zwischen dem 77. und 85. Stockwerk im Südturm des World Trade Center. Es ist 9 Uhr 03.

«American seventy seven – Indy radio check – how do you read?» – «American 77, hier ist die Leitstelle Indianapolis, können Sie mich hören?»[4] Seit 8 Uhr 56 setzen die Lotsen von «Indy Center» ihre Funksprüche im Minutentakt ab. Vergeblich. Auch American Airlines Flug 77, gestartet um 8 Uhr 20 vom Flughafen Dulles in Washington, D. C., befindet sich mittlerweile mit 53 Passagieren und sechs Crew-Mitgliedern in der Hand von Entführern. Das Flugzeug hat seine vorgesehene Route nach Los Angeles kurz vor neun Uhr verlassen und nimmt in einer weiten Schleife Kurs zurück auf die Hauptstadt. Um 9 Uhr 37 stürzt die voll betankte Boing 757 in den Westflügel des Pentagon.

United Airlines Flug 93 ist, vom Flughafen Newark kommend, seit 8 Uhr 42 in der Luft. Die Reise nach Kalifornien verspricht planmäßig zu verlaufen, die Piloten spulen routiniert ihr Programm ab. Selbst eine um 9 Uhr 23 auf den Bordmonitoren aufblinkende Eilmeldung bringt sie nicht aus der Ruhe: «Beware any cockpit intrusion. Two aircraft in NY, hit Trade Cnter builds» – «Vorsicht vor Eindringlingen in das Cockpit. Zwei Flugzeuge in New York kollidieren mit den Trade Center Gebäuden.» Dass auch «United 93» gefährdet ist, scheint kaum jemand für möglich zu halten, am wenigsten die Piloten. «Guten Morgen Cleveland, hier spricht United 93 auf Drei Fünf [35 000 Fuß Flughöhe]. Ehhm, es gibt etwas Wind hier oben auf fünfunddreißig. Habt Ihr irgendwelche Vorhersagen?» Die nächsten fünf Minuten geht es um Wetterlage, Reisehöhe und Verkehrsaufkommen auf der vorgesehenen Luftstraße. Dann aber – es ist 9 Uhr 28 – buchstäblich aus heiterem Himmel der internationale Notruf, bei der Bodenstation nur verzerrt wahrnehmbar: «Mayday». Und lautes Rufen, es klingt wie: «Hey, macht dass Ihr rauskommt. Get out of here. Get out of here.» Vier Minuten später fängt «Cleveland Center» das nächste Signal auf, die Stimme eines Entführers, der sich als Kapitän ausgibt und in gebrochenem Englisch die Passagiere beruhigen will: «Bitte setzen Sie sich. Bleiben Sie sitzen. Wir haben eine Bombe an Bord. […] Wir fliegen zum Flughafen zurück und werden unsere Forderungen haben. Also bitte bleiben Sie ruhig.»[5] Danach verstummt «United 93» und nimmt Kurs auf die Hauptstadt.

Wie in den anderen entführten Maschinen rufen Passagiere und Crewmitglieder ihre Angehörigen an, weinen, trösten, sprechen sich Mut zu, schildern das Chaos an Bord, dass Kapitän und Kopilot in der Kabine auf dem Boden liegen, verletzt, womöglich tot. Einige erfahren in den Telefonaten von den Ereignissen in New York – und entschließen sich zur Gegenwehr. «Okay, wir haben hier eine Gruppe zusammen, und wir werden etwas unternehmen», so eine Geisel im Telefonat mit seiner Frau. «Wenn sie diese Maschine zum Absturz bringen, müssen wir etwas tun.»[6] Was danach geschieht, ist auf dem «Voice Recorder» – dem automatischen Aufzeichnungsgerät im Cockpit – und der «Black Box» mit dem Protokoll aller Flugdaten überliefert. 9 Uhr 57: Schreie und Geräusche, die auf einen Kampf schließen lassen, offensichtlich greift eine Gruppe Passagiere die Entführer an. Der Terrorpilot versetzt das Flugzeug in heftige Schlingerbewegungen, wahrscheinlich will er die Angreifer aus dem Gleichgewicht bringen. 10 Uhr: «Auf ins Cockpit! Wenn wir es nicht tun, werden wir alle sterben!» Und eine andere Stimme: «Roll it!» – «Los geht's!» Der Pilot gerät in Panik: «Allah ist der Größte! Allah ist der Größte! War es das? Ich meine, sollen wir sie abstürzen lassen?» Darauf ein anderer Entführer: «Yes, put it in it, and pull it down» – womit er wohl sein Einverständnis mit einem gezielten Absturz zum Ausdruck bringen will. Drei weitere Minuten protokollieren die Geräte. Mal sind schrille Schreie zu hören, dann nur Fluggeräusche, phasenweise scheint es in der Maschine vollkommen still zu sein.[7] Um 10:03 zerschellt die Boing 757 auf einem Acker bei Shanksville, Pennsylvania, die 33 Passagiere, sieben Besatzungsmitglieder und vier Entführer sind sofort tot. Die Absturzstelle liegt 125 Meilen oder 20 Flugminuten von Weißem Haus und Kapitol entfernt.

Für den Schutz des amerikanischen Luftraums sind das «North American Aerospace Defense Command» (NORAD) sowie mehrere Regionalkommandos zuständig, in diesem Fall der «Northeast Air Defense Sector», kurz NEADS. Wie es scheint, waren die traditionell für «worst case»-Fälle trainierten Militärs auf das Szenario dieses Morgens nicht im Mindesten vorbereitet. Elf Jahre nach Ende des Kalten Krieges konnte oder wollte sich niemand eine aus dem Nichts kommende Bedrohung durch feindliche Flugzeuge vorstellen. Und dass die Jets ziviler Fluggesellschaften wie Cruise Missiles eingesetzt würden, erst recht nicht. Gerade mal sieben Stützpunkte und 14 Abfangjäger waren in den gesamten USA in Alarmbereitschaft. «Is this real-world or exercise?» – «Meint Ihr das ernst, oder ist es eine Übung?», fragte der Diensthabende bei NEADS ungläubig, als um 8 Uhr 37 die Nationale Luftfahrtbehörde (FAA) in der Kommandozentrale anrief und die Entführung von «American Airlines 11» meldete.

Gut eine Viertelstunde später starteten zwei F-15-Abfangjäger von der Otis Air National Guard Base in Falmouth, Cape Cod, und zwei F-16 von der Langley Airbase in Hampton, Virginia. Eine nachvollziehbare Verzögerung, denn trotz wiederholter Anfragen waren keine Koordinaten über Flugroute und Flughöhe von «American 11» übermittelt worden. Auch nach dem Start hatten die Piloten keinen klaren Auftrag, außer der Weisung, sich im militärischen Luftraum auf Abruf bereit zu halten. Der Nordturm des World Trade Center war zu diesem Zeitpunkt bereits in dichten Rauch gehüllt. Dass mit «United 175» eine weitere Maschine auf New York zuraste und «United 93» ihren ursprünglichen Kurs abrupt geändert hatte und mittlerweile Washington, D.C. ansteuerte – diese Informationen gingen im allgemeinen Chaos unter, niemand gab sie weiter, weder an NORAD noch an NEADS. Von der Existenz beider Flugzeuge erfuhr die Luftabwehr erst, als das eine im Südturm explodiert und das andere über dem ländlichen Pennsylvania abgestürzt war. Und die Daten zu «American 77» wurden erst um 9 Uhr 34 – drei Minuten vor Absturz – an NEADS übermittelt: «Unbekanntes Flugzeug» sechs Meilen südwestlich des Weißen Hauses. Die beiden F-16 nahmen sofort Kurs auf die Hauptstadt. Eine Chance zum rechtzeitigen Eingreifen hatten sie nie; als die

Kampfpiloten die Silhouette von Washington sahen, stand der Westflügel des Pentagon schon in Flammen.[8]

Dass die Luftabwehr Zeit und Gelegenheit gehabt hätte, einen oder mehrere der entführten Jets zu stellen oder gar abzudrängen – diese im Nachhinein aufgestellte und mit Verve ständig wiederholte Behauptung entbehrt also jeder Grundlage. Die Kommunikation im zivilen und militärischen Luftverkehr, die Rekonstruktion der Flugbewegungen, überhaupt alle für den Morgen des 11. September relevanten Daten lassen keinen Zweifel: Die Abfangjäger waren zu keinem Zeitpunkt auch nur in Sichtweite, sie jagten Phantome, Flugzeuge, die es schon nicht mehr gab oder über deren Existenz man überhaupt nichts, bestenfalls Ungefähres wusste.

Vollends ein Hirngespinst ist die hartnäckig kolportierte Legende über den Abschuss von «United 93». Nicht genug damit, dass die Abfangjäger gar keine Gelegenheit dazu hatten; es war ihnen seitens der militärischen Einsatzleitung auch strikt untersagt. Um 10 Uhr 10 – keines der gekaperten Flugzeuge war mehr am Himmel, aber mit weiteren Entführungen musste jederzeit gerechnet werden – machte das NEADS-Kontrollzentrum allen im Einsatz befindlichen F-15 und F-16-Piloten unmissverständlich klar: «Negative – negative clearance to shoot.» In anderen Worten: Eine Abschusserlaubnis wird unter keinen Umständen gegeben. Gefordert war nur, verdächtige Flugzeuge zu stellen, zu identifizieren und zu verfolgen: «ID type and tail.» Die beiden Einsatzleiter handelten aus eigenem Ermessen, zu den politisch Verantwortlichen in Washington hatten sie zu diesem Zeitpunkt noch keinen Kontakt. Bemerkenswert ist, dass sie sich nicht allein an den üblichen Einsatzrichtlinien für Flugzeugentführungen orientierten. Sie begründeten ihre Zurückhaltung vielmehr mit einer Furcht vor unabsehbaren Konsequenzen – und änderten ihre Meinung auch eine knappe halbe Stunde später unter dem Druck des Vizepräsidenten nicht. Als man gegen 10:31 in der NEADS-Einsatzzentrale erfuhr, dass Richard Cheney auf einen schnellstmöglichen Abschuss drängte, reagierten die zuständigen Luftwaffenoffiziere nicht. An den Piloten gingen diese Irritationen vollends vorbei. Für sie galt weiterhin: «Negative clearance to shoot.»[9]

Vizepräsident Richard Cheney hielt bis zum frühen Abend die Fäden in Washington in der Hand. George W. Bush hatte eigentlich umgehend aus Sarasota, Florida – wo er den Kindern der «Emma E. Booker»-Grundschule einen Besuch abstattete – in die Hauptstadt zurückkehren wollen. Gegen 10 Uhr gab er widerwillig dem Drängen des «Secret Service» nach. Washington galt nach dem Angriff auf das Pentagon noch immer als akut gefährdet, auch hatte ein mit den Reiseplänen des Präsidenten auffallend vertrauter Anrufer die Präsidentenmaschine «Air Force One» als nächstes Anschlagsziel genannt. Also wurde Bush zunächst auf die Barksdale Air Force Base in Louisiana, von dort auf die Offutt Air Force Base in Omaha, Nebraska, evakuiert, einen weitläufigen, für das Überleben im Atomkrieg ausgelegten Bunkerkomplex. In jeder anderen Administration hätte wahrscheinlich der Stabschef des Weißen Hauses oder der Nationale Sicherheitsberater den kurzfristig verhinderten Präsidenten vertreten. So jedenfalls hatten es Dwight D. Eisenhower, Richard Nixon und Ronald Reagan in der Vergangenheit gehalten. Unter George W. Bush hingegen war die Architektur der Macht eine andere, nahm der Vizepräsident eine ungewöhnlich starke und im Grunde mit der Verfassung unvereinbare Rolle ein.

Dass «Dick» Cheney am Morgen des 11. September 2001 obendrein seine Machtfülle missbrauchte, ist mittlerweile kaum mehr zu bestreiten. Nachdem die Meldung über ein viertes entführtes Flugzeug eingegangen und Washington als wahrscheinliches Ziel vorausgesagt worden war, wurde Cheney von seinem militärischen Adjutanten zweimal auf die Befehlslage angesprochen. Sollte die Luftwaffe bedrohliche oder als bedrohlich erscheinende Flugzeuge abschießen oder nicht? Zweimal gab Cheney ohne zu zögern die gleiche Antwort: «Take it out!» – «Schießt sie ab!» Gegenüber Verteidigungsminister Donald Rumsfeld unterstrich er wenig später telefonisch seinen Entschluss und fügte hinzu: «Ich gehe davon aus, dass sie bereits einige Flugzeuge runtergeholt haben.»[10] Rumsfeld war sichtlich konsterniert – ob aus Wut über die missachtete Befehlskette oder im Entsetzen über Cheneys beiläufigen Tonfall, sei dahingestellt.

Eine solche Order hätte Cheney auf keinen Fall geben dürfen, einzig und allein der Präsident ist laut Verfassung als Oberkommandierender der Streitkräfte im Falle eines Angriffs auf die USA zu dergleichen befugt. Alle vorliegenden Indizien untermauern die Behauptung von Augen- und Ohrenzeugen, dass die beiden erst miteinander sprachen, als Cheney die Abschusserlaubnis bereits erteilt hatte. Zwar hieß Bush – daran ließ er keinen Zweifel – den Entschluss seines Vizepräsidenten gut. Aber Cheney hätte wegen Amtsanmaßung im Nachhinein seinen Rücktritt anbieten oder zur Demission aufgefordert werden müssen. Denn unabhängig davon, ob man den Befehl angesichts des akuten Notstandes für moralisch vertretbar und mithin legitim hält oder nicht, illegal war er in jedem Fall.

Dubios erscheint «Dick» Cheneys Rolle bei einer weiteren und militärisch nicht minder heiklen Entscheidung. Seit 10 Uhr 38 kreisten Abfangjäger über der Hauptstadt, die weder dem Kommando von NORAD noch von NEADS unterstanden. Sie gehörten zur «District of Columbia Air National Guard» und waren von deren Stützpunkt auf der Andrews Air Force Base in Maryland gestartet. Bis heute ist unklar, wer die Maschinen anforderte: Cheney schützt Unwissen vor; der an diesem Tag im Weißen Haus für den «Secret Service» zuständige Agent behauptet, eine Anweisung des Vizepräsidenten weitergegeben zu haben. In jedem Fall waren die für die Luftverteidigung der USA zuständigen Stäbe der Luftwaffe nicht im Bilde. Schon gar nicht kannten sie die «Rules of Engagement», die Einsatzrichtlinien, der fraglichen Maschinen: Sie flogen «weapons clear», durften also grundsätzlich alle Fluggeräte abschießen, die sich dem Weißen Haus oder dem Kapitol auf gefährliche Weise näherten. Ob und wann von der Erlaubnis Gebrauch gemacht würde, lag im Ermessen des Staffelführers.[11] Dieses eklatante Ignorieren der militärischen Befehlskette, zumal im Lichte der von NORAD und NEADS befohlenen Zurückhaltung, konnte im Nachhinein unter den Teppich gekehrt werden, weil es keine Folgen zeitigte. Was indes bleibt, ist die Frage nach dem Verhältnis von Politik und Militär, genauer nach der Übergriffigkeit von Politikern in Zeiten des Ausnahmezustands.

Derweil wurden Millionen in aller Welt Zeugen der Ereignisse in New York. Ungezählte Kameras waren auf die brennenden Stockwerke gerichtet, die für Sensationsmeldungen jeder Art von Fernsehanstalten bereit gehaltenen Helikopter lieferten Eindrücke aus allen erdenklichen Perspektiven, Tausende machten Bilder mit ihren Fotohandys und verschickten sie an Freunde und Bekannte. Für die schnellstmögliche visuelle Verbreitung der Nachrichten sorgte nicht zuletzt das gerade eingeführte Breitband-Internet. Wo und von wem auch immer etwas aufzuschnappen war, es wurde gesendet. «ABC» führte gar ein Live-Telefoninterview mit einem im Nordturm eingeschlossenen Immobilienmakler, die Frau eines Kollegen hatte dem Sender seine Durchwahl gegeben. «Wir sind im 86. Stock, wir sehen auf den East-River.» Während Jim Gartenberg ruhig und gefasst das Chaos im Innern des Gebäudes schilderte, war auf dem Bildschirm schwarzer Rauch zu sehen, der wie dicke Wolken aus dem Turm quoll.[12] Solange keine neuen Eilmeldungen vorlagen, wurde der Feuerball beim Einschlag von «United 175» in den Südturm gezeigt, immer und immer wieder, in einer Endlosschleife. Viele, die in Bahnhöfen, Flughäfen, in der U-Bahn oder in Einkaufszentren einen flüchtigen Blick auf Fernseher und Großleinwände warfen, hielten die Bilder im ersten Moment für den Trailer eines neuen Katastrophenfilms. Wie an den Tagen, als John F. Kennedy ermordet wurde, als die Landefähre von Apollo 11 auf dem Mond aufsetzte oder als Elvis Presley starb, wissen noch heute Millionen, wo sie waren und was sie taten, als sie am Morgen des 11. September die Meldungen hörten.

Weil «United 175» mit einer leichten Drehung auf das Gebäude getroffen war, blieb ein Treppenhaus in der Einschlagszone intakt – ein Rettungsweg für viele, die sich in den oberen Stockwerken aufgehalten hatten. Im Nordturm hingegen waren alle oberhalb des 99. Stockwerks dem Tode geweiht; einige sprangen in ihrer Verzweiflung aus den Fenstern, andere machten mit verknoteten

Kleidungsstücken winkend auf sich aufmerksam, in der Hoffnung, dass vielleicht ein Hubschrauber auf dem Dach landen und die Eingeschlossenen würde aufnehmen können. Zumindest die Bilder der in die Tiefe Stürzenden wurden nach einigen Stunden aus dem Programm genommen – vorerst. Von ihrer Gier nach vermeintlicher Authentizität getrieben, ignorieren die meis-

Bild in Endlosschleife: Der Feuerball beim Einschlag von «United 175».

ten Dokumentarredakteure mittlerweile auch diese Schamgrenze.

Zu den für alle Zeit konservierten und jederzeit im Internet abrufbaren Bildern des Tages gehören auch und gerade die Aufnahmen der französischen Dokumentarfilmer Jules und Gédéon Naudet. Die beiden Brüder waren nach New York gekommen, um einen Film über einen «proby» zu drehen, einen jungen Feuerwehrmann in der Ausbildung. Wochenlang hatten sie das Team von «Ladder One» im südlichen Manhattan bei Einsätzen begleitet, mit den Männern gekocht und gesessen, Karten gespielt. Es schien ein langweiliger Film zu werden, außer glimmende Papierkörbe oder brennende Autos zu löschen fiel in dieser Zeit kaum etwas an. Deshalb wollten die Naudets auch unbedingt dabei sein, als die Frühschicht von «Ladder One» am 11. September in die Nähe des World Trade Center gerufen wurde. Aus einem Straßengully trat angeblich Gas aus, möglicherweise mussten Gebäude evakuiert werden. Stattdessen dokumentierten sie den Beginn des größten Terrorangriffs der Geschichte: Ein mit einem Messgerät über das vermeintliche Gasleck gebeugter Feuerwehrmann hört ungewöhnlich lauten Fluglärm, schaut irritiert nach oben und sieht einen Düsenjet im Tiefflug, widmet sich wieder seiner Arbeit – und stößt ein ungläubiges «Holy Shit» aus, als «American 11» Sekunden später in den Nordturm kracht. Danach filmten und fotografierten die beiden Franzosen stundenlang in den umliegenden Straßen und in der Lobby des Nordturms. Konsternierte Passanten inspizieren ein Stück Metall, das offenbar aus einem der Türme auf die Straße geschleudert wurde. «Treten sie zurück, das ist Beweismaterial», sagt ein Straßenpolizist und meint ein auf Koffergröße geschrumpftes und zerbeultes Düsentriebwerk. Schnitt: In der Eingangshalle des Nordturms öffnet sich die Tür eines zeitweise blockierten Fahrstuhls, heraus treten Menschen, perplex und offenbar in dem Glauben, dass die vielen Feuerwehrleute nur ihretwegen gerufen wurden. Von den tatsächlichen Ereignissen haben sie noch keine Vorstellung.

Wer am nächsten am Geschehen war, bekam am wenigsten mit: Auch davon handelt der Film von Jules und Gédéon Naudet. Die Einsatzleiter der Feuerwehr rechneten nicht im Mindesten mit dem Einsturz der Türme. Sie agierten so ruhig und abgeklärt wie in den ungezählten Großeinsätzen ihrer Karriere. Nicht ob das Feuer gelöscht werden konnte, war die Frage, sondern wie; und Scheitern war ohnehin keine Option. Würde sich der Brand möglicherweise selbst verzehren, war auf die feuerfesten Ummantelungen der Stützträger Verlass? Oder musste man mit Schaum und Wasser vorrücken? Wie auch immer, die Evakuierung hatte Priorität. Und deshalb schwärmten die Feuerwehrleute in die Treppenhäuser aus. Mit ihren massigen Anzügen, einer 15 Kilogramm schweren Sauerstoffflasche und einem fast ebenso schweren Schlauch beladen, würden sie pro Stockwerk ungefähr eine Minute brauchen, also anderthalb Stunden bis zu den Einschlagstellen – bei maximaler Stepp-

Eine weiße Wolke voller Splitter, Staub und Asche: Das World Trade Center stürzt in sich zusammen.

geschwindigkeit. Dass plötzlich ein kolossales Rauschen aufkam, bemerkten die Männer im Nordturm. «Als ob ein Sattelschlepper durch dein Wohnzimmer fährt», wie es einer später beschrieb. Aber keiner konnte sich einen Reim darauf machen, erst recht nicht auf die plötzliche Stille danach. Über Funk war etwas von einem eingestürzten Turm zu hören. Und einer der Einsatzleiter brüllte zurück: «Welcher Turm? Welcher Turm? Welcher Turm? Der Fernsehturm auf dem Nordtower, ein Wasserturm, welcher Turm?»[13]

Um 9 Uhr 59 stürzte der Südturm des World Trade Center – 110 Stockwerke und knapp 500 Meter hoch, 300 000 Tonnen Glas, Stahl und Beton – in sich zusammen, eine weiße Wolke voller Splitter, Staub und Asche verhüllte den Kollaps, ehe sie von betäubendem Wind in die umliegenden Straßenschluchten gezwängt wurde. Nach 15 Sekunden war alles vorbei. 29 Minuten später fiel auch der Nordturm, wie in Zeitlupe sah man die auf dem Dach verankerte Antenne dem Erdboden entgegensinken. Von einer Ästhetik des Grauens war schon in diesem Moment die Rede, Kommentatoren fühlten sich an Sprengmeister erinnert, die das Kommando zu einem kontrollierten Zusammenbruch geben. Wie durch ein Wunder überlebten zwölf Feuerwehrleute, ein Polizist und drei Besucher, die sich zu diesem Zeitpunkt noch in einem Treppenhaus des Nordturms ihren Weg bahnten, das Inferno. Ansonsten waren die Türme zu Staub zerrieben, von Möbeln, Computern und Telefonen blieben nur Handteller große Bruchstücke.[14]

Zum Zeitpunkt des Angriffs hielten sich schätzungsweise 16 000 bis 19 000 Personen im World Trade Center auf. Mit bloßen Händen gruben die Feuerwehrleute anfänglich nach Überlebenden, unterbrachen ihre Arbeit beim kleinsten Geräusch, das ein Stöhnen oder Hilferuf hätte sein können. Einen Überlebenden konnten sie im Laufe der ersten 24 Stunden bergen. Mehr als 2700 Angestellte und Besucher starben an diesem Tag in den beiden Türmen, noch im Jahr 2006 wurden auf dem Dach des unmittelbar an «Ground Zero» angrenzenden Gebäudes der Deutschen Bank menschliche Überreste entdeckt. Die Opfer von

Washington, D.C. und Shanksville eingerechnet, forderte der Terror am 11. September 2001 insgesamt 2973 Leben.

Täter und Tatgehilfen

Anhand von Passagierlisten und gestützt auf die Informationen von Stewardessen und Passagieren, die Sitzplatznummern von Terroristen telefonisch weitergegeben hatten, konnten FBI und CIA binnen Stunden die Täter identifizieren: Mohammed Atta, ein 33 Jahre alter Ägypter, war der Todespilot auf «American 11»; Marwan al-Shehhi, 23 Jahre alt und aus den Vereinigten Arabischen Emiraten stammend, steuerte «United 175» in den Südturm des World Trade Center; der 29-jährige Hani Hanjour aus Saudi-Arabien ließ «American 77» im Pentagon explodieren; und der Libanese Ziad Jarrah, 26, brachte «United 93» nahe Shanksville zum Absturz. An Bord von «American 77» saßen zwei Männer, die in der Terrordatei der CIA als Mitglieder von Al-Qaida geführt wurden – zwei von 15 «Kämpfern», die für die Erstürmung der Cockpits und das Einschüchtern der Passagiere ausgesucht worden waren. Wie viele «Logistiker» in den USA Wohnungen und Fahrzeuge angemietet oder Geldüberweisungen getätigt hatten, ist bis heute nicht bekannt. Fest steht allerdings, dass von den 19 Entführern 15 aus Saudi-Arabien stammten.

Die Biographien der «Anführer», der Piloten also, haben das größte Interesse geweckt und sind mithin am besten bekannt. Alle kamen aus gut situierten, sozial angesehenen Elternhäusern und konnten eine überdurchschnittliche Ausbildung vorweisen: Atta, Sohn eines Anwalts, hatte in seiner Heimatstadt Kairo Architektur studiert und anschließend als Stadtplaner gearbeitet; al-Shehhi, Sohn eines Predigers, und Jarrah waren ebenfalls sehr behütet aufgewachsen und durften die besten Schulen ihrer Länder besuchen. Allesamt werden sie als hochintelligent, selbstbewusst und weltläufig geschildert, als sprachbegabt und körperlich wie geistig belastbar – beste Voraussetzungen für ein Studium im Ausland. Atta war von 1992 bis 1999 an der TU Hamburg-Harburg, Studiengang Stadtplanung, immatrikuliert, al-Shehhi studierte seit 1996 abwechselnd in Bonn und Hamburg und seit Juli 1999 Elektrotechnik an der TU Harburg, Jarrah wechselte nach anderthalb Jahren Zahnmedizin an der Universität Greifswald im Herbst 1997 zum Studium des Flugzeugbaus an die TU Harburg; Hanjour schließlich war seit 1991 an der University of Arizona eingeschrieben. Man hat es also, wie die Journalisten Stefan Aust und Cordt Schnibben treffend bemerkten, nicht mit Menschen zu tun, die kämpfen mussten, sondern mit Männern, die kämpfen wollten.[15]

Warum und zu welchem Zeitpunkt sie sich radikalisierten, gibt noch immer Rätsel auf. Einzig Hani Hanjour war bereits als Teenager politisch aktiv, arbeitete nach dem Rückzug der Russen für eine Hilfsorganisation in Afghanistan. Aber als religiöser Fanatiker trat er ebenso wenig in Erscheinung wie die anderen «Anführer». Und keiner hatte in seiner Heimat den Kontakt zu radikal islamischen Gruppen gesucht. Erst in der Fremde, in der westlichen Diaspora, knüpften sie einschlägige Kontakte, in einer Umgebung, die sie ausgrenzte oder in der sie sich marginalisiert glaubten – und die sie für das Gefühl kultureller wie sozialer Entwurzelung verantwortlich machten. Hanjour verkehrte in Arizona mit islamistischen Hasspredigern, für Atta, al-Shehhi und Jarrah wurde die Al-Quds-Moschee in Hamburg zu einer spirituellen Heimat, zu einem Schutzraum vor der unverstandenen und in ihren Augen verabscheuungswürdigen Kultur des Westens. Mag sein, dass sie dort unter dem Einfluss eines Predigers standen, der als Gotteskrieger in Afghanistan gekämpft hatte und seither mit Hingabe zum Dschihad – zum «heiligen Krieg» – aufrief. Vielleicht gab auch die selbst gewählte Isolation den Ausschlag, die Tatsache, dass sie zusammen mit einem vierten Freund, dem 29-jährigen Ramsi Bin al-Schibh aus dem Jemen, das Leben einer Sekte führten – mit spärlichem Kontakt zur sozialen Umwelt, nur im Gespräch mit Ihresgleichen, gebunden an die Moschee oder ihre Wohnung in der Harburger Marienstraße. Im April 1996 – er hatte gerade eines der in der Al-Quds-Moschee kursierenden Mustertestamente unterschrieben – sprach Mohammed Atta erstmals davon, dereinst den Tod eines Märtyrers sterben zu wollen;

Ziad Jarrah, der Zögerliche und lange Zeit Unentschiedene, fasste den gleichen Entschluss drei Jahre später.

Sein «Testament» und eine «Fibel für Selbstmordattentäter» trug Mohammed Atta bis zum Ende bei sich, beides wurde in seiner Reisetasche gefunden, die nicht rechtzeitig an Bord von «American 11» verladen worden war: «Tu dies nicht für dich selbst, sondern für Gott den Allmächtigen. [...] Gott sagt, dass man auf Erden ohne Wünsche sein sollte, aber Gott will dich am Ende, wenn du stirbst, belohnen. [...] Gott hat gesagt, dass man in seinem Namen kämpfe und dass man das, was man im jetzigen Leben hat, für ein anderes, besseres Leben im Himmel aufgeben solle. [...] Öffne dein Herz, heiße den Tod im Namen Gottes willkommen. [...] Gott wird es leicht machen und dich segnen und deine Arbeit mit Erfolg krönen, und du wirst am Ende der Sieger sein. [...] Wie der allmächtige Prophet sagt, ist eine Tat für Gott besser als die ganze Welt und alles auf der Welt. [...] Der einzige Weg, den es gibt, ist das Zuhören und 100-prozentiger Gehorsam. [...] Nun ist die Gelegenheit und die Stunde gekommen, uns Gott hinzugeben und ihm zu gehorchen. Öffne dein Herz, denn du bist nur einen kurzen Moment entfernt von dem guten, ewigen Leben voller positiver Werte in der Gesellschaft von Märtyrern. Dies ist die beste Gesellschaft, in der man sich befinden kann.»[16]

Einerseits hat man es bei Atta und den anderen «Anführern» also mit Anhängern eines religiösen Todeskultes zu tun, die im Selbstopfer und in der Gewalt gegen Ungläubige die Erfüllung ihrer irdischen Bestimmung sehen. Allen, die mit dem Schwert für Allah kämpfen, steht demnach das Paradies offen, die harmonische Gemeinschaft der Gläubigen. Sich diesen Phantasien hinzugeben, zähmt oder bannt die Todesangst: Der Märtyrer stirbt nicht, sondern überschreitet die Schwelle in ein besseres Leben, auf ihn wartet vielleicht eine Juwelenkrone, kostbarer als alle Schätze der Erde zusammen, in jedem Fall aber die Gesellschaft von 72 Jungfrauen an einer mit allen kulinarischen Köstlichkeiten gedeckten Tafel. Doch erfüllt der eigene Tod nicht allein einen Auftrag Gottes; das heroische Opfer erspart auch 70 Familienangehörigen das Höllenfeuer – einer von vielen und bestimmt nicht der mindeste Grund, weshalb Märtyrer bisweilen von ihren Hinterbliebenen mal beglückwünscht, mal beneidet werden.[17]

Andererseits spielten auch säkulare Motive im Denken und Handeln der Täter vom 11. September eine wichtige Rolle. Der Hass auf die USA und auf Israel, das ewige Lamentieren über eine «jüdische Weltverschwörung», die Vorstellung vom Westen, der unter amerikanischer Führung die arabische Welt wirtschaftlich kolonisiert, kulturell aushöhlt und politisch demütigt – diese in allen Variationen stets aufs Neue vorgetragenen Versatzstücke sind alles andere als religiösen Ursprungs. Und ihre Quelle im Islam zu suchen, ginge völlig an der Sache vorbei. Viel eher spiegelt sich darin eine militante, auch in westlichen Gesellschaften weit verbreitete Absage an die Globalisierung. Dementsprechend konnte sich Mohammed Atta in eine ungezügelte Wut hineinsteigern, wenn es um das Schicksal der Armen und die Teilnahmslosigkeit der Reichen, um soziale Ungerechtigkeit und die wölfischen Gesetze des Marktliberalismus ging. Und sobald die Rede auf die autokratischen Regime von Ägypten bis Indonesien kam, die sich dem Westen angeblich als Verkäufer der Seele ihres eigenen Volkes andienten, klang Atta wie ein egalitärer Nationalist, dem die Befreiung vom fremden Joch und das Recht auf Selbstverteidigung mindestens so wichtig sind wie der Respekt vor religiösen Geboten.

Säkular ist nicht zuletzt die Taktik der Attentäter zu nennen. Wie alle Terroristen zu allen Zeiten setzten sie zunächst auf die Propaganda der Tat. Gemeint ist ein simples Modell von Aktion und Reaktion: Wer den Starken verwundet und am Nimbus der Unbesiegbarkeit kratzt, wer ihn schwach und hilflos erscheinen lässt, der stiftet den Schwachen zur Nachahmung an, erweckt die Masse aus ihrer Lethargie und rekrutiert neue Kämpfer. Damit verwandt ist eine zweite, aus der Geschichte des internationalen Terrorismus ebenfalls hinlänglich bekannte Idee: Es geht darum, den imperialistischen Feind so lange zu provozieren, bis er jedes Maß verliert und mit seiner Überreaktion auch die Gutmütigen und Geduldigen verprellt. In anderen Worten: Die USA sollen endlich jene repressive Fratze zeigen, die man ihnen von jeher andichtete. Je mehr Zivilisten mit dem Tod bedroht oder tatsächlich getötet werden, desto besser – denn nichts versetzt eine Gesellschaft mehr in Panik als die Konfrontation mit einem unberechenbaren, zu allem entschlossenen und obendrein nicht zu fassenden Feind. Es ist ein auf Ausdauer und Geduld gegründetes Kalkül: Wenn man die Vereinigten Staaten lange

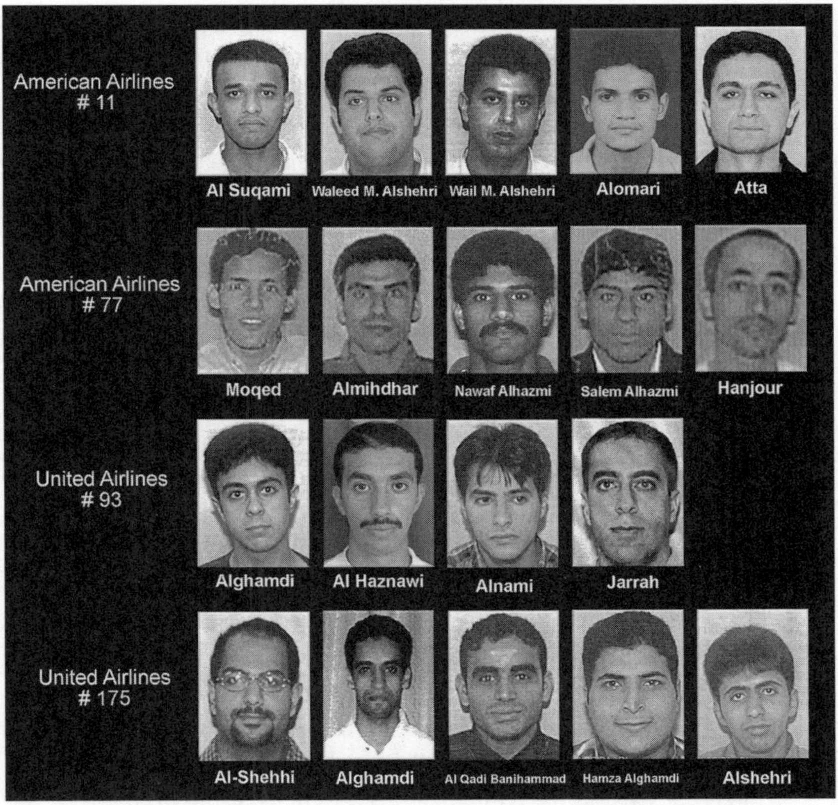

«Der Tod wird Euch finden»: Die Attentäter des 11. September.

genug demütigt, ihnen also just jenes Gift verabreicht, mit dem sie ihrerseits die muslimische Welt seit Jahrzehnten angeblich vergiften, werden sie notgedrungen nicht nur Saudi-Arabien – das

«Land der heiligen Stätten» – verlassen, sondern den Rückzug aus der gesamten muslimischen Welt antreten.[18]

Mal ist das Anliegen säkular und der Ton religiös, mal verhält es sich umgekehrt: Beide Elemente voneinander trennen zu wollen, ist müßig. Sie durchdringen und bedingen einander, das eine färbt auf das andere ab, der weltliche Furor sucht eine religiöse Ausdrucksform und die Religion legitimiert das Politische. Wie es scheint, waren die Täter des 11. September, wie viele Gotteskrieger vor und nach ihnen, in einen sich selbst beschleunigenden Kreislauf eingetreten: Sie suchten die Nähe zum radikalen Islam, weil dieser den bewaffneten Kampf heiligt – und erkannten im religiösen Fanatismus dieser Gruppen ihre eigene Bestimmung. In den Worten von Osama Bin Laden, auf einem Computer der Hamburger Terrorzelle gespeichert: «Die Pflichten dieser Religion sind großartig und schwierig. Einige dieser Pflichten sind furchtbar. [...] Mittlerweile sind zehn Jahre vergangen, seit die Amerikaner das Land der beiden heiligen Stätten betreten haben. [...] Es wird uns klar, dass die Scheu vor dem Kampf zusammen mit der Liebe zum irdischen Dasein, welche die Herzen vieler von uns erfüllt, die Quelle dieses Elends, dieser Demütigung und dieser Geringschätzung sind. [...] Der Gläubige weiß, dass er die Stunde seines Todes weder vorziehen noch hinauszögern kann. Wo ihr auch sein möget, der Tod wird Euch finden, und wäret ihr im hohen Turm.»[19]

«Der Tod wird Euch finden»: Wann und aus welchem Anlass die «Anführer» sich entschlossen, tatsächlich in den bewaffneten Kampf zu ziehen, ist unklar. Fest steht indes, dass Selbstmordanschläge in der westlichen Welt anfänglich in ihrem Kalkül keine Rolle spielten. Ihr Ziel war Tschetschenien und der Dschihad gegen die Russen. In Afghanistan Zwischenstation zu machen, war offensichtlich eine Entscheidung in letzter Stunde. Mag sein, dass der Kriegsveteran in der Hamburger Al-Quds-Moschee sie von der Notwendigkeit eines militärischen Grundkurses überzeugte. Vielleicht wurden die Weichen aber auch über eine Zufallsbekanntschaft gestellt: Auf einer Zugreise trafen sie einen Muslimen, der sie in sein Zuhause nach Duisburg einlud, sich als Mitglied von Al-Qaida zu erkennen gab und dringend zum Aufenthalt in einem afghanischen Ausbildungslager riet.[20] Es war vermutlich ihr erster Kontakt zu Al-Qaida und in jedem Fall der folgenreichste. Im November 1999 brachen Mohammed Atta, Marwan al-Shehhi und Ziad Jarrah zum Hindukusch auf, begleitet von Ramsi Bin al-Schibh, dem vierten Mann aus der Harburger Terrorzelle.

Drahtzieher und Hintermänner

Zu dieser Zeit gingen die Planungen für einen großen Anschlag gegen die Vereinigten Staaten in ihre entscheidende Phase. Die Spitzen des Terrornetzwerks Al-Qaida hatten im März oder April 1999 beschlossen, so bald wie möglich zivile Flugzeuge zu entführen und Ziele mit hohem symbolischen Wert zu zerstören: das World Trade Center, das Pentagon, das Weiße Haus und unter allen Umständen das Kapitol. Eine Zeit lang hatten auch einige Atomkraftwerke, der Sears Tower in Chicago und der U.S. Bank Tower in Los Angeles auf der Zielliste gestanden; davon war nun nicht mehr die Rede. Wohl aber sollten zeitgleich zur ersten Angriffswelle mehrere Passagierflugzeuge auf ihrem Flug in die USA über dem Pazifik gesprengt werden.[21]

Die Idee für diese beispiellose Aktion ging auf Khalid Scheich Mohammed zurück, weithin bekannt unter dem Kürzel «KSM». In Kuwait als Spross einer tief religiösen Familie geboren und aufgewachsen, fiel «KSM» bereits in jungen Jahren wegen seiner Umtriebigkeit auf. Mit 16 Jahren schloss er sich der radikalen «Muslimbruderschaft» an, von 1983 bis 1986 studierte er Ingenieurwissenschaft in North Carolina, suchte allerdings keine Anstellung in seinem Beruf, sondern kämpfte seit 1987 in Afghanistan gegen die Sowjets und war nach deren Rückzug längere Zeit in einer Hilfsorganisation für junge Mudschahedin in Pakistan tätig. Seit den frühen 1990er Jahren brachten ihn amerikanische Fahnder immer wieder mit dem internationalen Terrorismus inVerbindung – mit diversen Aktionen in Bosnien, vor allem aber mit dem gescheiterten Sprengstoffanschlag auf das

World Trade Center vom 26. Februar 1993. Ein Neffe von «KSM», Ramsi Jussef, hatte damals einen mit 550 Kilogramm Sprengstoff beladenen Kleinlaster in der Tiefgarage der Zwillingstürme geparkt, die Ladung ferngesteuert gezündet und

darauf gehofft, dass ein Turm auf den anderen stürzen und ihn mit in die Tiefe reißen würde. Sechs Menschen starben, mehr als Tausend wurden verletzt, im Fundament des World Trade Center klaffte ein 60 Meter breiter Krater. Die Hintermänner wurden alsbald identifiziert, insbesondere Jussef und «KSM» konnten sich dem Fahndungsdruck nur durch unablässiges Hin- und Herreisen entziehen. Auf der Flucht pflegte und intensivierte «KSM» seine Kontakte zur internationalen Terrorszene, ohne sich irgendeiner Organisation formell anzuschließen. Stattdessen legte er Wert auf seine Unabhängigkeit und bastelte an seiner Karriere als moderner Terrorunternehmer, Stichwort- und Impulsgeber für viele, aber am Ende nur sich selbst verpflichtet.

1994 heckte «KSM» zusammen mit Ramsi Jussef auf den Philippinen den sogenannten «Manila-Plan» aus, ein auf den ersten Blick wahnsinniges, im Licht von «9/11» aber nicht mehr auszuschließendes Szenario: Innerhalb von 48 Stunden sollte ein Dutzend Jumbo-Jets, aus dem Fernen Osten kommend und die USA ansteuernd, über dem Meer zum Absturz gebracht werden. Überdies wollte man Papst Johannes Paul II. und Bill Clinton während ihrer für das Jahr 1994 geplanten Besuche in Manila ermorden und ein Flugzeug über dem CIA-Hauptquartier in Langley, Virginia, abstürzen lassen. Nachzulesen in einer Computerdatei, die rechtzeitig, aber zufällig der philippinischen Polizei in die Hände fiel – nach einem Brand in Jussefs als Bombenwerkstatt genutzter Wohnung in Manila.[22] Gedacht war das Ganze als Strafe für Amerikas Israelpolitik und Auslöser eines Dominoeffekts: Amerikanische Vergeltungsaktionen sollten weltweit Muslime zu weiteren Anschlägen gegen die USA provozieren. Von einem Mitverschwörer verraten, wurde Jussef im Februar 1995 in Pakistan verhaftet. «KSM» hingegen konnte sich nach Afghanistan absetzen.

Im Sommer 1996 sprach Khalid Scheich Mohammed erstmals mit Osama Bin Laden über seine Anschlagsphantasien. Beide suchten in Afghanistan nach einer dauerhaften Bleibe und neuen Aufgaben: Bin Laden, der gerade den Sudan Hals über Kopf hatte verlassen müssen, «KSM», für den selbst Pakistan zu dieser Zeit nicht mehr sicher war. Wenn man den Angaben Glauben schenken darf, die «KSM» im April 2002 in einem Interview mit dem arabischen Fernsehsender Al-Dschasira machte, präsentierte er Bin Laden eine neue, noch abenteuerlichere Version des «Manila-Plans». Von zehn entführten Flugzeugen sollten neun in wichtige Gebäude an der Ost- und Westküste der USA gelenkt werden – darunter das World Trade Center, das Pentagon und die Hauptquartiere von FBI und CIA. Die zehnte Maschine wollte «KSM» irgendwo im Inneren der Vereinigten Staaten landen lassen. Alle männlichen Passagiere sollten ermordet werden, danach würde er die Presse zum Ort des Geschehens zitieren und in einer flammenden Rede die Außenpolitik Washingtons verdammen – von der Alimentierung Israels bis hin zur Hilfe für die repressiven Autokratien im arabischen Raum. Wie es heißt, soll sich Bin Laden bei diesem Treffen nicht zu dem Vorschlag geäußert haben. Gleichwohl schien er beeindruckt und bot «KSM» eine intensivere Kooperation in der Zukunft an.

«KSM» zufolge kam Bin Laden im Jahr 1998 auf ihr Gespräch zurück. Vermutlich ermutigt durch die erfolgreichen Bombenanschläge auf die amerikanischen Botschaften in Nairobi und Daressalam vom August diesen Jahres – die ersten Terrorakte, die von der Planung über die Finanzierung bis hin zur Durchführung vollständig in der Hand von Al-Qaida lagen – wollte Bin Laden noch mehr riskieren. Vor allem, weil sein Kalkül aufzugehen schien: Jeder erfolgreiche Anschlag führte Al-Qaida Hunderte neuer und begeisterter Rekruten zu. Im Frühjahr 1999 schließlich gab er bei neuerlichen Treffen mit «KSM» in Kandahar sein Plazet für weitere Vorhaben. Obwohl Khalid Scheich Mohammed auf seiner Eigenständigkeit beharrte, weder formell Al-Qaida beitrat und schon gar nicht ein Treuegelübde auf Bin Laden ablegte, wurde er mit den operativen Vorbereitungen des Angriffs auf

Amerika betraut. Ihm zur Hand ging Mohammed Atef, der militärische Leiter von Al-Qaida, auch bekannt unter dem Namen Abu Hafs al-Masri.[23]

Seit dieser Zeit hielt Osama Bin Laden die Fäden in der Hand. Er legte die Ziele für die Anschläge fest, sorgte für die Finanzierung und wählte die «Anführer» und «Kämpfer» des Unternehmens persönlich aus. Mit den zu Piloten bestimmten Kandidaten, die im Herbst 1999 in Afghanistan und Pakistan auf ihren Einsatz vorbereitet werden sollten, gab es allerdings gravierende Probleme: Sie sprachen kein Englisch, hatten keinerlei Erfahrung mit dem amerikanischen Alltagsleben und taten sich im Umgang mit moderner Technologie, Computer und Internet eingeschlossen, erkennbar schwer. Dann freilich kam der Zufall zu Hilfe, in Gestalt jener vier jungen Männer aus Hamburg-Harburg, die Ende 1999 in Kandahar eintrafen. Mohammed Atef, der regelmäßig die Ausbildungslager nach geeignetem Nachwuchs für Al-Qaida inspizierte, erkannte sofort, dass Mohammed Atta, Marwan al-Shehhi, Ziad Jarrah und Ramsi Bin al-Schibh alles mitbrachten, was den ursprünglichen Kandidaten fehlte, insbesondere eine hervorragende technische Ausbildung und brauchbare Kenntnisse der englischen Sprache. Wenig später wurden die vier ins Haus von Bin Laden gebeten.

Von einer flüchtigen Bekanntschaft in Duisburg abgesehen, hatte keiner der Neuankömmlinge jemals Kontakt zu Al-Qaida gehabt. Aber sie schienen darauf gewartet zu haben, wie Ramsi Bin al-Schibh rückblickend berichtete. Offensichtlich hatte Bin Laden, dem ohnehin der Ruf eines sehr einnehmenden, wenn nicht charismatischen Gesprächspartners vorausgeht, leichtes Spiel. Alle vier stellten sich als Freiwillige für das Terrorkommando gegen die USA zur Verfügung, allesamt legten sie einen persönlichen Treueid auf Bin Laden ab. Angeblich wurde nur Mohammed Atta – von Bin Laden zum Führer des Quartetts bestimmt – mit weiteren Details, insbesondere den vorgesehenen Anschlagszielen, vertraut gemacht. Ansonsten lautete die Order: nach Deutschland zurückkehren, Visa für die USA beantragen und Kurse in amerikanischen Flugschulen belegen. Ende Januar oder Anfang Februar 2000 flogen die vier nach Hamburg-Harburg zurück.[24]

Im Mai 2000 lagen die Einreisevisa für die USA vor, mit einer Ausnahme. Der Antrag von Ramsi Bin al-Schibh wurde abgelehnt, weil Jemeniten im Verdacht standen, mehr als andere Nationalitäten in den USA untertauchen und einer unerlaubten Arbeit nachgehen zu wollen. Statt seiner bestimmte Bin Laden einen anderen Rekruten aus einem Ausbildungslager in Afghanistan zum vierten Piloten: Hani Hanjour, geradezu eine Idealbesetzung. Der gebildete Saudi hatte jahrelang in den USA studiert und dort im April 1999 die Lizenz zum Fliegen von Passagiermaschinen erworben. Auch für Ramsi Bin al-Schibh fand man eine neue Aufgabe. Als rechte Hand von «KSM» half er fortan bei der Feinabstimmung des Angriffsplans gegen Amerika. Nach einer persönlichen Intervention von Bin Laden war die «zweite Angriffswelle», eine Sprengung mehrerer Flugzeuge über offener See, endgültig verworfen worden – vermutlich aus Scheu vor einer frühzeitigen Entdeckung und den Risiken, die ein allzu großer Kreis von Eingeweihten mit sich brachte. Fortan konzentrierte man sich auf die Primärziele: World Trade Center, Pentagon, Kapitol oder Weißes Haus.

Über die Wochen und Monate vor den Anschlägen liegen Hinweise aus unterschiedlichen Quellen vor. Einen Großteil konnten die Ermittler in aufwändiger Kleinarbeit aus den Spuren der Täter im Alltagsleben rekonstruieren: Kreditkartenabrechnungen, Buchungen für Leihwagen und Hotels, Kassenbons, Telekommunikations- und Internetverbindungen, Zahlungen für kurzfristig angemietete Wohnungen, Flugtickets, Aufnahmen von Videokameras. Sogar Zeugenaussagen über auffälliges Benehmen in einem – man höre und staune – Nachtclub in Las Vegas finden sich darunter. Erstaunlicherweise bewegten sich die «Anführer» und «Kämpfer» die meiste Zeit derart ungezwungen, als hätten sie nichts zu befürchten. Nachdem sie beispielsweise ihren Flugunterricht in Florida und Arizona absolviert und im Dezember 2000 die Lizenz zum Steuern von Düsenjets erworben hatten, buchten Ziad Jarrah und Hani Hanjour ohne Rücksicht auf kritische Nachfragen oder polizeiliche Recherchen Übungsflüge im Luftraum von New York und Washington, D. C. Mit Kleinflugzeugen flogen sie die letzten Teilstücke ihrer Route vom 11. September ab, machten sich mit der Topographie und den Besonderheiten des Luftverkehrs in dieser Region vertraut. Letzteres berichtete Ramsi Bin al-Schibh nach seiner Festnahme in Pakistan am 11. September 2002, auf den Tag genau ein Jahr nach den Anschlägen. Zweifellos verfügt Bin al-Schibh über eine einzigartige Kenntnis interner Diskussions- und Entscheidungsprozesse. Andererseits bleibt es das Geheimnis amerikanischer Verhörspezialisten, ob und wie viele Informationen unter Folter oder Androhung von Folter gemacht wurden. Ebenso wenig ist auszuschließen, dass Bin al-Schibh bereitwillig Auskunft gab. Aber selbst in diesem Fall fehlt korrespondierendes Material zur kritischen Prüfung seiner Angaben. Die unmittelbare Vorgeschichte des 11. September kann daher nur mit großem Vorbehalt erzählt werden.

Den Verhörprotokollen von Ramsi Bin al-Schibh ist zu entnehmen, dass er sich zwischen Januar und Juli 2001 mehrmals in Europa mit Mohammed Atta traf, unter anderem in Berlin und Madrid. Osama Bin Laden wollte weiterhin zentral planen und das letzte Wort behalten. Tatsächlich aber hing das gesamte Unternehmen zu diesem Zeitpunkt völlig vom Geschick und der Zuverlässigkeit der vier «Anführer» in den USA ab, von dezentral getroffenen Entscheidungen also. Atta bestimmte, welche Flugzeuge entführt werden sollten – Maschinen auf Langstreckenlinien, die mit maximaler Betankung die größte Sprengkraft entfalten konnten; und Maschinen des Herstellers Boeing, die angeblich leichter zu fliegen waren als die Konkurrenzprodukte von Airbus. Atta setzte sich auch mit der Wahl des Zeitpunktes durch. Während Bin Laden auf ein möglichst frühes Datum, Mai, Juni oder Juli, drängte, insistierte Atta auf der ersten Septemberwoche – möglicherweise, weil die Parlamentsferien Ende August zu Ende gingen und bei einem Angriff auf das Kapitol mit dem Tod sehr vieler Politiker zu rechnen war. Und Atta behielt sich vor, im letzten Moment neue Anschlagsziele auszuwählen. Sollten er und Marwan al-Shehhi die Zwillingstürme verfehlen, würden sie die Flugzeuge in die Straßen von New York stürzen. Am Ende einigte man sich darauf, dass Atta den Anschlagstermin zwei Wochen im Voraus mitteilen sollte.[25]

Die «Kämpfer» reisten erst Ende April in die USA ein. Zum Schutz der «Anführer» und als Schlägertruppe in den Passagierdecks vorgesehen, waren auch sie von Bin Laden und Mohammed Atef persönlich ausgewählt worden. Zwischen 20 und 28 Jahre waren sie alt, mehrheitlich arbeitslos, keiner von ihnen hatte je eine Universität besucht. Ausgewählt wurden nur Kandidaten, die nicht an früheren Aktionen beteiligt waren, die also aller Voraussicht nach nicht auf internationalen Fahndungslisten geführt wurden. Über Ort, Zeitpunkt und Art des bevorstehenden Anschlags ließ man sie aus Sorge um eine frühzeitige Entdeckung im Unklaren. Dass es um eine Selbstmordaktion ging, war ihnen indes klar – dafür bereit zu sein, hatten sie Bin Laden geschworen.[26] Alles Weitere erledigten Mohammed Atta und die anderen Piloten: Sie legten in der dritten Augustwoche 2001 das genaue Angriffsdatum fest, kauften zwischen dem 25. August und dem 5. September 19 Flugtickets, sorgten dafür, dass alle zur vereinbarten Zeit am richtigen Ort waren. Insgesamt kosteten Vorbereitung und Durchführung von «9/11» zwischen 400 000 und 500 000 US-Dollar.

Am Ende hatte Al-Qaida einfach nur Glück. Wie bei den meisten großen Verschwörungen war nämlich die Geheimhaltung auch in diesem Fall prekär. Unter Gotteskriegern von Indonesien bis Algerien hatte sich im Sommer 2001 herumgesprochen, dass «Großes» in den USA bevorstand; Bin Laden selbst brüstete sich damit und bat Besucher mehrmals zum Gebet für «20 Märtyrer». Auch die Führer der Taliban hatten eine Vorahnung und waren alles andere als erbaut. In diesen Wochen und Monaten wollten sie den innenpolitischen Feind, die «Nordallianz», endgültig in die Knie zwingen – und dass der unberechenbare Bin Laden eine amerikanische Vergeltung gegen Afghanistan riskierte, drohte alle militärischen Operationen zum Scheitern zu bringen. Deshalb nahm der Außenminister der Taliban, Wakil Ahmed Muttawakil, Kontakt zum amerikanischen Generalkonsul in Peschawar und zu Vertretern der UNO in Kabul auf und warnte vor einem verheerenden Anschlag von Al-Qaida in allernächster Zeit.[27] Auch bei den US-Geheimdiensten blinkten alle Lampen seit Wochen auf «rot». «Hier wird etwas wirklich Spektakuläres geschehen, und es wird bald geschehen», mahnte Richard Clarke, der Nationale Koordinator für Terrorismusbekämpfung.[28] Und in einer Tischvorlage der CIA für den Präsidenten vom 6. August 2001 war erstmals von Al-Qaida-Attacken innerhalb der USA die Rede, von möglichen Flugzeugentführungen und dass Regierungsgebäude in New York als besonders gefährdet eingestuft wurden.[29]

Zweifellos stocherten die Fahnder im Nebel, hantierten mit dürftigem Wissen und konnten beim besten Willen aus den vorliegenden Bruchstücken keine plausiblen Schlüsse ziehen. Dutzende von möglichen Szenarien standen im Raum, allesamt bedrohlich und gleichzeitig nichtssagend: möglich, dass sie heute, morgen, in naher Zukunft oder überhaupt nicht eintreten würden. Polizei, Küstenwache, Einwanderungsbehörde, die für die Kontrolle des Luftverkehrs zuständige Federal Aviation Authority – niemand hatte eine Vorstellung, auf wen oder was man ein besonderes Augenmerk richten sollte. Im Behördenjargon wurden die Sonderermittler der CIA deshalb als «Manson Family» tituliert – eine politisch ganz und gar unkorrekte Anspielung auf den hysterischen Clan um den Psychopathen und Massenmörder Charles Manson, der die USA in den späten 1960er Jahren in Atem gehalten hatte. Dennoch scheint es, als hätte zur Aufdeckung des Komplotts nur ein Quäntchen Glück gefehlt. Wann gelang je die Entführung von vier Flugzeugen auf einen Schlag? Aber ausgerechnet in diesem Fall gab es keine unverhofften und zufälligen Wendungen in letzter Minute. Im Gegenteil. Zwei als «Kämpfer» eingeteilte Kidnapper konnten trotz eines namentlichen Vermerks auf Anti-Terrorlisten in die USA einreisen – weil die CIA ihre Daten nicht an das FBI weitergegeben hatte. Und Zacarias Moussaoui, ein Mann mit engen Verbindungen zu Ramsi Bin al-Schibh und angeblich als zwanzigster Entführer vorgesehen, war am 16. August 2001 vom FBI verhaftet worden – wegen eines abgelaufenen Visums und Verstoßes gegen das Einwanderungsgesetz. Anders gesagt: Erst durch eine tragische Verquickung von Unwahrscheinlichem wurde der 11. September 2001 zu «9/11».

Plakat eines unbekannten Künstlers, aufgenommen in Washington, D.C. im März 2006.

Al-Qaida

Das war Al-Qaida, das war Osama Bin Laden: Ohne auf Ermittlungsergebnisse oder gar Bekennerschreiben warten zu müssen, wussten die Verantwortlichen in der US-Administration schon in den Morgenstunden des 11. September Bescheid. Nur Al-Qaida verfügte über die Ressourcen zu einem derartigen Schlag, allein Al-Qaida konnte auf ein weltweites Netzwerk von verbündeten Gruppen und Helfershelfern zurückgreifen, einzig Bin Laden hatte sich über die anderen Terrorpaten der Welt erhoben und im Laufe des zurückliegenden Jahrzehnts zum Töten von Amerikanern aufgerufen. «Bei Al-Qaida geht es nicht um irgendein enges, kleinteiliges Terrorproblem», hieß es beispielsweise in einem Memorandum für Sicherheitsberaterin Condoleezza Rice vom 25. Januar 2001. Die Rede war von einer neuartigen Herausforderung, von einer Gruppe, die im Unterschied zu früheren Terrororganisationen transnational aufgebaut war und Zellen in über 40 Ländern unterhielt – und deshalb eine sicherheitspolitische Herausforderung für die USA in unterschiedlichen Regionen der Welt darstellte. «Al-Qaida berührt unsere Politik gegenüber Pakistan, Afghanistan, Zentralasien, Nordafrika und den Golfstaaten im Kern.»[1] Sage und schreibe 36 Mal war CIA-Chef George Tenet zwischen Januar und August 2001 in seinen täglichen Lagebesprechungen mit Präsident George W. Bush auf Al-Qaida zu sprechen gekommen, am 4. September, genau eine Woche vor den Anschlägen, befasste sich der Nationale Sicherheitsrat mit dem Thema im Allgemeinen und im Besonderen mit dem Vorschlag, die Ausbildungslager in Afghanistan wieder einmal mit Cruise Missiles anzugreifen. Bin Laden, die treibende Kraft hinter Al-Qaida, war in Washington erst recht ein unerschöpfliches Thema.

Jahr für Jahr hatte die Regierung Clinton zwischen 1994 und 2000 vom Sudan und später von den Taliban seine Auslieferung verlangt, ungezählte Dossiers versuchten Lebenslauf und Weltbild des rätselhaften Saudis, vor allem aber seinen Hass auf alles Westliche zu erklären.

Zeitenwende

Als Osama Bin Laden am 10. März 1957 in Riad, Saudi-Arabien, geboren wurde, befand sich der Nahe und Mittlere Osten wie die meisten anderen Regionen der Dritten Welt an der Schwelle zu einer neuen Zeit. Die antikoloniale Bewegung, vom Zweiten Weltkrieg in Schwung gesetzt, führte auf allen Kontinenten zur Auflösung traditioneller Herrschaftsbeziehungen, die Zukunft versprach politische Unabhängigkeit und die Verfügung über die wirtschaftlichen Reichtümer im eigenen Land. Und weltläufige, für Modernisierung und Reformen offene Eliten gaben den Ton an. Zu diesen Eliten zählte auch Osamas Familie. Der Vater, Mohammed Bin Awad Bin Laden, erscheint wie das arabische Gegenstück zu einem amerikanischen «Self-Made-Man». In den 1950er Jahren wusste er den Ölboom und das Interesse westlicher Investoren geschickt zu nutzen und führte sein Baugeschäft innerhalb eines Jahrzehnts an die Weltspitze. Vom saudischen Königshof zum ehrenamtlichen Minister für staatliche Bauprojekte ernannt, vergrößerte und renovierte er die Moscheen von Mekka und Medina und errichtete neue Königspaläste, Universitäten und Flughäfen, nicht zu reden vom systematischen Ausbau des Straßennetzes und der Pipelines. Zu guter Letzt expandierte das Bin Laden-Imperium von der Telekommunikation bis hin zu Klimaanlagen in alle möglichen Bereiche – ein Symbol des Aufbruchs in die globalisierte Moderne.

25 Millionen Dollar erbte der neunjährige Bin Laden nach dem Unfalltod des Vaters im Jahr 1967, alles schien auf die Karriere eines Sprösslings aus gehobenen Kreisen hinzudeuten. Er besuchte die besten Schulen, begeisterte sich in früher Jugend für die Jagd, für Pferde und Bergsteigen. Wie die meisten Saudis

wurde Osama in der wahhabitischen Tradition erzogen. Von Mohammed Ibn Abd al-Wahhab im 18. Jahrhundert entwickelt, zeichnet sich die saudische Staatsreligion durch puritanische Strenge und ein buchstabengetreues Befolgen des Korans aus – Prinzipien, denen Osama bis heute huldigt, die er mit der gleichen Entschiedenheit vertritt wie jene islamischen Gelehrten, die regelmäßig in seinem Elternhaus zu Gast waren. Seit 1976 in Dschidda zum Studium der Wirtschaftswissenschaften immatrikuliert, verließ er ein Jahr vor dem Examen die Universität und nahm eine Stelle im Konzern seines Vaters an.

In einer Hinsicht indes unterschied sich Osama schon in frühen Jahren von seinen Altersgenossen: er zeigte ein reges Interesse für Politik. Im Unterschied zu den meisten Wahhabiten verstand er den Islam nicht als apolitischen Leitfaden für das private Leben, sondern als Kompass öffentlichen Handelns. Ob und inwieweit er diesbezüglich von gewaltbereiten Fundamentalisten beeinflusst wurde, ist umstritten. Kontakt zu Mitgliedern der radikalen und wegen ihrer Militanz überall verbotenen «Muslimbruderschaft» hatte er während seiner Schul- und Studentenzeit in jedem Fall. Über sie lernte er auch die Schriften von Sayyid Qutb kennen. 1966 in Ägypten wegen der Vorbereitung eines Staatsstreichs angeklagt und im Alter von 60 Jahren hingerichtet, zählt Qutb bis heute zu den wichtigsten Stichwortgebern von Gotteskriegern – eine Quelle der Inspiration für alle, die mit der Waffe sowohl gegen Gottlose als auch gegen die Abtrünnigen vom wahren Glauben kämpfen. Vieles spricht dafür, dass Osama dieser Einflüsterungen nicht mehr bedurfte. Oder dass er Anregungen aus allen möglichen Richtungen aufgriff, Hauptsache, sie untermauerten sein Hauptanliegen: den Kampf gegen die politische Lethargie und den Defätismus seiner Generation. Kurz: gegen die Entpolitisierung der Religion.

In diesem Sinne bastelte der junge Bin Laden an einem Weckruf für die politische und kulturelle Selbstreinigung des Islam. Erstes Axiom: Weil sich die Muslime von ihrer Religion entfremdet und in der Folge auch den Glauben an sich selbst verloren hatten, konnten die verderblichen Einflüsse der Gottlosen um sich greifen. Folglich kommt es darauf an, das göttliche Gesetz wieder zum Gesetz in allen Lebensbereichen zu machen, die Trennung zwischen Staat und Gesellschaft, zwischen Wissenschaft und Theologie aufzuheben. Zweites Axiom: Der Westen muss sich vollständig aus der muslimischen Welt zurückziehen, die von den Ungläubigen hinterlassenen Fußspuren sind restlos zu

«Prediger terroristischer Gewalt»: Osama Bin Laden im Januar 2001.

beseitigen – in der Wirtschaft und Politik und nicht zuletzt in der Kultur. Offensichtlich war damit auch die Zerstörung des Staates Israel gemeint und die Entmachtung aller «Handlanger» der «Juden» und «Kreuzfahrer», sprich jener muslimischen Eliten, die sich aus vermeintlich selbstsüchtigen Motiven westliche Werte zu eigen gemacht und ihre Gesellschaften damit infiziert haben.

Drittes Axiom: Dieser Kampf muss von einer auserwählten Elite angestoßen und vorbildhaft geführt werden, von den aus der gesamten muslimischen Welt rekrutierten Mudschahedin – sie geben dem Islam seine eigentliche Bestimmung als führende Kultur der Menschheit zurück.[2]

Dass Osama Bin Laden dereinst zu einem Prediger terroristischer Gewalt werden würde, war Mitte der 1970er Jahre noch nicht abzusehen. Entweder hatte er sich darüber noch keine Gedanken gemacht. Oder er favorisierte – und auch dafür gibt es Hinweise – zivile Formen der Konfliktlösung. Gewalt abzulehnen war und ist nicht allein die Mehrheitsmeinung in der Ummah, der weltweiten Gemeinschaft gläubiger Muslime. Seit gut 80 Jahren streitet auch die Minderheit der Fundamentalisten, ob der Koran zwecks Behauptung und Ausbreitung der wahren Lehre tatsächlich zur Gewalt verpflichtet oder im Gegenteil ein striktes Verbot ausspricht, sich die Autorität Gottes über Leben und Tod anzumaßen. Die 1928 in Ägypten gegründete «Muslimbruderschaft» ist sich ebenso uneins wie ihre heutigen Ableger und Nachahmer in Dutzenden von Ländern. Sind die «Hamas» oder der «Palästinensische Islamische Dschihad» beispielsweise auf das Dogma der Gewalt eingeschworen, so behalten sich die «Muslimbrüder» in Saudi-Arabien eine Bewertung von Fall zu Fall vor. Weil sie die pauschale Vorstellung eines göttlichen Auftrags zum heiligen Krieg ablehnen, ist ihren Mitgliedern eine Beteiligung am Dschihad in Afghanistan untersagt.

Andererseits hatten sich Mitte der 1970er Jahre vielerorts Dschihadisten formiert, denen jedwede Rechtfertigung von Gewalt recht war oder die nach Rechtfertigungen schon gar nicht mehr fragten. Aus den Hassschriften von Sayyid Qutb hatten sie gelernt, ihre Opfer nicht allein unter den Gottlosen, sondern auch unter abtrünnigen Muslimen oder «Ketzern» zu suchen. Ganz im Sinne des großen Vorbilds Qutb sahen sie Gewalt nicht als eine Option unter vielen, sondern als primäres, von Gott gewolltes Instrument, gar als vornehmste Pflicht der Gläubigen: Wer sich der Gewalt verweigert, verrät den Glauben. Dass gewaltbereite Radikale nirgendwo über eine nennenswerte Gefolgschaft verfügten und meistens isoliert im Untergrund agieren mussten, dämpfte ihren Rigorismus keineswegs. Im Gegenteil. Im Laufe der Jahrzehnte hinterließen sie eine Blutspur in der gesamten muslimischen Welt. Schier endlos sind die Etappen ihres Terrors, von den 1950er Jahren und dem Kampf gegen die säkulare Regierung Nasser in Ägypten über das Algerien der 1990er Jahre bis hin zu den Anschlägen auf den Philippinen und in Indonesien in jüngster Zeit – gar nicht erst zu reden vom Nahen Osten und der dortigen Gewalt, sei es gegen Israel, sei es gegen nicht linientreue Araber.

Hunderte selbsternannte Kämpfer Allahs – eine muslimische Internationale aus Saudis, Jemeniten, Kuwaitern, Ägyptern und einigen «Black Muslims» aus den USA – besetzten am 20. November 1979 die Große Moschee in Mekka und nahmen 50 000 Pilger als Geiseln. Ihre Forderung: Entmachtung der saudischen Königsfamilie, Ausweisung aller Ungläubigen, Bruch mit dem Westen und Anwendung des islamischen Rechts, der Scharia, in allen Lebensbereichen. Offizielle Berichte sprechen von ungefähr 250 Toten am Ende der zweiwöchigen Belagerung und anschließenden Erstürmung der Moschee; inoffiziell ist von mehr als 4000 Opfern die Rede. 1200 Tote, so eine vorsichtige Schätzung, forderte der Terror in Ägypten allein zwischen 1992 und 1997, darunter ungezählte Opfer der Rivalität zwischen Al-Dschihad und der Islamischen Vereinigung. Von Letzterer hatte sich «Omar Abdul Rahmans Schwadron der Verwüstung und Zerstörung» abgespalten, die am 17. November 1997 in der Tempelanlage von Luxor ein weithin sichtbares Fanal wider die Anwesenheit von Ungläubigen setzen wollte und 45 Minuten lang mit Gewehren und Fleischermessern auf Menschenjagd ging. Als die Täter schließlich rituellen Selbstmord begingen, hatten sie 85 Touristen und vier Einheimische regelrecht abgeschlachtet. In Algerien waren zu dieser Zeit Massaker gar an der Tagesordnung. Nachdem die größte islamistische Partei des Landes, die Front Islamique du Salut (FIS), im Januar 1992 vom Militär um ihren Sieg bei den Parlamentswahlen gebracht worden waren, setzte ihr radikaler Minderheitenflügel auf die gewaltsame Islamisierung des

Landes. Im Bürgerkrieg der 1990er Jahre, von beiden Seiten mit großer Brutalität geführt, starben vermutlich 70 000 Menschen – bisher die weitaus meisten Opfer des Versuchs, eine von «Ketzern» dominierte muslimische Gesellschaft auf den richtigen Weg zurückzubomben.

Über die Ursachen dieser raumübergreifenden Radikalisierung wird noch immer heftig gestritten. Zu Recht, denn es sind zahlreiche, von Land zu Land in unterschiedlicher Weise verwobene Faktoren im Spiel. In Ägypten fällt die rigorose, über Jahrzehnte gängige Unterdrückung der Islamisten besonders ins Gewicht. Die dortigen Gefängnisse, Folterkammern in der Regel, galten als Brutstätten für militante Kämpfer, als Orte, an denen Wortführer wie Sayyid Qutb oder Ayman al-Zawahiri, später ein führendes Mitglied von Al-Qaida, Rache und Vergeltung schworen. Ob sie auch ohne das gesellschaftspolitische Versagen der autokratischen Herrscher Resonanz gefunden hätten, sei dahingestellt. In jedem Fall konnten die meisten Regierungen – vom Iran bis Marokko – ihre wirtschaftlichen und sozialen Versprechungen nicht einlösen, wurde die Kluft zwischen Erwartungen und Realität immer tiefer. Dass die arabischen Länder seit den 1980er Jahren von allen Entwicklungsländern die höchste Arbeitslosenquote aufwiesen, war mit den rückläufigen Öleinnahmen oder den Schattenseiten der Globalisierung allein nicht zu erklären. Korruption und Verschwendung wurden ebenfalls und mit gutem Grund damit in Verbindung gebracht. Vielerorts war eine gärende Wut zu beobachten, zumal selbst moderate Kritiker mundtot gemacht und eingekerkert wurden. Persönliche Verbitterung und diffuse Gefühle nationaler Demütigung machten sich hauptsächlich unter jungen Männern breit – Ressentiments, die von Hasspredigern als göttlicher Auftrag zur Rückbesinnung auf die reine Religion umgedeutet wurden.

Den entscheidenden Anstoß aber gaben die Jahre 1978 und 1979. Sie erweisen sich im Rückblick als psychologischer Wendepunkt und als Symbol für den Anbruch einer neuen Zeit – obwohl anfänglich alles auf eine erneute Kränkung des Islam hindeutete. Ende April 1978 hatten sich marxistische Offiziere in Kabul mit dem Vorsatz an die Macht geputscht, einen sozialistischen Staat aufzubauen. Vielleicht hätten sie den monatelangen Machtkampf gegen die Opposition auch ohne die Hilfe der Roten Armee gewonnen. Weil Moskau aber befürchtete, dass die Muslime ungeahnte Kräfte entfalten und am Ende auch ihre Glaubensbrüder in den zentralasiatischen Sowjetrepubliken zum Aufstand anstiften könnten, gab man am 25. Dezember 1979 nach langem Zögern den Befehl zur Invasion Afghanistans. 100 000 Soldaten einer Supermacht gegen Stammeskrieger mit schlechter Bewaffnung und Ausbildung: dass dieser ungleiche Krieg ein breites Echo in der islamischen Welt fand, ist dem Behauptungswillen der afghanischen Widerständler geschuldet. Sie ließen sich auch durch Rückschläge nicht einschüchtern, demonstrierten einen unerschütterlichen Glauben an die Verwundbarkeit der Gottlosen und kämpften, als wollten sie ein Fanal setzen: dass Aufgeben keine Option, dass die schier endlose Geschichte muslimischer Kapitulation vorüber ist. Das propagandistische Ausrufezeichen hinter diese Entschlossenheit setzte der kurz zuvor aus dem Exil nach Teheran zurückgekehrte Ayatollah Chomeini. Als «teuflische Großmacht» beschimpfte er die Sowjetunion, materialistisch und atheistisch wie der «große Satan» Amerika. Und fügte einen Satz hinzu, der die religiösen Gräben zwischen Schiiten und Sunniten für den Augenblick vergessen machte: «Der Islam sagt: Alles Gute besteht nur dank des Schwertes und des Schattens des Schwertes! Die Menschen können nur durch das Schwert zum Gehorsam erzogen werden! Das Schwert ist der Schlüssel zum Paradies, das nur für Gotteskrieger geöffnet werden kann!»[3]

Erster Dschihad in Afghanistan

Nachdem die Mullahs und Stammesführer in Afghanistan einen «heiligen Krieg», den Dschihad, gegen die sowjetische Invasionsmacht ausgerufen hatten, rekrutierten sie ihre Krieger zunächst im eigenen Land und aus den grenznahen Flüchtlingslagern in Pakistan. Auf drei bis fünf Millionen wird die Zahl der Flüchtlinge geschätzt, die vornehmlich in der Gegend um Peschawar, in der Nordwest-Provinz (NWFP) und in Belutschistan, zum Teil aber auch im Iran Zuflucht suchten – und je länger ihr Exil währte, desto mehr entwurzelte, ihrer Lebensperspektive beraubte junge Männer folgten dem Ruf der Mudschahedin in die fremd gewordene Heimat. Verstärkung kam auch aus der gesamten arabischen Welt in Gestalt der «Fremdenbrigade» oder «arabischen Afghanen». In pakistanischen Lagern ausgebildet, kämpften ungefähr 3000 von ihnen gegen die Sowjets. Binnen weniger Jahre war der Hindukusch zu einem Anziehungspunkt für Fundamentalisten und Gewaltbereite jeder Couleur geworden, zu einem Treibhaus der Radikalisierung.

Die USA hatten großen Anteil an der Rekrutierung radikaler Gotteskrieger in und für Afghanistan. Ein überraschender Befund, wenn man in Rechnung stellt, dass Washington jahrzehntelang weder Interesse an dem Land gezeigt noch an der umfänglichen sowjetischen Wirtschafts- und Militärhilfe Anstoß genommen hatte. 1979 indes war von berechtigten Sicherheitsinteressen des Kreml und der langen, gemeinsamen Grenze nicht mehr die Rede. Von einem Tag auf den anderen schalt das Weiße Haus die Afghanistan-Politik Moskaus als größte Bedrohung des Weltfriedens seit dem Zweiten Weltkrieg. Der Grund: Weil in Teheran das Schah-Regime gestürzt worden war, sah die US-Regierung nicht nur ihre Position im Iran, sondern die Architektur von Macht und Einfluss in der gesamten Region gefährdet. Fortan definierte das geopolitische Denken des Kalten Krieges die amerikanische Agenda. Die Sowjetunion – so Zbigniew Brzezinski, Nationaler Sicherheitsberater von Präsident Jimmy Carter – hatte es auf eine Expansion im südlichen Asien angelegt und sah Afghanistan als Sprungbrett nach Pakistan oder in den Iran. Zur fixen Idee wurde diese Vorstellung, weil man sich weltweit von einer Reihe sowjetischer Zugewinne herausgefordert sah. Angola, Mosambik, Guinea-Bissau, Äthiopien, Nicaragua – durch die vom Kalten Krieg getrübte Brille betrachtet, schien die Erde rot zu werden.

Mit vier bis fünf Milliarden Dollar unterstützten die USA den Kampf der Mudschahedin in den 1980er Jahren. Ein großer Teil dieser Hilfe – Bargeld, Waffen, logistische Ausrüstung – wurde über Pakistan ins Land geschleust. Die Kooperation des wegen seiner Menschenrechtsverletzungen und Nuklearambitionen verschrienen Generals Mohammad Zia-ul-Haq hatte man sich mit einem Sechsjahresvertrag gesichert, der Pakistan alsbald zum drittgrößten Empfänger amerikanischer Auslandshilfe machte. Dass Zia in Afghanistan eigene Ziele verfolgte und ausgerechnet die radikalsten Fraktionen langfristig als Bündnispartner aufbauen wollte, nahm Washington billigend in Kauf. Gleichermaßen störte man sich nicht an der Mittlerrolle des Militärgeheimdienstes «ISI» (Inter-Services Intelligence Directorate), der seit dieser Zeit in der pakistanischen Politik eine zunehmend wichtigere Rolle spielte. Hauptsache, die Kosten für die UdSSR wurden ins Unerträgliche gesteigert, Hauptsache, die Sowjets erlitten in Afghanistan eine Niederlage, von der sie sich auch im Rest der Welt nicht mehr erholen würden. Brzezinski in einem Brief an Präsident Carter: «Jetzt können wir der Sowjetunion ihr Vietnam bereiten.»[4]

Das saudische Königshaus dachte ähnlich wie die Amerikaner, fürchtete, dass die Sowjets die Kontrolle über die Straße von Hormuz und damit über die Hauptroute der Supertanker anstreben würden. Davon abgesehen, betrachtete man ein enges Bündnis mit Amerika mehr denn je als politische Versicherungspolice gegen Konkurrenten wie Iran oder den Irak unter Saddam Hussein. Auch innenpolitische Erwägungen sprachen aus der Sicht Riads für die Unterstützung eines Dschihad gegen die Sowjets. Die Gotteskrieger in Afghanistan demonstrativ zu unterstützen, würde – so das jahrelang verfolgte Kalkül – die Fundamentalisten im eigenen Land schwächen. Schätzungsweise 350 bis 500 Millionen Dollar flossen jährlich aus Saudi-Arabien in die Kriegskasse der Mudschahedin. Dschidda wurde zum wichtigsten Durchgangslager für Freiwillige, die auf der gesamten arabischen Halbinsel für den Befreiungskampf in Afghanistan rekrutiert worden waren. Und ein knapp 23-jähriger Einwohner Dschiddas schlüpfte in die Rolle eines inoffiziellen Botschafters seiner Regierung: Osama Bin Laden.

Dass Bin Laden damals einen politischen Plan verfolgte, erscheint zweifelhaft. Aus den bruchstückhaften Informationen über sein Leben – die an nahezu allen Wendepunkten Anlass für widerstreitende Deutungen geben – lässt sich schließen, dass er in der ersten Hälfte der 1980er Jahre in Afghanistan schlicht die Rolle des guten Samariters spielen wollte. Er pendelte jahrelang zwischen seiner Heimat und dem Kriegsgebiet, nutzte seine exzellenten Verbindungen und warb aus der gesamten arabischen Welt mehrere Millionen Dollar Spendengelder ein, die mit Hilfe des saudischen Geheimdienstes an die richtigen Adressen bei den Mudschahedin weitergeleitet wurden; er knüpfte ein Netzwerk nützlicher Bekanntschaften mit Eliten in Pakistan und mit Stammesführern in Afghanistan; er ließ schweres Baugerät aus der Bin Laden-Company herbeischaffen, um Schützengräben und weit verzweigte Tunnelanlagen als Schutz gegen die sowjetische Luftwaffe auszuheben; und er kümmerte sich um das Wohlergehen der arabischen Freiwilligen, die nicht nur «Fremdenbrigade» genannt wurden, sondern lange Zeit tatsächlich wie Fremdkörper in Afghanistan wirkten.

Seit Mitte der 1980er Jahre trat ein merklich veränderter Bin Laden auf. Er ließ 1986 seine Familie, mehrere Frauen nebst den gemeinsamen Kindern, ins pakistanische Peschawar übersiedeln – ein Hinweis, dass er es mit seinen Plänen für ein intensiveres Engagement im «heiligen Krieg» ernst meinte. In erster Linie ging es ihm um einen effektiveren Einsatz der «arabischen Afghanen». Nicht nur ließ deren Kampfkraft zu wünschen übrig; von konkurrierenden Gruppen wie der Islamischen Vereinigung oder Al-Dschihad umworben, verzettelten sie sich obendrein in Kraft raubenden Scharmützeln um die richtige Weltanschauung. Aus diesem bunten Haufen – von der nationalen und ethnischen Zugehörigkeit ebenso verschieden wie mit Blick auf Alter, Beruf und soziale Herkunft – wollte Bin Laden eine schlagkräftige Truppe machen, eine arabische Fremdenlegion. Im Frühjahr 1987 war in der Nähe von Jalalabad das erste Lager für ungefähr 70 Rekruten bezugsfertig, im Sommer rückten sie erstmals zu einem Einsatz gegen die Rote Armee aus. Offensichtlich dachte Bin Laden damals bereits über die Zeit nach einem Rückzug der Sowjets nach – und über die Frage, wie man den Dschihad in anderen Regionen und gegen andere Gottlose fortsetzen könnte. Dafür wollte er eine Basis, ein Fundament schaffen, eine «Al-Qaida», wie das entsprechende arabische Wort heißt. Die Gründung dieses Zentrums erfolgte im Frühjahr 1988.

Al-Qaida war damals als Signal, als Absichtserklärung gedacht: Der Kampf geht weiter. Wie in Afghanistan sollten sich weltweit aufständische Muslime auf die Unterstützung ihrer arabischen Brüder verlassen können, Al-Qaida würde gut trainierte und glaubensfeste Kämpfer ausbilden und je nach Bedarf zur Verfügung stellen, von der «Basis» würden Gelder und Waffen zur Verfügung gestellt, nicht zuletzt würde Al-Qaida im globalen Propagandakrieg Hilfestellung leisten. Von einer internationalen Terrororganisation kann zu diesem Zeitpunkt noch keine Rede sein, eher von einem Dienstleistungsunternehmen, das anderen seine Unterstützung und Expertise anbietet. Aber dass ein neues Zeitalter angebrochen war, wollte Bin Laden sehr wohl deutlich machen. Die Selbstbeschränkung auf nationale Anliegen und der Kampf innerhalb nationaler Grenzen sollten ein Ende haben. Der Kampf gegen die Gottlosen würde fortan als globaler Dschihad geführt.

Weggefährten und Biographen Bin Ladens streiten seit eh und je über die Gründe dieser Zäsur in seinem Leben. Zweifellos machte er in Afghanistan und Pakistan die Bekanntschaft von Männern, denen der bewaffnete Kampf zu einer Lebensform geworden war: Stammesführer, Islamgelehrte und «Warlords» wie Abdul Rasul Sayyaf, Jalaluddin Haqqani oder Gulbuddin Hekmatyar, Exilanten wie Ayman al-Zawahiri, der schon in den 1970er Jahren im ägyptischen Untergrund tätig gewesen war und von Peschawar aus seine Terrorgruppe Al-Dschihad neu organisieren wollte. Auch dürfte die sowjetische Kriegsführung, die Taktik der verbrannten Erde und die Rücksichtslosigkeit gegenüber der Zivilbevölkerung, seinen Hass auf die Gottlosen bestärkt haben. Wie sehr diese Faktoren auch immer ins Gewicht fielen, entscheidende Bedeutung kommt ihnen wohl nicht zu. Vermutlich gab ein doppeltes Erfolgserlebnis am Ende den Ausschlag. Bei der Organisation der «arabischen Afghanen» spürte Bin Laden, dass er Gruppen nicht nur organisieren, sondern auch steuern und beeinflussen konnte, dass man ihm Respekt entgegenbrachte und viele ihn sogar verehrten. Ob die aus dieser Zeit überlieferten Erzählungen über die Tapferkeit und den militärischen Heldenmut Bin Ladens aufgebauscht oder gar – wie manche vermuten – frei erfunden sind, spielt so gesehen keine Rolle. Wesentlich ist die in sie verwobene Botschaft von der Geburtsstunde einer charismatischen Führerfigur. Zweitens hatten Muslime Ende 1988 erstmals seit Menschengedenken wieder einen militärischen Sieg errungen, ausgerechnet gegen eine Supermacht. Für einen tief religiösen Menschen wie Bin Laden war dieser Triumph gleichsam ein göttliches Zeichen, ein Auftrag, die ihm zugewachsene Rolle in Zukunft tatsächlich auszufüllen und den Islam zu weiteren glorreichen Siegen zu führen. In Afghanistan ging er also den letzten Schritt auf dem langen Weg eines religiösen Fundamentalisten und verstand fortan den Dschihad als alltägliche, von Gott jedem Gläubigen aufgetragene Pflicht.

Einerseits schienen die Zeichen für eine Fortsetzung des Kampfes günstig. Nach dem Rückzug der Sowjets blieben zahlreiche entwurzelte Kämpfer – von 3000 bis 6000 ist die Rede – aus aller Herren Länder in Afghanistan zurück, eine Truppe ganz nach den Vorstellungen Bin Ladens: staatenlos, flexibel und erfahren. Andererseits war keineswegs klar, mit welchem Ziel dieser Kampf geführt werden sollte und was sich hinter dem Mantra verbarg, die heiligen Stätten und alle in Feindeshand befindlichen Gebiete zu befreien: ein einheitlicher islamischer Staat, ein Kalifat, von Teheran bis Kairo? Also auch der Sturz ketzerischer Regime wie in Saudi-Arabien oder Ägypten? Oder ging es hauptsächlich um Palästina? Und mit welchen Mitteln sollte diese Befreiung zuwege gebracht werden? Fraglich war nicht zuletzt die Zuverlässigkeit der in Afghanistan gestrandeten Söldner. Bei näherer Betrachtung zeigt sich nämlich, dass von einer Truppe durchweg todesbereiter Märtyrer keine Rede sein konnte. Viele waren schlicht aus Neugierde nach Afghanistan gekommen. Oder weil sie nach dem Abschluss von Schule und Studium nichts Richtiges mit sich anzufangen wussten; auch von Freizeitkriegern mit Lust auf Abenteuerurlaub wird bisweilen gesprochen.[5] Noch immer war Al-Qaida in erster Linie eine Vision, der Tagtraum eines in Afghanistan zu neuer Tatkraft gereiften Fundamentalisten.

Osama Bin Laden als Terror-Unternehmer

Vielleicht wäre es trotz allem bei einem Tagtraum geblieben, hätte Saddam Hussein nicht im August 1990 den Nachbarstaat Kuwait überfallen und den ersten Golfkrieg provoziert. Nach seiner Rückkehr vom Hindukusch hatte sich Osama Bin Laden wieder den Geschäften im Familienunternehmen gewidmet – mit dem gewohnten Erfolg. Die wenigen Ausflüge in die Politik hingegen waren in jeder Beziehung dilettantisch, etwa der Plan, mit Hilfe einer in Afghanistan ausgebildeten Freischärlertruppe das marxistische Regime im Südjemen zu stürzen. Wie lange er noch gegen die Realität anstürmen konnte oder wollte, schien fraglich. Als freilich die USA ihre Invasionsstreitmacht gegen den Irak in Saudi-Arabien in Stellung brachten, verkündete Bin Laden mit großer Geste das Ende der Zurückhaltung. «Sündenfall», «Verrat an Mohammed», «Entweihung der heiligen Stätten Mekka und Medina»: Alle, die sich damals in seiner Nähe aufhielten, berichteten von einer grenzenlosen, durch nichts und niemanden zu besänftigenden Wut Bin Ladens. Er nahm zum Verteidigungsminister in Riad Kontakt auf, bat ihn, die Amerikaner des Landes zu verweisen und statt ihrer die ehemaligen Söldner aus Afghanistan gegen die irakische Armee aufzubieten: «Wir haben schließlich die Sowjets aus Afghanistan vertrieben.» Dass er kein Gehör finden würde, stand fest. Ebenso klar war, dass Bin Laden jetzt mit seinem Heimatland brechen und sein Augenmerk endgültig auf den globalen Dschihad richten würde. Genauer gesagt: auf den Westen, der seines Erachtens mit der Truppenpräsenz im Land der heiligen Stätten dem gesamten Islam den Krieg erklärt hatte. «Es kann nicht angehen, dass man darüber schweigt, wie sich das

Land zum amerikanischen Protektorat entwickelt und die christlichen Soldaten es mit ihren schmutzigen Schuhen schänden. [...] Diesen schmutzigen, ungläubigen Kreuzzüglern darf nicht gestattet werden, im heiligen Land zu bleiben.»[6]

Nach einem Jahr der Umorientierung in Peschawar siedelte Bin Laden Ende 1991 mit seiner Familie und der Mehrzahl der Al-Qaida-Aktivisten – ungefähr 100 Mann – in den Sudan über. Dort hatten sich zwei Jahre zuvor Islamisten an die Macht geputscht. Und vermutlich versprach sich Bin Laden unter ihrem Schutz die beste Gelegenheit zu einem ungestörten Aufbau von Al-Qaida. Die finanziellen Grundlagen für ein neues Leben hatte er alsbald geschaffen. Bin Laden investierte erheblich in die Reparatur und Erweiterung der Verkehrswege im Sudan, stieg zum größten Grundbesitzer und Agrarunternehmer des Landes auf, hielt alsbald das Monopol beim Anbau von Sesam, Mais und Kautschuk. Aber die wirtschaftlichen Tätigkeiten waren im Grunde nur noch Mittel zum Zweck des Dschihad. Vom Sudan aus knüpfte er weltweit Kontakte mit fundamentalistischen Gruppen, bot finanzielle Hilfe an oder lotete gemeinsame Projekte aus. Die einschlägige Propaganda lief seit 1992 auf Hochtouren. In drastisch formulierten Kommuniqués rechnete er mit der Innen- und vor allem mit der Außenpolitik Saudi-Arabiens ab. Zum Hauptfeind indes erklärte er die USA, ein seines Erachtens moralisch entkerntes Land, außerstande, im Krieg nennenswerte Verluste zu ertragen und deshalb auch von militärisch schwachen Gegnern verwundbar. «Den Kopf der Schlange [abzuschneiden]» galt fortan als die dringende Aufgabe jedes Muslimen.[7]

Aber die vom Sudan aus geplanten und umgesetzten Terroraktionen wurden Bin Laden und der im Aufbau begriffenen Al-Qaida fast zum Verhängnis. Über die Hintergründe dieser Anschläge ist nur wenig bekannt. Wie es scheint, gab Bin Laden Geld für die erste islamistische Attacke innerhalb der USA – die versuchte Sprengung des World Trade Center im Februar 1993. Ob und inwieweit er auch an den Plänen beteiligt war, im gleichen Jahr weitere Objekte in New York in die Luft zu jagen – nämlich die George Washington-Brücke, den Lincoln- und Holland-Tunnel, das UNO-Gebäude und das örtliche Büro des FBI – ist bis dato nicht geklärt. Mit hoher Wahrscheinlichkeit war Al-Qaida zwischen 1992 und 1995 auch an diversen Attacken auf amerikanische Streitkräfte im Jemen, in Saudi-Arabien und in Somalia beteiligt, ebenso am Bombenanschlag auf eine Wohnanlage von US-Truppen, die Khobar Towers, im saudi-arabischen Dhahran im Juni 1996, der 20 Personen das Leben kostete und 372 verletzte. Obendrein beschuldigte die ägyptische Regierung Bin Laden auch der Zusammenarbeit mit Al-Dschihad, der von Ayman al-Zawahiri geführten Untergrundorganisation. Auf deren Konto gingen unzählige Morde in Ägypten und nicht zuletzt das gescheiterte Attentat auf Präsident Husni Mubarak in Addis Abeba am 26. Juni 1995. Fortan nahm der internationale Druck auf die Regierung des Sudan erheblich zu. Und Bin Laden – dem das saudische Königshaus bereits im Jahr zuvor die Staatsbürgerschaft entzogen hatte – war mit seiner Organisation international zur Fahndung ausgeschrieben.

Zunächst setzte das Regime in Khartum unter Hasan al-Turabi und Omar al-Bashir auf die übliche Taktik des Aussitzens und verweigerte die Auslieferung von Verdächtigen. Als aber nach den USA auch der Sicherheitsrat der Vereinten Nationen im April 1996 Sanktionen gegen den Sudan verhängte, wurde Bin Laden binnen vier Wochen des Landes verwiesen. Aus dem einst für seinen Reichtum Bewunderten war ein beinahe Mittelloser geworden. Abgelenkt von politischen Aktivitäten, hatte er seine unternehmerische Tätigkeit schon längere Zeit schleifen lassen, musste Ende 1994 den Angehörigen von Al-Qaida gar ihren Sold kürzen. Was von seinen Besitzungen übrig geblieben war, konfiszierten im Mai 1996 ohne jede Entschädigung die Potentaten des Sudan – Baumaschinen, Ackerland, Pferdegestüte. Angeblich verlor Bin Laden damals 160 Millionen Dollar auf einen Schlag. Auch Al-Qaida war bankrott, viele Söldner kehrten ihr den Rücken. «Jedes Mitglied», so Lawrence Wright, «erhielt einen Scheck über 2400 Dollar und ein Flugticket nach Hause.»[8]

Für Osama Bin Laden blieb im Mai 1996 nur noch die Zuflucht in das vom Bürgerkrieg zerfressene Afghanistan. In ein Land, dessen seit eh und je schwaches institutionelles Gefüge vollends zusammengebrochen war, in dem verschiedene Stämme um die Vorherrschaft kämpften, das von marodierenden Banden und Drogenbaronen ausgeplündert wurde und in dem Kriegsherren wie Ismael Khan, Rashid Dostum oder Gulbuddin Hekmatyar längst auf eigene Rechnung und zu Lasten aller wirtschafteten. Faktisch funktionierte die Ökonomie nach den Regeln des Faustrechts: Die «Warlords» konfiszierten Häuser und Land, legten nach Gutdünken Handels- und Transportsteuern fest, derweil die Bauern nur noch einen Bruchteil des ohnehin kargen Acker- und Weidelandes nutzen konnten. Der Rest der Fläche war mit Landminen verseucht und lebensgefährlich für jeden, der sie betrat. Wer sich den kleinen oder großen Potentaten nicht fügte, musste um sein Leben fürchten. Afghanistan war in allen Teilen zu einem rechtsfreien Raum geworden, erlebte eine der gewalttätigsten Epochen in seiner ohnehin von Gewalt durchdrungenen Geschichte.

Im Grunde zahlte Afghanistan die Zeche für den Kalten Krieg, für die Tatsache, dass die Sowjetunion und die USA sich seit 1979 einen Abnutzungskrieg um die Vorherrschaft im «asiatischen Krisenbogen» (Zbigniew Brzezinski) geliefert und Afghanistan ohne Rücksicht auf die langfristigen Folgen instrumentalisiert hatten. Nach dem Rückzug der Sowjets Ende 1988 konnte sich der letzte kommunistische Statthalter, Mohammed Nadschibullah, noch dreieinhalb Jahre an der Macht halten. Die sich gegenseitig argwöhnisch beäugenden Fraktionen der Mudschahedin – Gulbuddin Hekmatyar auf der einen Seite, Ahmed Schah Masud auf der anderen Seite – einigten sich zwar auf das Modell einer «rotierenden Präsidentschaft». Aber die Teilung der Macht war nur von kurzer Dauer. Der Bürgerkrieg lief in der Folge vollends aus dem Ruder, befeuert durch religiöse Konflikte sowie durch ethnische Rivalitäten zwischen den Paschtunen und einer Vielzahl anderer Gruppen. Ganz zu schweigen von der Militärhilfe, die konkurrierende Nachbarn wie Russland, Indien, Pakistan, der Iran, Usbekistan, Turkmenistan oder Tadschikistan ihren jeweiligen Protagonisten in Afghanistan zuschanzten. Nachdem bereits

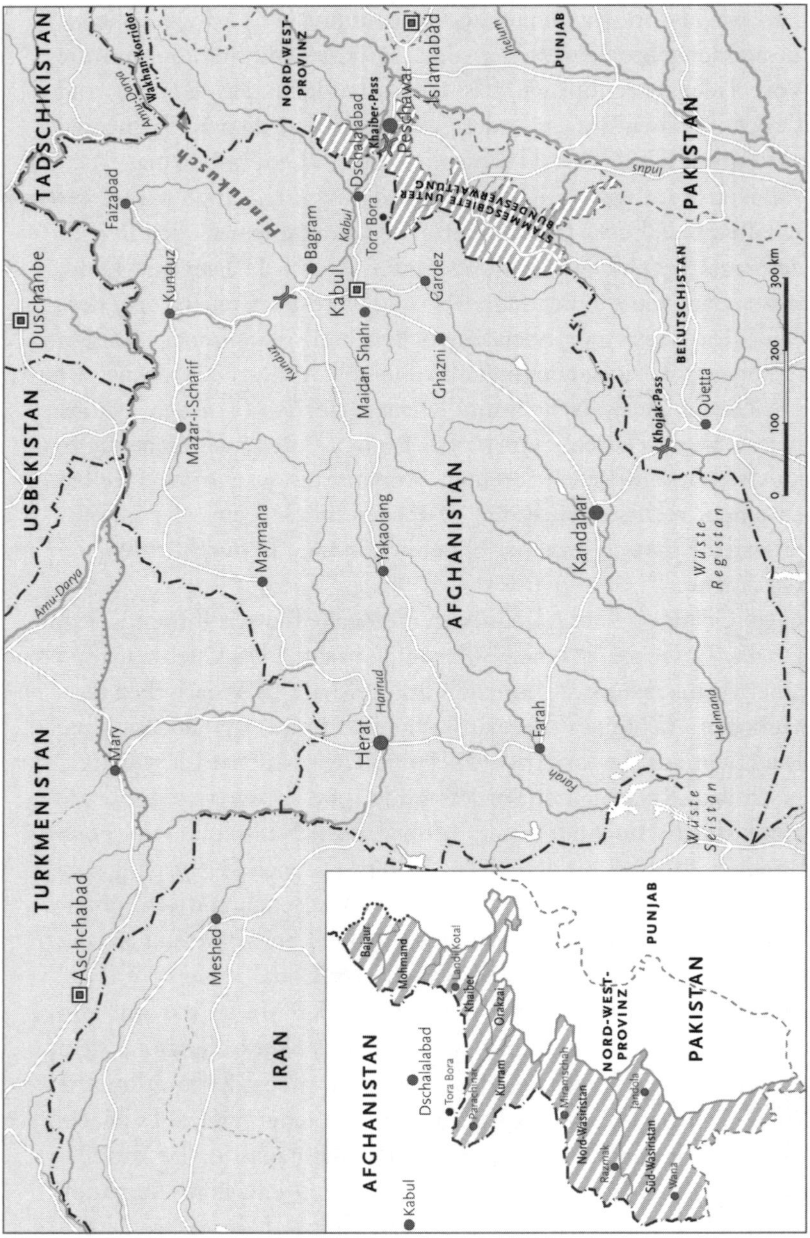

Landkarte Afghanistan/Pakistan

1,5 Millionen Afghanen im Krieg gegen die Sowjets umgekommen waren, wurden jetzt noch einmal Zehntausende Zivilisten getötet, die Hauptstadt Kabul bestand alsbald nur noch aus Ruinen.[9]

In diesem Chaos gediehen die Taliban, aus der Kriegsmüdigkeit der Bevölkerung und der allgemeinen Sehnsucht nach Ruhe und Stabilität schöpften sie ihre Kraft. Taliban – der Name heißt «Religionsschüler» und beschreibt Kriegswaisen und Söhne afghanischer Paschtunen, junge Männer, die von Kindesbeinen nichts anderes als Flüchtlingslager gesehen hatten und für die es, wenn überhaupt, nur eine Perspektive gab: den Unterricht in pakistanischen Koranschulen. Hunderttausende wurden in den sogenannten Madrassas unentgeltlich ausgebildet. Ihr Verständnis von Gerechtigkeit und gerechter Regierung spiegelte die Unterweisung in einer extremen Lesart des Islam. Frauen ist Bildung und Ausbildung zu verbieten, Freizeitvergnügen – sei es Musik und Fernsehen, sei es Hunderennen oder Billardspiel – haben in einer islamischen Gesellschaft keinen Platz, die Gebote des Korans sind Gesetz in allen Lebenslagen. Wo immer sie zu Macht und Einfluss kamen, setzten die Taliban ihre Botschaft in die Tat um. Mädchenschulen wurden geschlossen, Frauen dürfen das Haus nur in Ausnahmefällen verlassen, Diebstahl wird mit dem Abhacken von Gliedmaßen und weiblicher Ehebruch mit Steinigung bestraft, über die Hinrichtung von Mördern entscheidet die Familie des Opfers. Dergleichen Fundamentalismus ist der afghanischen Kultur und Tradition eigentlich fremd.[10] Aber die Taliban versprachen Frieden und die Entwaffnung der verhassten Milizen, sie verfügten mit den Mullahs Mohammed Omar, Mohammed Ghaus und Mohammed Rabbani über im Krieg gegen die Kommunisten erprobte und weithin respektierte Führer. Als sie im Oktober 1994 Kandahar und knapp zwei Jahre später Kabul eroberten und der Rest des Landes ebenfalls in greifbarer Nähe schien, waren innerhalb wie außerhalb Afghanistans viele zu einem Arrangement mit den Taliban bereit.

Auf Saudi-Arabien konnten sie sich ganz besonders verlassen, von dort flossen regelmäßig Summen in Millionenhöhe. Auch der Nachbar Pakistan zeigte sich als großzügiger Verbündeter. Daran lassen unzählige in den USA seit 2007 freigegebene Dokumente keinen Zweifel. Mit Geld, Nahrungsmitteln, Treibstoff, Munition und Waffen kam man den Gotteskriegern zur Hilfe, pakistanische Soldaten – Paschtunen aus dem sogenannten «Grenzkorps» – bildeten Einheiten der Taliban aus und kämpften sogar an ihrer Seite in Afghanistan. Von 6,5 Millionen Dollar zusätzlicher Unterstützung allein für die zweite Hälfte des Jahres 1998 wusste die amerikanische Botschaft in Islamabad zu berichten. Dass die pakistanischen Stammesgebiete im Nordwesten des Landes den Taliban als Rückzugs- und Aufmarschräume zur Verfügung standen, erwies sich auf lange Sicht als noch wichtigerer Beitrag.[11] Zweifellos spielten religiöse Gründe aus Sicht der pakistanischen Regierung eine erhebliche Rolle, nicht zu vergessen die Rücksichtnahme auf die große Zahl von Paschtunen im eigenen Land. Den Ausschlag gab freilich ein geopolitisches Kalkül: Afghanistan sollte auf keinen Fall zur Einflusszone Indiens werden. Im Gegenteil: Das Land mit Hilfe der Taliban zu stabilisieren, versprach einen Zugewinn an «strategischer Tiefe» gegenüber dem Erzfeind. Und nicht zuletzt wollte man in Afghanistan Guerillas zur Vertreibung der Inder aus Kaschmir ausbilden.

«Die Taliban halten große Stücke auf die USA», ließ Mullah Omar im Oktober 1996 von einem Emissär ausrichten. «Sie wissen die Hilfe während des Dschihad gegen die Sowjets zu schätzen und streben gute Beziehungen mit den Vereinigten Staaten an.»[12] Amerikanische Diplomaten hatten sichtlich Probleme mit diesen Avancen. Einerseits gab es an der radikal islamischen Ausrichtung der Taliban keinen Zweifel. Andererseits wussten Botschafter in der Region von der pragmatischen, wenn nicht opportunistischen Seite der Gotteskrieger zu berichten. Sie nahmen Vertreter unterschiedlichster politischer Richtungen, Kommunisten eingeschlossen, in ihren Reihen auf, selbst in der Führung schienen diverse Fraktionen um Einfluss zu ringen, von einer Dominanz Mullah Omars konnte offenbar nicht oder noch nicht die Rede sein. Am Ende einigte man sich in Washington auf eine Politik der «begrenzten Kooperation» mit dem Ziel, die Taliban «zu mäßigen und zu modernisieren», wie es in einem Memorandum vom März 1997 hieß.[13] In anderen Worten: Noch kämpften verschiedene Seiten um die Macht in Kabul. Die Beteiligung der Taliban an einer Koalitionsregierung war nach Lage der Dinge nicht mehr zu verhindern. Aber einen militärischen Triumph über die Konkurrenten und damit ihre Alleinherrschaft wollte die Regierung Clinton unter keinen Umständen hinnehmen – unabhängig davon, wie sie mit dem ungebetenen Gast Osama Bin Laden umgingen.[14]

Dass ein großer Konflikt mit den Taliban ins Haus stand, zeigte sich schon wenige Wochen nach der Ankunft Bin Ladens in Afghanistan. Mittlerweile hatte er das mediale Einmaleins internationaler Terroristen gelernt, nämlich so viel wie möglich Aufmerksamkeit auf sich zu lenken und die Sensationslust der Medien zur kostenlosen Werbung in eigener Sache zu nutzen. «Wie Kugelfische bliesen sich Al-Qaida und Bin Laden auf», so der treffende Vergleich von Lawrence Wright, «um größer zu wirken, als sie in Wahrheit waren.»[15] «Kriegserklärung gegen die Amerikaner, die das Land der zwei heiligen Stätten besetzt halten» lautete die Überschrift einer Erklärung vom 23. August 1996, veröffentlicht in einer arabischen Zeitung und auf der Website einer saudi-arabischen Dissidentengruppe. «Die Mauern der Unterdrückung und Demütigung können nur im Hagel von Kugeln zum Einsturz gebracht werden.» Auf zwölf Seiten erläuterte Bin Laden die Grundzüge der Politik von Al-Qaida – ein Manifest, das bis heute unverändert gültig ist. Von Anfang bis Ende drehte sich alles um die Außenpolitik der USA, um die Präsenz von Amerikanern auf der arabischen Halbinsel, um die Unterstützung «tyrannischer Regierungen» in der muslimischen Welt, um die Hilfe für Israel und anderer «Feinde» des Islam wie Russland, China und Indien. «Euch zu terrorisieren, während ihr in unserem Land Waffen tragt, ist legitim und unsere moralische Pflicht.» Und im Namen der Rekruten von Al-Qaida richtete er einige Worte an Verteidigungsminister William Perry: «Ich versichere dir, William, dass diese jungen Leute den Tod genauso lieben, wie ihr das Leben liebt. […] Diese jungen Menschen werden […] dir singend erwidern, dass es zwischen uns nichts zu erklären gibt, es gibt nur Töten und Nackenschläge.»[16]

Die religiöse Rabulistik öffentlicher Erklärungen vernebelt zumeist den Blick auf das strategische Kalkül Osama Bin Ladens. Umso deutlicher erläuterte er seine Absichten, die Mittel und Wege einer langfristig konzipierten Politik, im Gespräch mit Vertrauten und Verwandten. Militärisch ist gegen eine Supermacht nichts auszurichten; wer es trotzdem versucht, bekommt noch nicht einmal eine zweite Chance. Sosehr Bin Laden in dieser Hinsicht zu Realismus riet, sosehr verstieg er sich andererseits in Phantasien über die ökonomische und psychologische Verwundbarkeit der USA. Von Afghanistan lernen, heißt siegen lernen – so sein Credo. Mit Geduld und Ausdauer hatte man den Sowjets in den 1980er Jahren eine derartige Last aufgebürdet, dass ihnen aus wirtschaftlichen Gründen gar keine andere Wahl als der Rückzug blieb. Warum sollte diese Strategie des langsamen Ermattens gegenüber den Amerikanern nicht funktionieren? Die Frage war rhetorischer Natur. Es kam darauf an, die Vereinigten Staaten unablässig zu provozieren und mit Nadelstichen zu reizen – so lange, bis sie zu den Waffen griffen und sich in einen Krieg stürzten, der ihr moralisches Durchhaltevermögen überforderte. In anderen Worten: Osama Bin Laden war auch nach Afghanistan gegangen, um die Amerikaner nach Afghanistan zu locken. «Sobald Soldaten in Leichensäcken heimkehren, geraten die Amerikaner in Panik und ziehen sich zurück. Einem solchen Land muss man nur zwei oder drei harte Schläge versetzen, dann flieht es vor Angst. [...] Es kann Glaubenskriegern nicht standhalten, die keine Angst haben vor dem Tod.»[17] Afghanistan sollte zu einem zweiten Vietnam und wie so oft in seiner Geschichte zum «Friedhof der Imperien» werden.

Die Führung der Taliban war von diesen Auftritten zunächst sichtlich irritiert. Wie immer man zu Bin Laden stand, sich offen mit den USA anzulegen erschien selbst den Kompromisslosen als selbstmörderisch. Anfang Januar 1997 versuchten Mullah Mohammad Rabbani und andere hochrangige Funktionäre in Gesprächen mit amerikanischen Diplomaten in Pakistan die Sorgen der USA zu zerstreuen. Sie betonten das traditionelle Gastrecht der Paschtunen – und mit unüberhörbar ironischem Unterton, dass Bin Laden die gleichen Rechte wie afghanische Flüchtlinge in den USA in Anspruch nahm. Terroristische Aktivitäten würden die Taliban auf keinen Fall dulden und mit sofortiger Ausweisung beantworten. Als Zeichen guten Willens bot man gar eine Inspektion verdächtiger Gebiete an: Amerikanische Experten sollten sich persönlich davon überzeugen, dass Trainingscamps für Terroristen entweder nicht existierten oder längst aufgelöst worden waren. Ob dieses Angebot ernst gemeint war, ob die Emissäre der Taliban ein Verwirrspiel trieben oder ob andere, eher auf Konfrontation bedachte Kräfte in der Folge sich durchsetzen konnten, ist schwer zu entscheiden. In jedem Fall kam die in Aussicht genommene Rundreise nicht zustande. Auf Geheiß von Mullah Omar mussten Osama Bin Laden und sein Tross aber die Höhlenanlagen von Tora Bora bei Dschalalabad aufgeben und sich in einer verlassenen Landwirtschaftsanlage in der Nähe von Kandahar ansiedeln. Wie es hieß, wollte man den illustren Gast auf dem Gelände der «Tarnak Farms» besser unter Kontrolle halten; oder einfach besser schützen.[18]

Zur gleichen Zeit entwickelte sich Afghanistan zum Mekka für Gotteskrieger und Terroristen aus der ganzen Welt. Genaue Daten liegen nicht vor; aber zeitgenössische Beobachter gehen davon aus, dass die Mehrheit aus Saudi-Arabien stammte. Die Ägypter stellten ebenfalls eine große Gruppe, zumeist Militante aus den Reihen der Islamischen Vereinigung und von Al-Dschihad, die mit der «Aussöhnungspolitik» ihrer Organisationen nicht einverstanden waren und auf der Suche nach neuen Betätigungsfeldern Ägypten verließen. Zu diesen von Haus aus gut situierten Legionären gesellten sich Muslime aus Algerien und der westeuropäischen Diaspora, sozial und kulturell Entwurzelte mit dem gleichen Ziel: sich militärisch für einen Einsatz in ihrer Heimat oder an Brennpunkten muslimischen Widerstands wie Bosnien oder Tschetschenien ausbilden zu lassen. Zwischen 1996 und 2001 sollen sich zwischen 10 000 und 20 000 Dschihadisten aus mehr als 40 islamischen Ländern in afghanischen Lagern aufgehalten haben. Ihre Ausbildung dauerte mehrere Monate und deckte alle für den Terror relevanten Bereiche ab: den Bau von Bomben und Sprengfallen, Flugzeugentführungen, Selbstmordattentate, Techniken des Guerillakrieges, Umgang mit leichten und schweren Waffen, Belastungsfähigkeit in Extremsituationen. Aus dem magischen Ort des Sieges über die Sowjetunion war ein Zentrum der Initiation und Bewährung für global ausgerichtete Terrorgruppen geworden.

Wie und mit wessen Hilfe Osama Bin Laden Zugriff auf diese paramilitärischen Lager bekam, ist unklar. Fest steht indes, dass die Taliban einige Einrichtungen an «arabische Afghanen» und radikale Gruppen aus Pakistan abgetreten hatten. Und offensichtlich stand der pakistanische Militärgeheimdienst «ISI» hinter der Entscheidung, einige Lager, etwa in der Gegend um Khost, in die Obhut von Bin Laden zu geben. Er sollte sein Geschäftstalent und seine Verbindungen für einen raschen Ausbau einsetzen und insbesondere dafür sorgen, dass neue Untergrundkämpfer für den Einsatz in Kaschmir rekrutiert wurden. Auf diese Weise kam Al-Qaida beispielsweise mit der für ihre extreme Militanz bekannten Gruppe Harkat-ul-Ansar in Kontakt. Von den Tausenden, die im Lauf der Jahre in Afghanistan ausgebildet wurden, schlossen sich nur wenige Hundert Al-Qaida an. Wichtiger aber als die formelle Mitgliedschaft war die Tatsache, dass Al-Qaida seither über ein organisatorisches Zentrum für ein weltweites Netz teils informeller, teils enger Kontakte verfügte – die Spuren weisen nach Kenia, Somalia, Ägypten, Usbekistan, die Philippinen, Libyen, Jemen, Tschetschenien und Palästina, um nur die wichtigsten zu nennen. Vermutlich spielten die in Afghanistan geknüpften Beziehungen auch bei der Planung des Massakers von Luxor im November 1997 eine Rolle; wie mittlerweile nachweisbar ist, finanzierte Bin Laden den Anschlag auf die Tempelanlage. Überliefert ist auch, dass Bin Laden die Lager wiederholt besuchte, Vorträge hielt und persönlich mit den Rekruten sprach. Wer für «Sonderaufgaben» wie Selbstmordeinsätze geeignet schien, wurde zu weiteren Gesprächen auf das private Anwesen von Bin Laden gebeten und fortan von

Mohammed Atef, dem militärischen Administrator von Al-Qaida, betreut.

Offenbar beflügelt durch das Anwerben unerwartet vieler Dschihadisten und die militärischen Erfolge der Taliban verkündeten Osama Bin Laden und Ayman al-Zawahiri im Februar 1998 die Gründung einer neuen Koalition namens «Internationale Islamische Front für den Dschihad gegen Juden und Kreuzfahrer». Vom pompösen Namen abgesehen, hatte sich in der Sache nichts geändert. Al-Qaida war und blieb unter den sechs beteiligten Gruppen die beherrschende Organisation mit ungefähr 3000 in Afghanistan präsenten Kämpfern. «Organisation» ist streng genommen der falsche Begriff. Vielmehr handelt es sich um ein loses Netzwerk oder eine «Terror-Holding», die auf allen Erdteilen vertreten ist und diverse bewaffnete Zellen personell wie finanziell unterstützt. Wer unmittelbar beteiligt ist und auf wie viele Sympathisanten oder gelegentliche Unterstützer Al-Qaida zurückgreifen kann, ist kaum zu sagen. Rätsel gibt auch die operative Arbeit auf. Wie es scheint, wird von Fall zu Fall jeweils neu entschieden. Mal handeln die Anführer der weit verstreuten Gruppen autonom, mal ist – wie bei der Planung und Durchführung von «9/11» – die «Zentrale» um Bin Laden federführend. Dass die jährlichen Etats von schätzungsweise 30 Millionen Dollar nicht aus Bin Ladens Privatvermögen bestritten wurden, liegt angesichts der vergleichsweise bescheidenen Erbschaft und des Bankrotts im Sudan nahe. Vielmehr flossen private Gelder überwiegend aus Saudi-Arabien und den anderen Golfstaaten, darunter auch zweckentfremdete Spenden, die ursprünglich in Moscheen für wohltätige Zwecke gesammelt worden waren. Nicht in Geld aufzuwiegen war das von Bin Laden angehäufte propagandistische Kapital und die Tatsache, dass er einem Haufen chronisch verfeindeter Terroristen eine gemeinsame Stimme und Orientierung gab: den Dschihad gegen die USA.

Am 23. Februar 1998 erneuerte Osama Bin Laden die Kriegserklärung an die Vereinigten Staaten – diesmal im Duktus einer Fatwa, weil zu den Unterzeichnern auch Islamgelehrte zählten, denen ein Recht auf religiös bindende Erlasse zustand: «Folglich […] teilen wir allen Muslimen folgendes Urteil mit: Die Amerikaner und ihre Verbündeten zu töten, ob Zivilisten oder Soldaten, ist eine Pflicht jedes Muslims, der es tun kann, in jedem Land, wo er sich befindet, bis die Al-Aqsa-Moschee und die große Moschee [in Mekka] von ihnen befreit sind, bis ihre Armeen alle muslimischen Gebiete verlassen […].»[19] Die Botschaft war denkbar einfach: Weil die Amerikaner Krieg gegen den Islam führen, töten sie überall und in erster Linie Unschuldige. Siehe Irak und die unter dem Wirtschaftsembargo ganz besonders leidenden Kinder. Also kann umgekehrt niemand verlangen, dass Muslime auf Zivilisten Rücksicht nehmen. Im Gegenteil: Als Wähler und Unterstützer ihrer Regierungen gehören sie zur Kriegspartei und sind mithin legitime Ziele. Monat um Monat verbreitete Bin Laden diese Botschaft auf allen medialen Kanälen, darunter auch der amerikanische Fernsehsender «ABC». Was zu diesem Zeitpunkt noch niemand wusste: Bin Laden bereitete die Welt auf den ersten großen Anschlag von Al-Qaida vor.

Am 7. August 1998 explodierten vor den amerikanischen Botschaften in Nairobi (Kenia) und Daressalam (Tansania) gewaltige Sprengsätze, 224 Menschen wurden getötet und mehr als 4500 verletzt. 13 Tage später, am 20. August, befahl Präsident Bill Clinton einen Angriff mit 70 Cruise Missiles auf Ausbildungslager von Al-Qaida und Harkat ul-Ansar in der Nähe von Khost und Jalalabad. Der Einsatz forderte ungefähr 30 Tote und ebenso viele Verletzte. Am gleichen Tag bombardierte die US-Luftwaffe eine Fabrikanlage im sudanesischen Khartum, in der angeblich mit finanzieller Unterstützung Bin Ladens chemische Ingredienzien für Nervengas produziert wurden; tatsächlich handelte es sich um den landesweit größten Betrieb zur Herstellung von Medikamenten.

Von den Zeitgenossen kaum wahrgenommen, kristallisierten sich in diesen beiden Augustwochen Faktoren von bleibender Wirkung heraus: Bin Laden hatte die USA nicht allein zum Hauptgegner erklärt, sondern auch zum primären Zielobjekt bestimmt; innerhalb der amerikanischen Regierung grassierte bereits die Angst vor Massenvernichtungswaffen in der Hand von

Terroristen; der Versuch, mit militärischen Mitteln der terroristischen Gefahr Herr zu werden, drohte den Schaden eher zu vergrößern als einzudämmen. Letzteres war schon damals mehr als eine bloße Vermutung. Die Vergeltungsaktionen vom 20. August bescherten allen möglichen Terrororganisationen und insbesondere Al-Qaida einen bemerkenswerten Zulauf neuer Re-

Gewaltige Sprengkraft: Die völlig zerstörte US-Botschaft in Nairobi nach dem Anschlag durch Al-Qaida.

kruten. Und Bin Laden verkaufte angeblich mehrere der auf Afghanistan abgefeuerten Tomahawk-Raketen für zehn Millionen US-Dollar an China; sie waren in den Lagern von Al-Qaida gelandet, aber nicht explodiert.[20] Obendrein setzten sich unter dem Eindruck der Luftangriffe die Betonköpfe in den Reihen der Taliban endgültig durch. Genauer gesagt jene verbohrten Ideologen, die einer bedingungslosen Feindschaft zum Westen das Wort redeten und Osama Bin Laden unter keinen Umständen an die USA ausliefern wollten.

Mullah Omar persönlich erläuterte die Position der Taliban am frühen Morgen des 22. August 1998 in einem von Kandahar aus geführten Telefonat. Es war das erste und bisher einzige Mal, dass

der Führer der Taliban das direkte Gespräch mit einem amerikanischem Diplomaten suchte – in diesem Fall mit Michael E. Malinowski, Abteilungsleiter im Außenministerium. In höflichen, aber unmissverständlichen Worten stellte der Afghane drei Punkte klar. Die amerikanische Militäraktion würde erstens zu einer neuen Welle des Antiamerikanismus in der islamischen Welt, möglicherweise auch zu weiteren terroristischen Angriffen führen. Zweitens müsste Washington endlich Beweise für Bin Ladens Terroraktivitäten liefern. Er zweifelte offensichtlich an der Stichhaltigkeit einschlägiger Beschuldigungen und warnte vor einer Personalisierung des Problems. Ob man Bin Laden des Landes verwies oder weiterhin Gastrecht gewährte, das grundsätzliche Problem blieb seines Erachtens unberührt – nämlich die Haltung der Vereinigten Staaten zum Islam. Deshalb sollten die USA drittens ihre Truppen umgehend aus der Golfregion und den Ländern mit heiligen Stätten abziehen.[21]

In anderen Worten: Die von den Taliban unmittelbar nach den Angriffen abgegebenen Erklärungen waren ernst gemeint. «Wir werden Bin Laden niemals an irgendjemanden ausliefern und werden ihn mit unserem Blut verteidigen, koste es, was es wolle», hatte Mullah Omar am 21. August 1998 öffentlich erklärt und damit die Fatwa der Mullahs Zakiri und Shinwari bekräftigt, die alle Muslime zum Schutz Bin Ladens aufriefen. Als wären diese Worte nicht deutlich genug, legte der Sprecher der Taliban und Mullah Omars engster Vertrauter, Mullah Wakil Ahmed, noch einmal nach: «Wenn Kandahar mit ähnlichen Schlägen gegen Washington hätte Vergeltung üben können, wir hätten es getan.»[22] Osama Bin Laden dankte es seinen Gastgebern mit einer ganz und gar eigennützigen Geste. Er leistete kurz darauf einen Treueid auf Mullah Omar und erkannte ihn als «Führer der Gläubigen», als Amir-ul Momineen, an – ihre politische Liaison war damit auch religiös grundiert und faktisch unangreifbar.

Das diplomatische Geplänkel der nächsten Wochen und Monate zeugte von der verfahrenen Situation. Die Taliban blieben in Kontakt zu amerikanischen Gesprächspartnern, betonten ihre Dankbarkeit für die Hilfe der USA im Kampf gegen die Sowjetunion und das grundsätzliche Interesse an einer «friedlichen Lösung» des Problems Bin Laden. Wiederholt forderte Wakil Ahmed im Herbst 1998 amerikanische Beweise gegen den Verdächtigen, die Richtern und Rechtsgelehrten des Islam zur Prüfung vorgelegt werden sollten. Anfang Dezember war von einer kritischen Prüfung nicht mehr die Rede. Vielmehr erklärte Ahmed, dass Bin Laden – «dieser zierliche Mann» – unmöglich die ihm zur Last gelegten Verbrechen begangen haben könnte. Und was machte überhaupt einen Terroristen aus? «Die Vereinigten Staaten sagen, dass Bin Laden unschuldige Menschen getötet hat. Aber haben nicht auch die USA in Khost unschuldige Afghanen getötet? War das etwa kein Verbrechen? Ich halte die USA für Mörder von Afghanen.»[23] So ging es monatelang hin und her, Vertreter der Taliban setzten weitere Fristen für die Vorlage des Beweismaterials, amerikanische Diplomaten in Islamabad ignorierten die Aufforderung, weil sie von vorgesetzter Stelle keine Instruktionen erhielten. Als im Mai 2000 endlich ein Dossier übergeben wurde, wiesen es die Taliban als wenig überzeugend zurück und bezeichneten stattdessen Saddam Hussein als Drahtzieher der Anschläge in Kenia und Tansania. Hier wie da diktierte tiefes Misstrauen das Verhalten. Die USA vermuteten, dass die Taliban eigentlich nur die Zeit bis zu einem endgültigen Sieg im Bürgerkrieg überbrücken wollten. Und die Taliban hatten die USA in Verdacht, dass die Causa Bin Laden Teil einer propagandistischen Langzeitkampagne war und im Falle einer Erfüllung eine endlose Reihe zusätzlicher Forderungen nach sich ziehen würde. Beide Seiten hatten für ihre Unterstellungen gute Gründe.[24]

Im Grunde lief die Antiterror-Politik der USA auf allen Ebenen ins Leere. Die Forderung nach einer Auslieferung Bin Ladens – zwischen 1996 und dem Sommer des Jahres 2001 mehr als 30 Mal vorgetragen – geriet zum bloßen Ritual. Noch nicht einmal das saudische Königshaus konnte Druck ausüben; Mullah Omar ignorierte das Aussetzen der Hilfe ebenso wie den von Riad verkündeten Abbruch diplomatischer Beziehungen. Dass die USA nach der Verabschiedung eines Anti-Terrorismus-Gesetzes im April 1996 weltweit die Konten terroristischer Organisationen einfroren, machte auch auf Bin Laden keinen Eindruck; die ihm über die «Golden Chain» – die «Goldene Kette» mit unendlich vielen Zwischengliedern – aus dem arabischen Raum zufließenden Gelder blieben davon ohnehin unberührt. Osama Bin Laden zu entführen, war ein ständig wiederkehrender Vorschlag in Washington. Aber zumindest im Umfeld des Präsidenten scheint niemand diese Option favorisiert zu haben. So wies Sandy Berger, der Nationale Sicherheitsberater des Präsidenten, wiederholt darauf hin, dass gegen Bin Laden kaum gerichtsverwertbare Dokumente vorlagen und man in einem ordentlichen Prozess mit Freispruch rechnen musste. Spätestens seit dem Herbst 1997 – daran ist angesichts der zur Verfügung stehenden Quellen nicht mehr zu zweifeln – sah Präsident Bill Clinton die Ermordung Bin Ladens durch Geheimagenten als beste Lösung. In einem «Memorandum of Notification» vom Dezember 1998 billigte er einen entsprechenden Plan zur Entführung und gezielten Tötung des Al-Qaida-Chefs noch einmal ausdrücklich. Aber das «Counterterrorist Center» der CIA trat wie die von der CIA eingesetzte Sondereinheit, die sogenannte «Bin Laden Unit», auf der Stelle. Es fehlte an qualifizierten Mitarbeitern, kein einziger CIA-Agent verfügte über die für einen operativen Einsatz notwendigen Sprachkenntnisse, Angehörige afghanischer Stämme, die ihre Kooperation zugesichert hatten, erwiesen sich als rundum unzuverlässig.[25]

Ein Einsatz der Streitkräfte gegen Al-Qaida kam aus verschiedenen Gründen nicht in Frage. Führende Militärs lehnten Kommandounternehmen in einem Umfeld wie Afghanistan rundheraus ab, nicht selten mit dem Hinweis auf Vietnam und die Dynamik eines Krieges, auf den man weder doktrinär noch mental vorbereitet war und den man folglich auch nicht gewinnen konnte. Wie zweifelhaft selbst ein Einsatz von Cruise Missiles war, hatte sich zuletzt im August 1998 gezeigt. Das Risiko eines erneuten Fehlschlags war seither nicht geringer geworden. Kaum jemand in den zuständigen Geheimdiensten konnte sich für die Zuverlässigkeit der Informationen über Bin Ladens Aufenthaltsort verbürgen. Dass während des Balkankrieges im Frühjahr 1999 wegen fehlerhafter Zielangaben die chinesische Botschaft in Belgrad statt der anvisierten serbischen Ziele bombardiert worden war, machte es den Befürwortern einer «militärischen

David gegen Goliath: Die «USS Cole» nach dem Selbstmordanschlag mit einem zum Torpedo umfunktionierten Fischerboot.

Lösung» nicht einfacher. Wie auch immer: Vom Mai 1999 bis Oktober 2001 wurde nie wieder über Luftangriffe oder Einsätze von Spezialkommandos gegen Afghanistan diskutiert. Auch nicht Mitte Oktober 2000, als ein mit Sprengstoff beladenes Fischerboot den US-Zerstörer «Cole» im Hafen von Aden rammte, 17 Besatzungsmitglieder tötete und 40 verletzte. Der Verdacht fiel sofort auf Al-Qaida – zu Recht, wie mittlerweile bekannt ist: Bin Laden hatte das Ziel bestimmt, die Selbstmordattentäter ausgewählt und das Unternehmen finanziert. Aber zum damaligen

Zeitpunkt waren die Beweise noch dürftig. Und ein Krieg auf Verdacht kam für Präsident Clinton nicht in Betracht, wie er in den Anhörungen des parlamentarischen Untersuchungsausschusses zu «9/11» deutlich machte. «Er [Präsident Clinton] glaubte nicht, dass ein Präsident verantwortlich handeln würde, wenn er den Angriff auf ein anderes Land befahl und sich dabei nur auf ein ‹vorläufiges Urteil› stützen konnte.»[26] Bis zum 11. September 2001 teilte sein Nachfolger diesen Grundsatz.

Die Entwicklung in Afghanistan war zu Beginn der Präsidentschaft von George W. Bush unübersichtlich. Im Frühjahr 2001 machten die Taliban auch und gerade in den Nordprovinzen erheblich Boden gut. Diverse Resolutionen des UNO-Sicherheitsrates, der seit Oktober 1999 mehrmals zu einem internationalen Waffenembargo aufrief, hatten offenkundig ihren Zweck verfehlt. Ob die Taliban den entscheidenden militärischen Schlag würden führen können, erschien vielen Beobachtern trotzdem zweifelhaft. Andererseits zeigten auch ihre Gegner Schwächen. Der Behauptungswille der sogenannten «Nordallianz» stand und fiel mit deren Anführer, Ahmed Schah Masud. Er allein schien in der Lage, politische Streitereien und persönliche Eifersüchteleien im Zaum zu halten, an ihm hing das Einwerben dringend benötigter Hilfe aus dem Westen, dem Iran, aus Russland, Usbekistan und Indien. Vor allem aber war Masud ein taktisch gewiefter Kommandeur mit großer Autorität über seine Truppen, dem man eine Befreiung aus der militärischen Umklammerung durchaus zutrauen konnte.

Führende Taliban rieten damals ihrem Verbündeten Bin Laden von einem Angriff auf die USA ab. Zu groß erschien die Gefahr der Vergeltung, zu sehr fürchteten sie um einen nicht wieder gutzumachenden Rückschlag kurz vor einer Kontrolle über ganz Afghanistan. Als Alternative soll Mullah Omar Attacken gegen Israel empfohlen haben. Wie weit dieser Konflikt tatsächlich reichte und von wem er im Einzelnen ausgetragen wurde, ist nicht bekannt. Osama Bin Laden jedenfalls stellte den Taliban weiterhin erfahrene Al-Qaida-Kämpfer für ihre Offensive zur Verfügung. Vor allem aber versprach er die Ermordung Masuds. Wie es scheint, zog sich das Vorhaben länger als geplant hin. Am 9. September 2001 schließlich zündeten zwei Selbstmordattentäter, die sich als Journalisten ausgegeben und mit Ahmed Schah Masud zu einem Fernsehinterview verabredet hatten, einen Sprengsatz. Der Kommandeur der «Nordallianz» erlag wenige Stunden später seinen Verletzungen, die USA hatten ihren fähigsten Verbündeten in Afghanistan verloren.

«Love the Bomb»: Graffiti des Künstlers «Cartrain» in London.

Afghanistan und Irak

Am 11. September um 20:30 Uhr, die Trümmer des World Trade Center und des Pentagon brannten noch, hielt Präsident George W. Bush eine Fernsehansprache an die Nation. Es war in weiten Teilen eine würdige Rede im Gedenken an die Opfer und voller Mitgefühl für die Hinterbliebenen. Und es war eine Rede, an deren Ende der Wunsch nach Rache überhand nahm – eine Kriegserklärung an Täter, Drahtzieher und Hintermänner: «Wir werden keinen Unterschied machen zwischen den Terroristen, welche diese Taten verübt haben, und denjenigen, die ihnen Zuflucht gewähren.»[1] Die Tragweite der Botschaft ging im Schmerz und Entsetzen über die zurückliegenden Stunden unter. Erst recht hatte niemand eine Vorstellung von den Debatten im innersten Kreis der Macht.

Je mehr Zeit vergeht, desto beklemmender muten die wenigen, bis dato vorliegenden Sitzungsprotokolle dieses Tages an – als handelte es sich um die Rohfassung einer politischen Agenda für die kommenden sieben Jahre. Fünf Staaten wurden immer wieder als Paten des internationalen Terrorismus genannt: Irak, Afghanistan, Libyen, Sudan und Iran. Dass ein Militärschlag gegen die Verstecke von Osama Bin Laden in Afghanistan geführt werden würde, stand schnell fest. Deshalb drängte Verteidigungsminister Donald Rumsfeld zur Konzentration auf das seiner Meinung nach Wesentliche, die staatlichen Sponsoren, ohne deren Hilfe Al-Qaida angeblich keinen Schaden anrichten konnte. Wann sollte man gegen sie vorgehen und mit welchen Mitteln? Waren für eine Militäraktion hieb- und stichfeste Beweise vonnöten oder reichte der bloße, auf Indizien gestützte Verdacht? Offensichtlich plädierte Rumsfeld für Letzteres, auch und gerade mit Blick auf den

Irak. «Hard to get good case. Need to move swiftly», notierte ein enger Mitarbeiter die Ausführungen seines Chefs zu Saddam Hussein. «Solider Grund schwer zu finden. Schnelles Handeln erforderlich.» Und zur Vorbereitung kommender Beratungen bläute Rumsfeld seinen Adjutanten dreierlei ein: Keinerlei Zeit zu verlieren – keine Rücksicht auf Ressourcen zu nehmen – das Unterste nach oben zu kehren und so viel wie möglich belastendes Material zusammenzustellen, auch wenn es mit den Anschlägen des 11. September nichts zu tun hatte. «Near term target needs – go massive – sweep it all up, things related and not.»[2]

Irak, Irak und immer wieder Irak. Wann immer der Präsident in den folgenden Tagen mit den Spitzen des Außen- und Verteidigungsministeriums sowie mit Vertretern der Geheimdienste konferierte, stets standen angebliche Verbindungen zwischen Al-Qaida und Saddam Hussein auf der Tagesordnung. Am 12. September forderte George W. Bush eine einschlägige Expertise von Richard Clarke, dem «Nationalen Koordinator für Sicherheit, Infrastrukturschutz und Anti-Terrorismus», am 15. und 16. September legte das Pentagon während einer Klausur in Camp David ein Memorandum über die erste Phase des «Krieges gegen den Terror» vor und bezeichnete den Irak neben Al-Qaida und den Taliban als oberste Priorität – entsprechend den Vorgaben von Donald Rumsfeld und Paul Wolfowitz, die seit dem Nachmittag des 11. September unablässig für einen Krieg gegen Saddam plädiert hatten. Am 17. September nahm der Präsident an einer Sitzung des Nationalen Sicherheitsrates teil und verlangte die baldige Vorlage von Invasionsplänen gegen den Irak, am 19. September sprach Bush den Chef der CIA, George Tenet, auf das Thema an: «Ich will etwas über Verbindungen zwischen Saddam und Al-Qaida erfahren. Der Vizepräsident weiß ein paar Dinge, die uns weiterhelfen könnten.»[3] Gemeint war die Behauptung, dass sich einer der Todespiloten, Mohammed Atta, im Frühjahr 2001 mit einem Agenten des irakischen Geheimdienstes in Prag getroffen hatte.

Die Recherchen der Geheimdienste, kurz darauf von Tenet und Clarke vorgelegt, kamen zu einem anderen Ergebnis: Atta hielt sich zum fraglichen Zeitpunkt in den USA auf, dass Saddam in der

Vergangenheit mit Bin Laden kooperiert hätte oder gar bei der Beschaffung von Massenvernichtungswaffen behilflich gewesen sein soll, war eine haltlose Behauptung – und wenig überraschend obendrein angesichts der Verachtung, die Bin Laden dem säkularen Regime in Bagdad entgegenbrachte. Wer sonst Einspruch erhob, ist den vorliegenden Dokumenten nicht zu entnehmen. Erkennbar ist indes, dass die Skeptiker isoliert blieben. «Anfänglich wollte ich es nicht wahrhaben, dass wir über etwas anderes als die Jagd auf Al-Qaida redeten», schreibt Richard Clarke in seinen Erinnerungen. Dann wurde mir auf fast körperliche Art schmerzhaft bewusst, dass Rumsfeld und [sein Stellvertreter] Wolfowitz es darauf angelegt hatten, mittels dieser nationalen Tragödie ihre Irak-Agenda durchzusetzen.»[4] Colin Powell teilte Clarkes Einschätzung, erhob aber keinen Einspruch. Offensichtlich bildete er sich noch immer ein, gegenüber den Hitzköpfen am längeren Hebel zu sitzen.

Es schien, als wäre der Kalte Krieg nie zu Ende gegangen und als hätte man in Washington aus der ideologischen Waffenkammer der 1950er Jahre die grobschlächtigsten Kaliber hervorgeholt: Erstens ist die freie Welt auf Leben und Tod bedroht; zweitens können unbelehrbare Fanatiker nur mit Gegengewalt bekämpft werden; drittens findet dieser weltweite Kampf erst ein Ende, wenn der Feind vollständig besiegt ist und keine Möglichkeit zur Regeneration hat. Dementsprechend war in den Tischvorlagen für das Treffen des Nationalen Sicherheitsrates am 12. September 2001 von einer «Eliminierung des unsere Lebensweise bedrohenden Terrorismus» die Rede, folglich rief der Präsident den Kriegszustand aus und erklärte den Anti-Terrorkampf zu einer militärischen Herausforderung, die in erster Linie mit den Mitteln des Militärs zu bewältigen ist – nachzulesen in einem «Presidential Finding» und der «National Security Presidential Directive No. 9» vom 18. September 2001. Es sind Dokumente eines maßlosen und zugleich engstirnigen Denkens, das Inventar einer Vorstellungswelt, in der nicht allein der Sinn für die Dimension und Proportion des Feindes verloren geht, sondern auch das Gespür für die eigenen Möglichkeiten – mit der Folge, dass man sich allen

Ernstes einredete, einen Krieg ohne Grenzen und an allen Fronten zugleich führen zu können.

«Authorization for the Use of Military Force» (AUMF) hieß die Resolution, die das Weiße Haus am 14. September 2001 dem

Kongress zur Abstimmung vorlegte. Der unscheinbare Titel ging mit einem beispiellosen Anspruch einher: «Der Präsi-

Der Nationale Sicherheitsrat tagt am 12. September im Kabinettszimmer des Weißen Hauses. Am Tisch sitzend von links: George Tenet, John Ashcroft, Donald Rumsfeld, Colin Powell, George W. Bush, Richard Cheney, Hugh Shelton, Vorsitzender der Vereinigten Stabschefs, und Condoleezza Rice. Im Hintergrund: Paul Wolfowitz, Powells Stellvertreter Richard Armitage, Präsidentenberaterin Karen Hughes, Sheltons designierter Nachfolger Richard Myers und der Pressesekretär des Weißen Hauses, Ari Fleischer.

dent ist autorisiert», so die Schlüsselpassage des Antrags, «alle notwendigen und angemessenen Zwangsmaßnahmen gegen jene Nationen, Organisationen oder Personen einzusetzen, die seiner Meinung nach die Terrorattacken des 11. September 2001 geplant, in Auftrag gegeben, durchgeführt oder unterstützt oder die solchen Organisationen oder Personen Unterschlupf gewährt haben.» Anfänglich hatten die Unterhändler von George W. Bush noch höher gepokert. Wäre es nach ihnen gegangen, hätte der Präsident auf unbestimmte Zeit das Recht gehabt, nicht allein gegen die Verantwortlichen und Hintermänner von «9/11», sondern gegen Terroristen und Aggressoren jedweder Couleur vorzugehen – und zwar «prä-emptiv», also im Vorwege und auf Verdacht. Eine «Carte Blanche» für weltweite Militäraktionen wollten die Senatoren nicht geben; ebenso wiesen sie das Ansinnen zurück, dass dem Präsidenten innerhalb der USA uneingeschränkte Kriegsvollmachten zustünden. Nichtsdestotrotz konnte das Weiße Haus einen historischen Erfolg verbuchen. Niemals zuvor waren einem Präsidenten derart weitreichende und vor allem dermaßen unspezifische Kriegsvollmachten eingeräumt worden, niemals zuvor hatte man ihm das Recht zugestanden, einzig und allein nach eigenem Ermessen über Ort, Zeitpunkt und Ziel eines Militäreinsatzes zu befinden. Beispiellos war auch das Votum der Volksvertreter: 98:0 lautete das Abstimmungsergebnis im Kongress, 420:1 im Repräsentantenhaus.[5]

Am 20. September 2001 trat George W. Bush vor beide Kammern des Kongresses. Seine Redenschreiber hatten die Auftritte der großen Kriegspräsidenten des 20. Jahrhunderts studiert und sich großzügig aus dem rhetorischen Fundus von Franklin D. Roosevelt und Harry S. Truman bedient. «Warum hassen sie uns?» Mit dieser Frage trat Bush die Zeitreise an den Vorabend des Zweiten Weltkrieges an, als Roosevelt die freiheitlichen Grundlagen Amerikas beschwor und seinen Landsleuten das biblische «Fürchtet Euch nicht» in Erinnerung rief. «Sie [die Terroristen] hassen unsere Freiheiten – unsere Freiheit der Religion, unsere Freiheit der Rede, unsere Freiheit zu wählen, uns zu versammeln und miteinander zu streiten.» Die Botschaft hätte deutlicher nicht ausfallen können: Wieder einmal hat es Amerika mit einem totalitären Feind zu tun, wieder einmal wird das auserwählte Land die Last schultern und die Welt vor dem Übel retten. «Dies ist ein Kampf der Zivilisation.» – «This is civilization's fight.»

Spätestens an dieser Stelle spürte man das Echo von Harry S. Truman, der im März 1947 an gleicher Stelle seine berühmte Doktrin verkündet und zum Kalten Krieg gegen die Mächte der Finsternis aufgerufen hatte. Wie dereinst Truman stellte Bush die Völker der Welt vor die Wahl zwischen Freiheit und Tyrannei, Unterdrückung und Selbstbestimmung. «Jede Nation, in jedem Winkel der Welt, muss sich jetzt entscheiden: Entweder Ihr steht auf unserer Seite, oder Ihr steht auf der Seite der Terroristen.» Und am Ende erklärte Bush einen globalen Krieg unbestimmter Dauer: «Von heute an werden die Vereinigten Staaten jede Nation, die weiterhin Terroristen Unterschlupf gewährt oder unterstützt, als feindliche Nation behandeln. [...] Unser Krieg gegen den Terror beginnt mit Al-Qaida, hört dort aber nicht auf. Er wird nicht aufhören, ehe jede Terrorgruppe von weltweiter Ausdehnung gefunden, gestoppt und geschlagen ist.»[6] Damit hatte George W. Bush endgültig den Bogen zum religiösen Selbstbild des amerikanischen «mainstream» geschlagen: Biblische Visionen vom Endsieg über das Böse sind allemal wirkungsmächtiger als das nüchterne Eingeständnis, dass man jahrhundertealte Praktiken wie den Terrorismus nicht und schon gar nicht mittels eines Krieges aus der Welt schaffen kann. Das Kongressprotokoll dieses Tages vermerkt, dass sich die Abgeordneten zu minutenlangem Beifall erhoben.

Auch im Ausland war die Zustimmung überwältigend – trotz der martialischen Rhetorik, trotz des unverhohlenen Anspruchs, die «Koalition der Willigen» amerikanischen Vorstellungen unterzuordnen und im Zweifel gänzlich auf eigene Faust zu handeln, trotz des Alleinvertretungsanspruchs auf das politisch Richtige und militärisch Notwendige. Deutsche, französische und skandinavische Diplomaten beklagten sich bereits zu diesem Zeitpunkt in internen Gesprächen bitter über die Herablassung, mit der Donald Rumsfeld und Paul Wolfowitz die allenthalben eingehenden Hilfsangebote quittierten.[7] Ihre Warnungen drangen indes nicht nach außen oder wurden überlagert von den großen Gesten der Regierungschefs.

Gerhard Schröder bezeichnete die Anschläge von New York und Washington in einer Regierungserklärung vom 12. September 2001 als «Kriegserklärung gegen die gesamte zivilisierte Welt», neben Pakistan und der Türkei sagte auch der Iran, traditionell ein Erzfeind der Taliban, seine Hilfe zu, Wladimir Putin überzeugte die Führer aller zentralasiatischen Republiken, den USA vorübergehend die Nutzung von Militärbasen in ihren Ländern anzubieten – und entlockte im Gegenzug Bush eine

Martialische Rhetorik: Als ein Zuhörer ihn trotz des Megaphons nicht verstehen kann, antwortet Bush: «Aber ich kann euch hören! Der Rest der Welt kann euch hören! Und diejenigen, die diese Gebäude haben einstürzen lassen, werden bald von uns hören!» «Ground Zero», 14. September 2001.

Art Schweigegelübde zum russischen Krieg in Tschetschenien. Dass die in 40 Nachkriegsjahren scheinbar unversöhnlichen Kontrahenten NATO und Russland in einer gemeinsamen Erklärung ihre Solidarität mit den USA bekundeten, war ebenso bemerkenswert wie der Entschluss der NATO, erstmals in ihrer Geschichte unter Berufung auf Artikel Fünf des gemeinsamen Vertrages den Bündnisfall auszurufen. Der Sicherheitsrat der Vereinten Nationen schließlich wertete in seinen Resolutionen 1363 und 1373 die Ereignisse des 11. September als Angriff gemäß Artikel 51 der UNO-Charta und unterstrich damit das Recht der Vereinigten Staaten auf Selbstverteidigung.

Dass Afghanistan das erste Ziel im «Krieg gegen den Terror» war, stand von vornherein fest. Allerdings waren die für die Region zuständigen Stäbe und Einheiten – das «Central Command» (CENTCOM) unter General Tommy Franks – auf einen derartigen Einsatz nicht im Mindesten vorbereitet. Die überzeugendste Notlösung offerierte CIA-Chef George Tenet während der Sitzung des «Kriegskabinetts» am 15. September 2001 in Camp David: 115 CIA-Agenten sollten zusammen mit 300 Elitesoldaten der «Special Operation Forces» in Afghanistan abgesetzt werden und zusammen mit ortskundigen Kämpfern der «Nordallianz» Bombenziele für einen strategischen Luftkrieg gegen die Taliban und Al-Qaida markieren. Der Vorschlag überzeugte, auch und gerade wegen der Aussicht, im Erfolgsfall gänzlich auf den Einsatz von regulären Bodentruppen verzichten zu können. Mit sofortiger Wirkung wurden der CIA für verdeckte Operationen in Afghanistan – nicht zuletzt für die Bestechung von «Warlords» und Stammesfürsten – eine Milliarde Dollar zur Verfügung gestellt. Am 2. Oktober 2001 unterschrieb Präsident Bush den Kriegsplan namens «Enduring Freedom».

Sturz und Wiederkehr der Taliban

Afghanistan war damals die «schlimmste humanitäre Katastrophenzone der Welt». So beschreibt der beste Kenner der Region, der pakistanische Journalist Ahmed Rashid, die Lage am Hindukusch im Herbst 2001.[8] Das vom Krieg gegen die Sowjets noch immer gezeichnete Land war in den Jahren des Bürgerkrieges und der anschließenden Schreckensherrschaft der Taliban auf das Niveau der ärmsten Länder Afrikas herabgesunken. Tausende verreckten Monat um Monat an vergleichsweise harmlosen Krankheiten wie Grippe, Masern oder Durchfall, nirgendwo war die Kindersterblichkeit höher, die Lebenserwartung für Frauen und Männer lag bei 44 beziehungsweise 45 Jahren. Zu allem Übel litt Afghanistan seit nunmehr vier Jahren unter extremer Trockenheit. Weil 70 Prozent des Viehbestandes eingegangen und die Hälfte des Ackerbodens nicht mehr benutzbar war, hatten ungefähr 3,5 Millionen Afghanen ihre Heimat verlassen – die weltweit größte Flüchtlingsgruppe. 800 000 zogen auf der Suche nach Nahrung und Unterkunft durch das Land.

Von staatlicher Ordnung konnte längst keine Rede mehr sein. Die Macht kam einzig aus den Gewehrläufen, die verfeindeten Gruppen hatten die staatsfernen Räume untereinander aufgeteilt und stellten Sicherheit auf ihre Weise her: Auf der einen Seite die Taliban, die schätzungsweise über 45 000 gebürtige Afghanen unter Waffen hielten und zusätzlich von 15 000 Dschihadisten aus arabischen Ländern, Pakistan und Usbekistan unterstützt wurden; auf der anderen Seite die «Nordallianz» und die mit Hilfe der Türkei, Russlands, Usbekistans und des Iran zurückgekehrten «Warlords» Raschid Dostum, Ismael Khan und Karim Khalili. Von Letzteren waren die USA, deren Geheimdienste weder über hinreichendes Wissen noch über verlässliche Zuarbeiter verfügten, auf Gedeih und Verderb abhängig. Und die Kriegsherren ließen sich ihre Kooperation mit Millionen von Dollar bezahlen – so lange keine lukrativeren Einnahmequellen zur Verfügung standen.

Der Krieg begann am 7. Oktober 2001, wieder einmal zur besten Sendezeit des amerikanischen Fernsehens und wie gehabt mit grün eingefärbten Bildern von Leuchtspurmunition und anderen Geschossen, die am Nachthimmel ihre von unsichtbarer Hand programmierten Bahnen zogen und dabei an die Startseiten einschlägiger Computerspiele erinnerten. Es sollte – so die Vorstellung von Donald Rumsfeld und seinen Beratern – ein «schlanker Krieg» werden, eine eindrückliche Demonstration, dass Amerika willens und imstande war, an der Peripherie hauptsächlich mit militärischer Hochtechnologie seine Ziele durchzusetzen. In anderen Worten: Dass die Zeit personal- und kostenintensiver Kriege vorbei war. Einzig mit der Luftwaffe und 300 vorab infiltrierten Elitesoldaten aus den Reihen der Armee und des CIA wollte das Pentagon sein Kriegsziel erreichen: Al-Qaida «enthaupten», die übrigen Terroristen aus ihren Rückzugsgebieten vertreiben und die Taliban stürzen. Innerhalb weniger Wochen wurden vermutlich zwischen 8000 und 12 000 Taliban-Kämpfer getötet, an die 20 000 verletzt und 7000 gefangen genommen – ein fürchterlicher Aderlass bei einer Trupppe von insgesamt 60 000 Mann. Am 13. November 2001 räumten die Taliban Kabul und zogen sich in die Berge zurück, Anfang Dezember waren alle größeren Städte und die wichtigsten Provinzen in der Hand der «Nordallianz» oder der «Warlords». Angeblich wurde in kürzester Zeit auch ein Viertel der Führung von Al-Qaida getötet oder gefangen genommen; in jedem Fall fiel der für militärische Operationen Zuständige, Mohammed Atef alias Abu Hafs al-Masri, einem Raketenangriff zum Opfer.[9] Osama Bin Laden hingegen konnte aus dem Tunnelkomplex von Tora Bora entkommen und sich Mitte Dezember 2001 mit seiner «Leibgarde» von 800 Kämpfern nach Pakistan absetzen. Ob die seit Ende November mit einem kleinen Kontingent präsenten US-Marines die Bastion Bin Ladens lückenhaft umstellt und deshalb die Flucht ermöglicht hatten, ist nach wie vor umstritten; allerdings spricht Vieles für diese Version der Ereignisse.

Ebenso viele, wenn nicht wesentlich mehr Al-Qaida-Kämpfer und Taliban waren Mitte November 2001 ebenfalls unter den Augen der Amerikaner geflohen. US-Spezialeinheiten und ihre Verbündeten hatten Tausende von Taliban nördlich von Kundus in die Enge getrieben, als sich der pakistanische Präsident Pervez Musharraf an das Weiße Haus wandte und im Namen der Armee um die Erlaubnis bat, Offiziere ihres Militärgeheimdienstes «ISI» sowie pakistanische Soldaten und «Freiwillige» aus dem Kessel ausfliegen zu dürfen. Dass sie an der Seite der Taliban gekämpft hatten, war allen Beteiligten klar. Dennoch stimmten George W. Bush und Richard Cheney – ohne Rücksprache mit der Führung des Außen- und Verteidigungsministeriums – zu. Die strategische Kooperation mit dem Verbündeten Pakistan und das politische Überleben Musharrafs wogen offensichtlich schwerer als taktische Erfolge im «Krieg gegen den Terror». Wem aus der Führungsriege mutmaßlicher Terroristen am 15. November 2001 die Flucht aus Afghanistan gelang, ist bis heute nicht bekannt. Pakistanische Militärs sprachen erleichtert von einem «Great Escape», US-Militärs verbittert von der Operation «Evil Airlift» oder «Luftbrücke des Bösen».[10]

Die größten Versäumnisse nahmen die USA indes beim Wiederaufbau Afghanistans in Kauf. Trotz des hohen Blutzolls – unzuverlässigen Schätzungen zufolge waren in den ersten Wochen des Krieges an die 8000 afghanische Zivilisten durch Luftangriffe getötet oder verwundet worden und damit vier Mal mehr Menschen als während des Jugoslawienkrieges im Jahr 1999 – begrüßte die überwiegende Mehrheit der Afghanen die Intervention, erleichtert über das Ende eines über 20-jährigen Krieges und des fundamentalistischen Terrorregimes. So jedenfalls interpretierten zahlreiche ortskundige Beobachter die Situation. Aber die amerikanische Regierung traf keinerlei Vorkehrungen für die Zeit nach dem Sturz der Taliban, weder wirtschaftlich und politisch noch militärisch. Selbst von den «Civil Affairs Units» der Armee, die für die Beseitigung der gröbsten Kriegsschäden hätten einspringen können, wurden nur wenige abkommandiert. «Uns geht es nicht um ‹nation building›, wir konzentrieren uns auf Gerechtigkeit», hatte der Präsident am 26. September 2001 unmissverständlich erklärt.[11] Dementsprechend wollte Bush das Kapitel Afghanistan so schnell wie möglich hinter sich bringen und richtete sich in der irrwitzigen Erwartung ein, in Kabul binnen kürzester Frist eine neue, tragfähige Regierung installieren zu können.

Der rasche Erfolg der auf dem Bonner Petersberg tagenden Afghanistan-Konferenz der UNO schien den Amerikanern zunächst Recht zu geben. Nach zehntägigen Beratungen mit den wichtigsten Stammesführern und politischen Fraktionen des Landes – allein die Taliban waren nicht geladen – einigte man sich am 6. Dezember 2001 auf eine Übergangsregierung, die von Hamid Karzai geleitet und von den Ministern der «Nordallianz» in den Ressorts Verteidigung, Inneres, Äußeres und Geheimdienste dominiert wurde. Zeitgleich wurde ein internationaler Hilfsfond von 4,5 Milliarden Dollar für humanitäre Sofortmaßnahmen zur Verfügung gestellt. Fortschritte im Gesundheitssystem waren alsbald unübersehbar, die Einführung einer neuen Währung im Oktober 2002 stellte gar eine wirtschaftliche Konsolidierung in Aussicht. Die größten Hoffnungen weckte das «Back-to-School»-Programm, das den Neubau beziehungsweise die Wiedereröffnung Tausender Schulen mit einer für die muslimische Welt beispiellosen Alphabetisierungskampagne verknüpfte – mit dem Ergebnis, dass bis zum Jahr 2005 über fünf Millionen Kinder wieder regelmäßig unterrichtet werden konnten. Gemessen an der verheerenden Ausgangslage war dergleichen nicht gering zu schätzen.

Andererseits wurden in den ersten Monaten nach dem Sturz der Taliban die Weichen für deren Wiederkehr gestellt. Von einer konzeptionell durchdachten und koordinierten Politik des Wiederaufbaus konnte nämlich keine Rede sein. Dass es vielfältige Konflikte zwischen den Geberländern gab, dass staatliche Agenturen mit privaten Hilfsorganisationen über Kreuz lagen und dass es fortwährend zu Abstimmungsproblemen mit den Vereinigten Staaten kam, erscheint im Rückblick als vergleichsweise nachrangig. Entscheidend war vielmehr die Kombination von Unfähigkeit und Unwille. Auf europäischer Seite fühlte sich – wieder einmal – niemand zuständig, mit dem Ergebnis, dass jeder sich hinter jedem versteckte. Und Washington blieb beharrlich bei seiner Linie, wollte es bei humanitärer Notfallhilfe bewenden lassen und lehnte alle darüber hinausgehenden Initiativen als im Grundsatz fehlgeleitet ab, nicht zuletzt mit Verweis auf die lange Geschichte gescheiterter Entwicklungspolitik in Ländern der Dritten Welt. Selbst wenn die Europäer mit einer Stimme gesprochen hätten, am hartnäckigen Widerstand der Administration Bush wären sie vermutlich auch dann gescheitert. Wie auch immer: Aus einem missratenen Anfang wurde ein Dauerzustand. Und die seit Ende 2001 vergeudeten Jahre liegen noch immer wie ein Fluch über Gegenwart und Zukunft Afghanistans.

Die Blockadepolitik der Administration Bush wird erst in einigen Jahren im Detail rekonstruiert werden können. Aber anhand der bereits heute verfügbaren Quellen ist erkennbar, dass vornehmlich das Büro des Vizepräsidenten und die Spitze des Verteidigungsministeriums einen innerbürokratischen Guerillakrieg vom Zaun brachen. Egal, ob sie von Verbündeten, von der UNO, von Think Tanks in Washington oder von ministeriellen Arbeitsgruppen im Pentagon und Außenministerium kamen, alle Vorschläge für den wirtschaftlichen und infrastrukturellen Wiederaufbau Afghanistans wurden zunichte gemacht. Es kam noch nicht einmal zu einer kontroversen Debatte. Ein einziges Mal behielt Außenminister Colin Powell die Oberhand: Auf sein Anraten forderte der Präsident im April 2002 öffentlich einen «Marshallplan» für Afghanistan – aber statt zu handeln steckte George W. Bush lieber Kritik für beharrliches Nichtstun ein. Und Richard Cheney, Donald Rumsfeld und Paul Wolfowitz wussten derlei Irritationen fortan zu verhindern. Ende 2004 in seinem Amt bestätigt, verfügte Bush gar eine drastische Kürzung der ohnehin bescheidenen Mittel.

Insgesamt wurden, so der amerikanische Rechnungshof in einer kurz darauf veröffentlichten Bilanz, im Vergleich zu der Wiederaufbauhilfe für das ehemalige Jugoslawien nur Brosamen verteilt. Straßenbau, Reparatur oder Neubau von Elektrizitäts-, Wasser- oder Klärwerken – so gut wie nichts wurde in Angriff genommen. Oder die Anstrengungen blieben wirkungslos.[12] Aufs Ganze gesehen lässt sich also sagen: Es gab Alternativen und die Verantwortlichen waren darüber im Bilde; aber politische Schlüsselpositionen waren mit überzeugten Ideologen besetzt, die bereit und fähig waren, ihre Macht kompromisslos gegen alle auszuspielen, die auch nur einen Fußbreit vom vorgesehenen Kurs abwichen.

Obendrein waren die wirtschaftlichen und ordnungspolitischen Handlungsspielräume institutionell verbaut. So vielversprechend die am 4. Januar 2004 verabschiedete Verfassung und die mit enormer Beteiligung durchgeführte Wahl von Präsident Karzai Anfang Oktober desselben Jahres auch waren – die für Männer wie Frauen, für alle Ethnien und Religionsgruppen postulierte Gleichberechtigung blieb ebenso ein Postulat wie die im Rahmen eines Präsidialsystems der Regierung zugedachten Vollmachten. Von einer handlungs- und durchsetzungsfähigen Exekutive konnte keine Rede sein, weil einerseits Hamid Karzai die traditionellen Privilegien der Stammesführer nicht antasten wollte und den Aufbau eines staatlichen Verwaltungssystems auf die lange Bank schob. Andererseits untergrub die US-Regierung die Stellung des ohnehin schwachen Präsidenten zusätzlich, indem sie eine Politik des kleineren Übels verfolgte. Solange Karzai jenseits von Kabul keinen Einfluss hatte, wollte man mit anderen Partnern für die Sicherheit in den Provinzen sorgen. Nach Lage der Dinge standen dafür nur Kriegsunternehmer und Drogenbarone zur Verfügung. Wer ihr Vertrauen gewann, konnte vorübergehend auf Stabilisierungsgewinne hoffen. Einer langfristigen Konsolidierung hingegen waren jetzt erst recht die Grundlagen entzogen.

Nicht genug damit, dass bis Ende 2006 Millionen von Dollar aus den Kassen der CIA und des Pentagon an die «Warlords» flossen; phasenweise hintertrieb Washington auch die von den Vereinten Nationen mehrfach geforderte Entwaffnung ihrer Milizen. Einige amerikanische Offiziere waren dermaßen erbost, dass sie auf eigene Verantwortung versuchten, das UNO-Programm des «Disarmament, Demobilization and Reintegration» durchzusetzen. Doch selbst mit einer geschwächten militärischen Hausmacht konnten die «Warlords» ihre Position halten, wenn nicht sogar ausbauen. Vom einträglichen Drogenhandel abgesehen, erhoben sie an den Grenzen zum Iran, zu Pakistan und Zentralasien eigenmächtig Zölle auf ein- und ausgeführte Waren; die Rede ist von Profiten im zweistelligen Millionenbereich, die für private Zwecke verprasst wurden. Für das Schicksal des geschundenen Landes zeigten die «Warlords» nicht das mindeste Interesse. In den Augen vieler Afghanen hatten die USA nur ein Übel durch ein anderes ersetzt – und den Taliban die zur Propaganda in eigener Sache benötigten Argumente in die Hände gespielt.[13]

Auch die mörderische Unberechenbarkeit der «Warlords» war von Anfang an unübersehbar. Als am 26. November 2001 Tausende in einem Lager nahe Mazar-i-Sharif internierte Taliban gegen ihre Unterbringung und Behandlung rebellierten, setzte Rashid Dostum 700 seiner Söldner ein, die – unterstützt von amerikanischer Luftwaffe und Artillerie – im Verlauf der nächsten sechs Tage den Aufstand niederschlugen. Mindestens 230 Gefangene wurden getötet. Augenzeugen berichten von mehreren Tausend, die man anschließend wie Vieh in Container stopfte und in ein Gefängnis nach Shiberghan verfrachtete. Die drangvolle Enge und die Tatsache, dass Luft nur durch ein paar Einschusslöcher ins Innere der Container gelangen konnte, lassen auf einen geplanten oder in Kauf genommenen Massentod schließen. In jedem Fall überlebte nur ein Bruchteil den Transport. In einem Fall konnten UNO-Mitarbeiter die Entladung eines mit 220 Personen beladenen Containers beobachten: sechs Männer krochen mit letzter Kraft heraus, die Übrigen waren erdrückt worden oder erstickt. Warum in unmittelbarer Nähe stationierte «Special Operations Forces» der US-Streitkräfte nicht eingriffen und ob sie überhaupt hätten etwas ausrichten können, ist bis heute unklar.

In den darauf folgenden Wochen und Monaten terrorisierten Milizen weiterhin ehemalige Feinde der «Warlords» und im Feindverdacht stehende Zivilisten. Unter den Paschtunen im Norden Afghanistans kam es zu regelrechten Pogromen, ungefähr 500 000 und damit die Hälfte von ihnen floh in den Süden; auch dieses Kapitel ist allenfalls in Umrissen bekannt.[14] Im Grunde war es nur eine Frage der Zeit, wann die Taliban aus den Gewaltexzessen und der Vertreibung Kapital schlagen und selbst eine ehedem zwischen Gleichgültigkeit und Ablehnung schwankende Bevölkerungsgruppe auf ihre Seite ziehen würden.

Donald Rumsfeld und seine Berater hingegen hielten unbeirrt an der Allianz mit den «Warlords» fest. Ohne deren Hilfe konnte das Konzept eines «lean warfare» – einer auf Spezialeinheiten reduzierten und aus der Luft unterstützten Truppe – nicht aufgehen. Und ohne einen demonstrativen Erfolg in Afghanistan, ohne den Nachweis eines kostengünstigen und in überschaubarer Zeit zu Ende geführten Einsatzes, wäre Rumsfeld mit seiner Vision vom «Krieg der Zukunft» gescheitert. Also sollten Männer vom

Schlage eines Rashid Dostum so lange wie nötig den amerikanischen Spezialeinheiten bei der Jagd auf Al-Qaida-Führer den Rücken freihalten. Daran änderte sich auch nichts, als im Jahr 2002 das Mandat der Internationalen Schutztruppe «ISAF» (International Security Assistance Force) über die Hauptstadt Kabul hinaus auf die Provinzen ausgedehnt wurde. In seiner berüchtigten Herablassung kritisierte Rumsfeld den erweiterten «ISAF»-Auftrag als unnötige Ablenkung vom Wesentlichen.

In der Tat war die Internationale Schutztruppe anfänglich mit ihrem Auftrag heillos überfordert. Mit 1500 Männern und Frauen stellte Großbritannien Ende 2001 das größte Truppenkontingent, 21 weitere Regierungen hatten 5000 zusätzliche Soldaten zugesagt. Im Grunde teilten alle Entsendestaaten den vom deutschen Verteidigungsminister Peter Struck geprägten Merksatz: «Unsere Freiheit wird am Hindukusch verteidigt.» Aber keine Nation schickte ihre Truppen mit einem präzisen Mandat auf den Weg; von gegenseitiger Absprache und Koordination konnte erst recht nicht die Rede sein. Welchen Zweck der Einsatz in Afghanistan haben sollte, was erlaubt und was verboten war, blieb in einem Wust wolkiger Formulierungen verborgen oder wurde aus Angst vor dem Preis des Krieges, eigenen Verlusten zumal, nicht angesprochen. Wer das Wort «Kampfauftrag» in den Mund nahm, riskierte politische Schelte oder gar die Karriere – nicht nur in Deutschland. Überall diktierten innenpolitische Rücksichtnahmen die Agenda; man konnte sich noch nicht einmal auf einen gemeinsamen Auftrag für die «Provincial Reconstruction Teams» (PRT) einigen. Seit Ende 2002 eingesetzt, sollten sie für mehr Sicherheit in den Provinzen sorgen und vor allem kleinere Wiederaufbauprojekte realisieren. Die Erwartungen scheiterten nicht allein an unzureichender Finanzierung und maßloser Bürokratie. Deutsche «PRT» beispielsweise durften keine Nachtpatrouillen durchführen und galten deshalb als besonders ineffektiv; wie alle anderen «PRT» waren sie zur Absicherung ihres Einsatzgebietes obendrein auf die Kooperationsbereitschaft der «Warlords» angewiesen. Weil der Streit über Strategie und Taktik – innergesellschaftlich wie zwischen den Bündnispartnern – nie beigelegt werden konnte, kann zu Recht von einer Selbstblockade des Westens gesprochen werden.

Die entscheidende Schwachstelle der westlichen Afghanistan-Politik lag und liegt indes in Pakistan. Einerseits ist Pakistan auf die politische Rückendeckung Washingtons und auf amerikanisches Geld angewiesen, um sich im Streit mit Indien behaupten zu können – einem Konflikt, der seit 1947 schwelt und von beiden Seiten regelmäßig als symbolträchtige Auseinandersetzung um Macht, Prestige und Ehre eskaliert wird. Andererseits pflegt die pakistanische Machtelite auch und gerade wegen ihrer Phobie vor dem übermächtigen Nachbarn eine strategische Partnerschaft mit islamischen Fundamentalisten. Sie stellen das Reservoir von Untergrundkämpfern, die im indischen Teil Kaschmirs eingesetzt werden, sei es, um Indien beschäftigt zu halten, sei es, um Operationen der pakistanischen Armee in Kaschmir vorzubereiten – wie zuletzt im Frühjahr 1999.

Davon abgesehen will man unbedingt verhindern, dass Indien direkt oder indirekt seinen Einfluss auf Afghanistan ausdehnt und noch bedrohlicher für die eigene Sicherheit wird. Deshalb setzt Islamabad wie selbstverständlich auf eine Regierung der Taliban; sie allein gelten als Garant für die «geopolitische Tiefe» Pakistans. Wie realistisch dieses Kalkül ist, sei dahingestellt. In jedem Fall wird es auch um den Preis einer Stärkung der Fundamentalisten im eigenen Land beibehalten. Und damit schließt sich der Kreis: Je bedrohlicher der Einfluss der Radikalen in Pakistan wird, desto größer ist der Handlungsspielraum gegenüber den USA. Von allen anderen Überlegungen abgesehen, neigt Washington allein aus einem Grund zur Nachgiebigkeit: wegen der Gefahr, dass pakistanische Atomwaffen in die falschen Hände geraten könnten. Mitunter hat es gar den Anschein, als wedelte der Schwanz mit dem Hund.[15]

Auch nach dem Beginn des Afghanistankrieges im Oktober 2001 setzten die Granden der pakistanischen Politik ihr Doppelspiel fort. Präsident Pervez Musharraf bekräftigte wortreich die Solidarität mit den USA, der Militärgeheimdienst «ISI» leistete den US-Streitkräften logistische Unterstützung und beteiligte sich an der Jagd auf führende Mitglieder von Al-Qaida. Einige spektakuläre Verhaftungen – wie im Fall von Ramsi Bin al-Schibh und Khalid Scheich Mohammed – waren hauptsächlich den Pakistani zu verdanken. Auffälligerweise handelte es sich bei den Verhafteten meistens um Araber. Afghanische und pakistanische Extremisten blieben in der Regel unbehelligt. Mehr noch: Pakistan stellte sein Staatsgebiet als Refugium zur Verfügung. Unter den Augen des «ISI» wurden Tausende aus Afghanistan fliehende Taliban und Anhänger von Al-Qaida von pakistanischen Gesinnungsgenossen an der Grenze in Empfang genommen, mit Nahrungsmitteln, Kleidung und Geld versorgt und anschließend in die semiautonomen pakistanischen Stammesgebiete geschleust. Diese «Federally Administered Tribal Areas» wurden zusammen mit der benachbarten Nordwest-Provinz zum wichtigsten Rückzugsgebiet, dort konnten sich die Taliban sammeln und vor allem neue Kämpfer rekrutieren. Darüber hinaus liegen dem UNO-Sicherheitsrat eindeutige Belege vor, dass Pakistan das gegen Afghanistan verhängte Embargo umgeht und die Taliban auch weiterhin mit Waffen unterstützt. Ohne diese vielfältige Hilfe hätten sich die Taliban entweder gar nicht oder zumindest nicht in absehbarer Zeit regenerieren können.[16]

Seit Herbst 2002 waren die Taliban wieder auffallend stark in Afghanistan aktiv, brachten große Mengen an Ausrüstung, Waffen und Munition ins Land und verübten zahlreiche Anschläge. Insbesondere in den südlichen Provinzen, die von den USA wie von der «ISAF» in dieser Phase aus unverständlichen Gründen vernachlässigt wurden, gingen neu errichtete Schulen und Krankenhäuser in Flammen auf. Neben ausländischen Helfern bekam auch die Zivilbevölkerung den Zorn der Gotteskrieger zu spüren. Wer sich nicht freiwillig fügte, setzte sein Leben aufs Spiel. Insofern kann man nicht behaupten, dass die Taliban in dieser Zeit nennenswerten Rückhalt gehabt hätten. Aber der verschluderte Neuaufbau, die fehlende Aussicht auf Besserung und die als Gleichgültigkeit wahrgenommene Politik des Westens hatten zumindest eines bewirkt – dass den zurückgekehrten Gotteskriegern keine offene Ablehnung entgegenschlug. Im Frühjahr 2003 griffen Taliban-Kämpfer erstmals seit anderthalb Jahren wieder amerikanische Truppen an, fast täglich und in allen Teilen des Landes. Offensichtlich hatten sie sich eine klassische Lektion asymmetrischer Kriege zu eigen gemacht: Der vermeintlich Schwache muss nicht auf dem Schlachtfeld siegen, um politisch die Oberhand zu behalten. Um zu gewinnen, muss er den Konflikt nur in die Länge ziehen, den längeren Atem zeigen und eine eindeutige militärische Niederlage abwenden. Im Afghanischen gibt es gar ein altes Sprichwort, wie geschaffen zur Umschreibung dieser Strategie: «Ihr habt Uhren. Wir haben Zeit.»

«Regimewechsel» im Irak?

Ob eine andere Politik die Entwicklung Afghanistans zum Besseren hätte wenden können, ist im Nachhinein schwer zu beurteilen. Umso deutlicher dokumentieren die mittlerweile vorliegenden Akten, warum alternative Möglichkeiten nicht ausgeschöpft wurden. Dem Irak nämlich galt das hauptsächliche Interesse, auf ihn war der innerste Kreis um Bush und Cheney über alle Maßen fixiert. Wie Admiral Michael Mullen treffend bemerkte: «In Afghanistan tun wir, was wir können. Im Irak tun wir, was wir müssen. Die für Afghanistan zur Verfügung stehenden Mittel sind begrenzt.»[17]

Bereits im Februar 2002 wurde ein Großteil der «Special Operations Forces» und damit ausgerechnet jene Einheiten, die über arabische und persische Sprachkenntnisse verfügten, vom Hindukusch abgezogen und auf eine künftige Verwendung im Irak vorbereitet. Auch militärische Beobachtungssatelliten hatten fortan nicht mehr Tora Bora oder andere Verstecke von Al-Qaida im Blick, sondern die Truppen und Verteidigungsanlagen von Saddam Hussein. «Staaten wie diese [der Irak] und ihre terroristischen Verbündeten bilden eine Achse des Bösen. [...] Weil sie in den Besitz von Massenvernichtungswaffen kommen wollen, stellen diese Regime eine ernste und zunehmende Gefahr dar. Sie könnten Terroristen mit diesen Waffen ausstatten, könnten ihnen die Mittel an die Hand geben, die ihrem Hass entsprechen. [...]

Die Zeit ist nicht auf unserer Seite. […] Ich werde nicht tatenlos zusehen, wie die Gefahr näher und näher kommt. Die Vereinigten Staaten von Amerika werden nicht zulassen, dass die gefährlichsten Regime der Welt uns mit den zerstörerischsten Waffen der Welt bedrohen. […] Viele haben wieder entdeckt, dass selbst im Tragischen – und besonders im Tragischen – Gott nahe ist.» Sollte intern jemals über einen Krieg gegen den Irak gestritten worden sein, meinte der neokonservative Wortführer Charles Krauthammer in seiner Zeitungskolumne, so war die Kontroverse mit diesem Auftritt des Präsidenten vor beiden Kammern des Kongresses am 29. Januar 2002 beendet. «Die Rede machte kurz vor einer Kriegserklärung halt.»[18]

In der Tat. Bereits Mitte November 2001 hatte Bush das Pentagon angewiesen, die «contingency plans» – Eventualplanungen für einen Irakkrieg – zu aktualisieren. Im Anschluss präzisierte Donald Rumsfeld seine Vorstellungen in einem Gespräch mit Tommy Franks, dem Oberkommandierenden des für den Nahen und Mittleren Osten zuständigen «Central Command»: «Überraschung, Geschwindigkeit, Schock und Risiko» lauteten die zentralen Stichworte in der Tischvorlage des Verteidigungsministers für das Treffen am 27. November. Und weiter: «Mit der Militäraktion beginnen, bevor die gesamte Streitmacht verlegt ist. […] Verstärkungen rücken nach. Enthauptung der Regierung. Keine Zeit verlieren [Do early]. […] Optionen für unilaterales Vorgehen aufrechterhalten.»[19] Alle zur Verfügung stehenden Quellen unterstreichen, dass man seit Ende November 2001 in Washington einen Krieg für unumgänglich hielt. Keinen gewaltsamen Regimewechsel anzustreben, stattdessen die bis dato verfolgte Politik der «Eindämmung» fortzusetzen oder den Irak mit diplomatischen Mitteln zum Verzicht auf Massenvernichtungswaffen zu bewegen – dergleichen wurde kaum mehr vorgetragen und fand noch weniger Gehör.

Wann der Krieg endgültig beschlossen wurde und wer an der Entscheidung teilhatte, ist unklar. Einige Beteiligte bestreiten sogar ein formelles Verfahren. Richard Armitage, Stellvertreter von Colin Powell: «Soweit ich weiß, und ich bin mir ziemlich sicher, damit richtig zu liegen, hat sich der Präsident niemals mit seinen Beratern zusammengesetzt und gesagt: Sollen wir dieses oder jenes tun? Er hat es einfach nicht gemacht.»[20] In diesem Sinne äußert sich auch George Tenet, Leiter der CIA, in seinen Memoiren.[21] Demnach legte man sich erst in letzter Minute, also im März 2003, auf eine Invasion fest. Andere behaupten mit ähnlicher Entschiedenheit, dass die Würfel bereits Ende September 2001 gefallen waren. Die Verwirrung spiegelt den Regierungsstil und die Gepflogenheiten unter George W. Bush. Extrem auf Abschottung bedacht, beriet er sich nur im kleinsten Kreis – Geheimhaltung war ihm allemal wichtiger als qualifizierte Beratung aus unterschiedlichen Perspektiven. Folglich können selbst Mitarbeiter mit direktem Zugang zum Präsidenten oft nur vage, mitunter gar keine Angaben über Stimmungen, Trends oder verbindliche Weichenstellungen machen. Noch widersprüchlicher und unzuverlässiger sind die Erinnerungen britischer Diplomaten und Minister, die ungeachtet ihrer Sonderrolle monatelang hinters Licht geführt wurden. Bush selbst beließ es lange Zeit bei ebenso mehrdeutigen wie nichtssagenden Floskeln, beispielsweise während einer Pressekonferenz am 13. Februar 2002: «Ich werde mir alle Optionen offen halten, ich werde mir nicht in die Karten schauen lassen.»[22]

Starke Indizien lassen vermuten, dass im März und Anfang April 2002 die Meinungsbildung abgeschlossen war. Im März stimmte Richard Cheney während eines Gesprächs in London Tony Blair auf Kommendes ein: Ob mit oder ohne Unterstützung ihrer Verbündeten, die USA würden Saddam zu Fall bringen. Blairs Pressesprecher, Alastair Campbell, protokollierte zwar keine Missstimmung, aber eine Verwunderung über die aus britischer Sicht wenig durchdachte Haltung der Amerikaner.[23] Kurz darauf, am 5. April, äußerte sich George W. Bush in der «New York Times»: «Ich bin jetzt der Meinung, dass Saddam weg muss.» Vermutlich hatte der Präsident dabei auch den unmittelbar bevorstehenden Besuch von Tony Blair auf seiner Ranch in Crawford, Texas im Blick. «Wenn wir nicht auf ein hartes Durchgreifen vorbereitet sind», gab Bush seinem britischen Partner zu verstehen, «dann laufen wir Gefahr, ein verheerendes Signal auszusenden.»[24]

Angeblich brachte Bush bei dieser Gelegenheit das Frühjahr 2003 als günstigsten Invasionstermin ins Gespräch. Weil er und Blair die entscheidenden Diskussionen unter vier Augen führten, wird Genaueres vermutlich nicht zu erfahren sein. Indes spricht die Beschleunigung der operativen Vorbereitung für sich. Im April erhielt die 101. Luftlandedivision den Befehl, sich auf eine Verwendung im Irak vorzubereiten, die Hauptquartiere der Third Army und des V. Corps arbeiteten seit dieser Zeit unter Hochdruck an ihren Einsatzplänen, Ende Juni gab Bush in einer «National Security Presidential Directive» den Befehl zur Verlegung der Invasionstruppen an den Persischen Golf. Die US-Luftwaffe bombardierte bereits seit Wochen kriegswichtige Kommunikationszentren in den für irakische Flugzeuge gesperrten Zonen im Norden und Süden des Landes, als Condoleezza Rice einem hochrangigen Mitarbeiter Colin Powells ein deutliches Signal gab: «Der Präsident hat sich entschieden.»[25] Allein der Angriffstermin schien noch unklar.

Propagandakrieg

Das eigentliche Problem bestand aus amerikanischer und erst recht aus britischer Sicht fortan in der Inszenierung des Krieges. Wie die einschlägigen Debatten im Frühjahr und Sommer 2002 verliefen, ist mittlerweile gut dokumentiert. «Am Dienstag habe ich mit Condi [Condoleezza Rice] zu Abend gegessen», berichtete Tony Blairs außenpolitischer Berater David Manning am 14. März 2002 aus Washington. «Ihren Bemerkungen ist zu entnehmen, dass Bush noch Antworten auf die entscheidenden Fragen finden muss – wie man die internationale Öffentlichkeit davon überzeugt, dass eine Militäraktion gegen den Irak notwendig und gerechtfertigt ist.»[26] Bereits im Dezember 2001 hatte die nachrichtendienstliche Abteilung des US-Außenministeriums auf den Unwillen in Westeuropa hingewiesen. Insbesondere die deutsche und französische Regierung, von der Öffentlichkeit in diesen

Ländern ganz zu schweigen, würden einen Militärschlag gegen den Irak nur unter drei Voraussetzungen akzeptieren: dass Verbindungen zwischen Saddam Hussein und Al-Qaida nachweisbar waren, dass man alle diplomatischen Mittel zur Abrüstung des Irak ausgeschöpft hatte und dass der Sicherheitsrat der UNO eine Militäraktion billigte. Auch wenn Tony Blair die Latte nicht ganz so hoch legte, so musste er doch innenpolitische Probleme ganz anderer Art fürchten – nämlich eine Radikalisierung der britischen Muslime. «Die große Mehrheit von ihnen kritisierte die Attacken vom 11. September, wird aber zunehmend nervös angesichts einer ihres Erachtens anti-islamischen Kampagne.»[27]

Die Administration Bush wollte es bei einer Medienkampagne bewenden lassen. «Wie sollen wir es anfangen?», hieß es in den Notizen Donald Rumsfelds für sein Gespräch mit General Tommy Franks am 27. November 2001. Würde Saddam durch neuerliche Repressionen gegen die Kurden im Norden vielleicht selbst den Anlass liefern? Bräuchte man Beweise für Iraks Verbindungen zum internationalen Terrorismus? Oder wäre ein Streit über die Kontrolle irakischer Massenvernichtungswaffen besser geeignet? Rumsfeld bevorzugte Letzteres: «Ab sofort über Forderungen zur Inspektion nachdenken.»[28] Paul Wolfowitz, stellvertretender Verteidigungsminister, warnte vor einer einseitigen Konzentration auf atomare, biologische oder chemische Waffen. Seines Erachtens war es ebenso wichtig, die barbarische Herrschaft Saddam Husseins in allen schrecklichen Details zu dokumentieren und das in den frühen 1990er Jahren gesammelte Material erneut zu verbreiten. Dabei dachte er offensichtlich nicht nur an eine vergessliche Öffentlichkeit im Westen, sondern gleichermaßen an muslimische Länder im Nahen und Mittleren Osten, die wegen der amerikanischen Israelpolitik traditionell Abstand zu den USA hielten. «Wolfowitz glaubt», notierte der britische Botschafter Christopher Meyer über ein Treffen in Washington am 17. März 2001, «dass man auf diesem Weg ganz wesentlich dazu beitragen könnte, jede moralische Gleichsetzung des Iraks mit Israel zu unterlaufen.»[29]

Tony Blairs Abgesandte kritisierten diesen Plan als einseitig und unzureichend. Die britische Presse, das Parlament und die Öffentlichkeit könnten mit dieser Verkaufsstrategie nicht überzeugt werden, gaben Christopher Meyer und David Manning ihren amerikanischen Gesprächspartnern seit März 2002 eindringlich zu verstehen. Manning: «Ich sagte Condi [Condoleezza Rice], dass wir uns über eines im Klaren waren: Wenn die Regierung [Bush] es wollte, konnte sie selbstverständlich im Alleingang handeln. Aber wenn sie Partner an ihrer Seite haben wollte, müsste sie auch die Bedenken ihrer potentiellen Verbündeten in Rechnung stellen. Und dabei vor allem auf eines achten: auf die Rolle der UNO.»[30] Ebenso deutlich äußerte sich Tony Blair bei seinen Gesprächen mit George W. Bush in Crawford Anfang April 2002. Ob der britische Premier damals tatsächlich ein Junktim herstellte und die Kriegsbeteiligung seines Landes von überzeugenden politischen Rahmenbedingungen abhängig machte, sei dahingestellt. Aber auf eine verbesserte Öffentlichkeitsarbeit drängte er allemal. Genauer gesagt auf eine Politik, die um ein UNO-Mandat bemüht war, Respekt vor internationalem Recht erkennen ließ und sich nicht bedenkenlos über die Einwände anderer Staaten hinwegsetzte.

Spätestens im Juli 2002 hatte man in London erkannt, dass die USA zum Krieg entschlossen waren. «In Washington merkt man sehr deutlich eine veränderte Haltung», heißt es im Protokoll einer Besprechung des Premierministers mit den für Außen- und Sicherheitspolitik zuständigen Ministern und Behördenchefs vom 23. Juli 2002. «Eine Militäraktion gilt mittlerweile als unvermeidlich. […] Geheimdienstliche Daten und Erkenntnisse werden jetzt der Politik angepasst. Der Nationale Sicherheitsrat [in Washington] hat keinerlei Geduld für eine Initiative bei der UNO.» Für die Regierung Blair stand eine Beteiligung Großbritanniens an diesem Krieg mittlerweile außer Frage – teils, weil man keinen anderen Weg zur Lösung des Irakproblems sah, teil, weil man sich den USA aus grundsätzlichen Überlegungen nicht verweigern wollte. Andererseits sprach Außenminister Jack Straw mit dem Hinweis auf die mangelhafte Inszenierung den Versammelten aus der Seele. «Die Begründung des Vorgehens ist dünn. Saddam bedroht seine Nachbarn nicht, und sein Arsenal an Massenvernichtungswaffen ist geringer als jenes von Libyen, Nordkorea oder dem Iran. Wir sollten einen Plan für ein Ultimatum an Saddam ausarbeiten und verlangen, dass die Waffeninspekteure der UNO wieder ins Land gelassen werden. Das wäre auch sehr hilfreich für die juristische Rechtfertigung einer Gewaltanwendung.» Tony Blair pflichtete bei. Sollte Saddam – wie zu erwarten und zu hoffen war – die Inspektoren ablehnen, hätten sich die politischen wie juristischen Voraussetzungen für einen Krieg grundsätzlich geändert. In den Worten des Protokollanten: «Wenn der politische Kontext stimmt, würden die Leute einen Regimewechsel gutheißen. [...] Es kommt darauf an, ob wir eine politische Strategie haben, die dem militärischen Plan den Raum zum Gelingen verschafft.»[31]

Über diese politisch-publizistische Strategie sprach Außenminister Straw wenige Tage später mit seinem Amtskollegen Colin Powell. Powell, der in der Vergangenheit entschieden für eine diplomatische «Eindämmung» des Irak eingetreten war und mit dem Sachverstand eines lang gedienten Generals von undurchdachten Militäraktionen abriet, hatte in den eigenen Reihen kaum noch Verbündete. Für die Briten freilich war er der einzige Hoffnungsträger; ohne ihn schien ein gemeinsamer Vorstoß bei den Vereinten Nationen ausgeschlossen. Umgekehrt bedurfte Powell des Zuspruchs von außen, um sich beim Präsidenten überhaupt noch Gehör zu verschaffen. Überraschenderweise kam Powell fast zeitgleich ein Grandseigneur des politischen Establishments in Washington zu Hilfe. Brent Scowcroft, Nationaler Sicherheitsberater unter Bush dem Älteren, warnte am 4. August in einem Fernsehinterview eindringlich vor einem Angriff auf den Irak. Davon abgesehen hatte Tony Blair in einem Brief an den Präsidenten und in einem längeren Telefonat mit Bush insistiert, dem UNO-Sicherheitsrat Zeit und Gelegenheit für eine Resolution zu geben und Saddam ultimativ zu einer neuerlichen Kontrolle seiner Waffenbestände aufzufordern. Die Briten klangen allmählich wie eine verhakte, immer wieder die gleiche Stelle abspielende Schallplatte: Der Weg in den Krieg musste über die UNO führen.

Am Abend des 5. August 2002 präsentierte Colin Powell in einem ungewöhnlich langen, zweistündigen Gespräch mit dem Präsidenten und Condoleezza Rice noch einmal alle Vorteile des «UN-Plans» und einer «Internationalisierung» der Irak-Politik. Um dieses Minimalziel zu erreichen, erweckte er gar den Eindruck eines Mannes, dem grundsätzliche Zweifel an der Ratsamkeit eines Krieges gekommen waren. Saudi-Arabien, Ägypten und Jordanien würden vermutlich destabilisiert, eine neue Ölkrise samt drastischer Erhöhung der Rohstoffpreise und mithin eine schwere Schädigung der Weltwirtschaft lagen im Bereich des Möglichen, die US-Streitkräfte müssten dringend benötigte Mittel und Soldaten vom Kampf gegen Al-Qaida abziehen. «Das wird die Luft zum Atmen nehmen. [...] Das wird Ihre gesamte erste Amtszeit in Anspruch nehmen.» Zumal man entscheidende Fragen noch gar nicht gestellt, geschweige denn beantwortet hatte. Wie lange wollten die USA im Irak bleiben? Sollte man sich etwa an der Besetzung Japans nach dem Zweiten Weltkrieg orientieren und einen machtvollkommenen Statthalter vom Schlage eines Douglas MacArthur installieren? «Sie werden der stolze Herrscher über 25 Millionen Menschen sein. Alle ihre Hoffnungen, Erwartungen und Probleme werden Sie erben. Es wird alles Ihnen gehören.» Wenn überhaupt, wagten nur wenige im Oval Office eine derart klare Sprache. «Sie sollten sich also klarmachen, dass dies kein Spaziergang werden wird. [...] Es klingt ganz gut zu sagen, wir können das ganz alleine machen. Können wir aber nicht. [...] Sie sollten also nicht nur den militärischen Fahrplan im Auge behalten, sondern auch die anderen Dinge, die auf Sie zukommen werden.»[32]

George W. Bush hörte seinem Außenminister geduldig zu – und blieb bei seiner vorherigen Haltung: Keine UNO, keine aktive Bündnispolitik, sondern amerikanische Dominanz in einer «Koalition der Willigen». Den Umschwung brachte erst der Besuch Tony Blairs im Weißen Haus am 7. September 2002 und dessen Hinweis auf die massiven innenpolitischen Probleme in

Großbritannien und andernorts in Westeuropa. Bush machte aber keinen Hehl daraus, dass er einzig und allein aus taktischen Gründen nachgab und seine Geduld gegenüber der UNO begrenzt war. Dementsprechend trat er am 12. September 2002 vor der UNO-Vollversammlung in New York auf: Er bat um eine Resolution des Sicherheitsrates zwecks sofortiger Einreise von Waffenkontrolleuren in den Irak. Und ging im gleichen Atemzug auf Konfrontationskurs: Sollte sich die UNO einer Entwaffnung Saddams in den Weg stellen, hätte sie ihre Existenzberechtigung verwirkt.

Zugleich war damit der Propagandakrieg eröffnet. Andrew Card, Stabschef des Präsidenten, gegenüber der «New York Times»: «Vom Marketing-Gesichtspunkt aus gesehen, bringt man keine neuen Produkte im August auf den Markt.»[33] Die danach eingeführten «Produkte» aber hätten schriller kaum sein können. Am 8. September 2002 veröffentlichte die «New York Times» einen Aufsehen erregenden Artikel über Saddams angebliches Atomprogramm: «Der Irak hat versucht, Tausende von Spezialröhren aus Aluminium zu kaufen, die nach Meinung amerikanischer Regierungsvertreter als Teil der Zentrifugen zur Urananreicherung gedacht waren.»[34] Der Bericht basierte auf vom Weißen Haus zugespielten Quellen. Einen Hinweis hatten die Informanten indes unterschlagen: dass man bereits im Frühjahr 2001 vom irakischen Interesse an 60 000 Aluminiumröhren erfahren hatte und dass amerikanische Waffenexperten damals keinen Zusammenhang mit nuklearen Ambitionen entdecken konnten. Die Röhren eigneten sich nicht für Zentrifugen, sondern waren zum Bau von Raketenwerfern vorgesehen. Nichts davon sickerte durch, als Condoleezza Rice im Nachrichtensender «CNN» unter Berufung auf die «New York Times» die Angst vor einem Anschlag mit Atomwaffen schürte: «Das Problem liegt doch darin, dass wir einfach nicht sicher sein können, wie schnell er [Saddam Hussein] in den Besitz von Nuklearwaffen kommen kann. Aber wir wollen nicht, dass der endgültige Beweis in Gestalt einer atomaren Pilzwolke auftaucht.»[35]

Rice, Cheney und Rumsfeld lieferten sich in der Folge einen Überbietungswettbewerb um die Wortführerschaft im Spiel mit der Angst. Der Sieger war eindeutig Vizepräsident Richard Cheney. In unzähligen Reden und Interviews bemühte er die «fünf-vor-zwölf Metapher»: «Die Zeit ist nicht auf unserer Seite», Saddam verfügt bereits «zweifelsfrei» über biologische und chemische Waffen, er wird in absehbarer Zeit auch Atomsprengköpfe besitzen und plant ebenso «zweifelsfrei» deren Einsatz gegen die Freunde und Verbündeten der USA, schließlich gegen Amerika selbst. Den Mehrheitsführer des Repräsentantenhauses, Dick Armey, schüchterte er im privaten Gespräch mit dem Hinweis auf nukleare Minibomben aus irakischer Produktion ein – Bomben, klein genug, um von Menschenhand bewegt und gezündet werden zu können. Dass Al-Qaida mit Saddam kooperierte, gehörte selbstverständlich auch in das Repertoire. Diese Behauptungen waren allesamt aus der Luft gegriffen, kein amerikanischer Geheimdienst hatte dergleichen je behauptet. Trotzdem trat Cheney mit einer Selbstsicherheit und Entschiedenheit wie kein anderes Regierungsmitglied auf. Und er wusste um seinen argumentativen Vorteil. Kaum jemand verfügte über hinreichend Informationen zum Beweis des Gegenteils, Cheney selbst konnte sich im Interesse der «nationalen Sicherheit» auf Quellenschutz berufen, die meisten seiner öffentlichen Adressaten und privaten Gesprächspartner verließen sich darauf, vom Vizepräsidenten nicht arglistig getäuscht oder gar belogen zu werden. Zu guter Letzt war der Präsident sein Zeuge. «Er [Saddam] kommt der Entwicklung von Atomwaffen ständig näher», erklärte George W. Bush am 7. Oktober 2002 in Cincinnati. «Angesichts einer klar bewiesenen Gefahr können wir nicht warten, bis der endgültige Beweis vorliegt, der rauchende Colt womöglich in Gestalt einer Pilzwolke.»[36]

Auf britischer Seite legte man in dieser Zeit letzte Hand an ein «Weißbuch» über den Irak. Ob in Großbritannien oder andernorts in Europa, die Öffentlichkeit von der Notwendigkeit eines Krieges gegen den Irak zu überzeugen «would be a tough sell», ein hartes Stück Verkaufsarbeit, hatte Botschafter Christopher Meyer Mitte März 2002 geschrieben.[37] Deshalb betraute man seit

April 2002 eine Reihe von Public Relations-Experten und «spin-doctors» mit der Aufgabe, Männer und Frauen also, die in der Inszenierung und Dramatisierung der von ihren Auftraggebern gewünschten Effekte geübt waren. Im vorliegenden Fall war es mit einer möglichst grellen Ausleuchtung der irakischen Gefahr nicht getan. Man musste auch auf eine gemeinsame Sprache und Tonlage mit den Amerikanern achten und die beiderseitigen Positionen so weit wie möglich anpassen. Dass die eigenen Geheimdienste nicht immer einverstanden waren, spielte keine Rolle. Nur weil sie von amerikanischen Politikern in die Welt gesetzt worden waren, übernahmen die britischen Autoren eine Reihe unhaltbarer Thesen. Wider alle Evidenz wiederholten sie die Legende der für Atomzentrifugen gekauften Aluminiumröhren, die Unterstellung einer in ein bis zwei Jahren fertigen irakischen Bombe oder den angeblichen Erwerb angereicherten Urans aus Afrika – Hauptsache, jede Unstimmigkeit im Vergleich zur amerikanischen Position wurde vermieden.

Die Briten standen in regelmäßigem Kontakt mit ihren amerikanischen Partnern, schalteten Videokonferenzen oder legten die mehrmals überarbeiteten Fassungen ihres «White Paper» zur Begutachtung in Washington vor. «Sie werden dieses Material in die USA anlässlich Ihres Besuches in der nächsten Woche mitnehmen», hieß es am 9. September 2002 in einer Instruktion aus Downing Street 10 an John Scarlett, Vorsitzender des Vereinten Geheimdienstausschusses. «Sie [die Amerikaner] planen die Herausgabe einer Reihe von Dossiers [...] und Berichten in den kommenden Wochen. Wir sind zuversichtlich, dass Ihr Bericht als Ergänzung und nicht als Abweichung wahrgenommen wird.»[38] Am 24. September 2002 wurde das britische «Weißbuch» von Tony Blair im Unterhaus vorgestellt.

Das amerikanische Gegenstück, seit Mai in Arbeit, wurde der Öffentlichkeit am 4. Oktober 2002 übergeben, zwei Tage nach dem «National Intelligence Estimate» der CIA zum gleichen Thema. Beide Texte unterschieden sich nur in Nuancen. Von einem unkundigen Publikum kaum bemerkt, wurden Meinungen zu Fakten erklärt, aus Vermutungen wurden Beweise, Zweifel wurden heruntergespielt oder gänzlich übergangen. Ein Jahr später fällte der Geheimdienstausschuss des amerikanischen Senats ein vernichtendes Urteil über die Arbeit der CIA: «Die meisten Kernaussagen [im National Intelligence Estimate] haben die zugrunde liegenden Geheimdienstdaten entweder übertrieben dargestellt oder waren überhaupt nicht damit in Einklang zu bringen. [...] Eine ganze Reihe von Fehlern, insbesondere hinsichtlich des analytischen Handwerks, führten zu einer falschen Darstellung geheimdienstlicher Erkenntnisse.»[39] Aber als es darauf ankam, hatte die Regierung bekommen, was sie wollte – ein über die Maßen aufgeblasenes Bedrohungsszenario, die Bestätigung aller abenteuerlichen Behauptungen von «Dick» Cheney eingeschlossen.

Im Nachhinein bezeichnete sich die Regierung Bush als Opfer geheimdienstlicher Fehlinformationen. Im Wahlkampf 2004 baute sie die CIA geradezu zum Buhmann auf und machte deren Chef, George Tenet, für die Falschmeldungen über irakische Massenvernichtungswaffen verantwortlich. Angeblich hatte Tenet die Existenz derartiger Waffen auf wiederholtes Nachfragen nicht nur bestätigt, sondern im Laufe eines Spitzengesprächs mit Bush, Cheney und Rice am 21. Dezember 2002 auch als «slam dunk case» bezeichnet. Als «todsichere Sache» für die Öffentlichkeitsarbeit also: Beim «slam dunk» führt ein Basketballspieler den Ball im Sprung über den Korbring und drückt ihn von oben aus geringem Abstand ins Netz. Der Präsident persönlich kolportierte die «slam dunk»-Geschichte an den Reporter Bob Woodward, dieser machte in seinem Buch «Plan of Attack» davon Gebrauch und verhalf der Regierung zu einem neuerlichen Propagandacoup. Weil er sich nur auf die Informationen aus dem engsten Umfeld von Bush verlassen hatte, handelte sich Woodward den Vorwurf der Hofberichterstattung ein. In der CIA-Zentrale jedenfalls hätte er ganz andere Auskünfte erhalten; und nach der Publikation seines Buches hätte er dort Analysten angetroffen, die ihre Wut und Empörung kaum zügeln konnten. Auch Tenets Stellvertreter, John McLaughlin, bestritt die zitierte Äußerung vehement. Und Tenet selbst bezeichnete die ganze Geschichte als «so etwa das Abscheulichste, was ich in meinem ganzen Leben erlebt habe.»[40]

In der Tat hatten die CIA und andere Geheimdienste mehrfach den Einschätzungen der Administration widersprochen. Als George Tenet Anfang Oktober 2002 den Entwurf der Rede zu Gesicht bekam, die George W. Bush wenige Tage später in Cincinnati halten wollte, machte er den Nationalen Sicherheitsberater Stephen Hadley umgehend darauf aufmerksam, dass eine Schlüsselpassage des Manuskripts jeder Grundlage entbehrte. Nach Einschätzung der CIA hatte Saddam Hussein nicht versucht, im Niger «yellowcake» – «Ur-Uran» also – zu kaufen; die vermeintlichen Beweise basierten entweder auf unhaltbaren Gerüchten oder auf gefälschten Dokumenten. Der entsprechende Passus wurde aus der Rede des Präsidenten gestrichen. Und Informanten aus den Reihen der CIA erzählten kurz darauf der Presse von dem Vorgang – aus der Sicht des Weißen Haus eine an Verrat grenzende Insubordination. Anfang Januar 2003 wollten Hadley und der Stabschef des Vizepräsidenten, «Scooter» Libby, zum wiederholten Male eine schriftliche Bestätigung für das angebliche Treffen des Terrorpiloten Mohammed Atta mit einem Agenten des irakischen Geheimdienstes in Prag. Die zuständige Abteilungsleiterin bei der CIA drohte wegen des unablässigen Drucks aus dem Weißen Haus mit Rücktritt. Tenet stärkte ihr in einem Telefonat mit Hadley auf gewohnt drastische Art den Rücken: «We are not rewriting this fucking report one more time.» – «Wir schreiben diesen Scheißbericht nicht ein weiteres Mal um. Verdammt noch mal, es reicht. Haben Sie mich verstanden?! Und behandeln Sie meine Leute, verdammt noch mal, nie wieder so. Nie wieder!»[41]

Als der Präsident am 29. Januar 2003 seine Ansprache zur Lage der Nation hielt, war von einer Verbindung Saddam Husseins zu Al-Qaida nicht mehr die Rede. Dass aber erneut die «Uran-Niger-Connection» erwähnt wurde – und zwar unter Berufung auf britische Quellen –, geht auf ein bürokratisches Ränkespiel zurück. Mitarbeiter des Nationalen Sicherheitsrates hatten lediglich die Zustimmung eines einzelnen CIA-Analytikers eingeholt. Tenet und sein Stellvertreter John McLaughlin waren über den Vorgang nicht informiert; sie verhandelten zu dieser Zeit mit Vertretern des Weißen Hauses über andere, ihres Erachtens fragwürdige Passagen der «State of the Union Address».

Andererseits gab die CIA dem Druck des Weißen Hauses nach, lieferte die gewünschten Daten und Informationen und ließ sich vor den Karren einer politischen Führung spannen, die nicht beraten, sondern in ihrer längst festgelegten Meinung bestätigt werden wollte. Um nur ein Beispiel zu nennen: In sage und schreibe neun Berichten bestätigte die CIA im Sommer 2002, dass die vom Irak eingekauften Aluminiumröhren zur Wiederaufnahme eines Atomwaffenprogramms gedacht waren – wider gravierende Zweifel in den eigenen Reihen, trotz gegenteiliger Expertisen des Energieministeriums und des «Bureau of Intelligence and Research» im Außenministerium. Kein anderer Geheimdienst bekam die fragwürdigen Stellungnahmen aus Langley je zu Gesicht. Und die CIA stand am Ende wie ein betrogener Betrüger da.

Für diese Nachgiebigkeit, um nicht zu sagen Willfährigkeit gab es eine Reihe persönlicher wie institutioneller Gründe. George Tenet war dem Präsidenten gegenüber außerordentlich loyal und übernahm im Zweifel auch die Verantwortung für Dinge, die er nicht zu verantworten hatte. «Die CIA billigte im Vorwege die Rede des Präsidenten zur Lage der Nation», stellte er in einer Presseerklärung zum fälschlich behaupteten Interesse des Irak an afrikanischem Uran fest. «Diese 16 Worte hätten niemals in den Redetext des Präsidenten aufgenommen werden dürfen.»[42] Kein Wort, dass er den Text gar nicht gesehen und dass man einem seiner Mitarbeiter die Zustimmung mit unlauteren Mitteln abgenötigt hatte. Respekt vor dem Amt des Präsidenten und Patriotismus hin oder her, Tenet fühlte sich dem Präsidenten offenbar auf ganz besondere Weise verpflichtet – hatte er ihn doch nach «9/11» nicht zum Sündenbock gemacht, sondern im Amt belassen und gegen Kritiker in Schutz genommen. Und die Analysten der CIA waren auf ihre Weise für die ständigen, bisweilen täglich eingehenden Nachfragen und Forderungen der politischen Führung empfänglich. Wer die «irakische Bedrohung» dramatisierte, wurde in Ruhe gelassen oder konnte auf eine die Karriere fördernde Beurteilung spekulieren, vielleicht sogar auf einen höheren Etat in der nächsten Budgetrunde. Vor allem aber scheint Angst im Spiel gewesen zu sein. Die Angst vor den bürokratischen Guerillakriegern um Richard Cheney, die erfahrungsgemäß nicht davor zurückschreckten, in der Presse selbst Mitarbeiter von Geheimdiensten als unzuverlässig und unpatriotisch zu denunzieren. Und die Angst, im Falle eines Irrtums womöglich für ein noch größeres Desaster als «9/11» verantwortlich zu sein.

Trotz der im Großen und Ganzen reibungslosen Verkaufsstrategie kam der Fahrplan der Administration Bush vorübergehend ins Stocken. Der UNO-Sicherheitsrat forderte am 8. November 2002 einstimmig die Rückkehr der Waffeninspekteure in den Irak, drohte für den Fall «materieller Verstöße» gegen die geforderte Abrüstung gar mit «ernsthaften Konsequenzen» – und Saddam Hussein beugte sich der Resolution 1441. Dergleichen hatten Cheney, Rumsfeld und Bush befürchtet und verhindern wollen. «Das schlimmste Ergebnis aus Sicht der Vereinigten Staaten wäre, dass sich eine neuerliche UN-Inspektion in die Länge zieht und zu keinem eindeutigen Ergebnis kommt», hatte der Verteidigungsminister bereits im Frühjahr 2002 in einem Memorandum festgestellt.[43] Und Cheney machte von seiner Verachtung der UNO auch in der Öffentlichkeit keinen Hehl: «Eine Rückkehr der Inspektoren würde nicht im Mindesten gewährleisten, dass er [Saddam] sich an die Beschlüsse der Vereinten Nationen hält. Im Gegenteil. Es besteht die große Gefahr, dass man sich in der falschen Sicherheit wiegt, Saddam wäre irgendwie wieder unter Kontrolle.»[44] Nun aber plädierte der UN-Sicherheitsrat dafür, den UN-Kontrolleuren hinreichend Zeit für ihre Arbeit zu geben; und Ende November sickerten erstmals Meldungen über die vergebliche Suche nach irakischen Massenvernichtungswaffen durch, einschließlich der Vermutung, dass Saddam sein Arsenal in den frühen 1990er Jahren zerstört, aber aus Imagegründen und zwecks Abschreckung seiner Feinde in Teheran nicht darüber gesprochen hatte. Dass die Vereinten Nationen eine zweite Resolution verabschieden und freie Hand für eine Invasion des Irak geben würden, schien unter diesen Bedingungen so gut wie ausgeschlossen.

So hoch die Hürden auch sein mochten, die amerikanische Regierung hielt unbeirrt an ihrem Kriegskurs fest. «Falls wir [die UNO] nicht in Kürze Massenvernichtungswaffen finden würden, [...] wären die USA bereit, die Nutzlosigkeit der Kontrollen zu konstatieren und eine Entwaffnung mit anderen Mitteln auf den Weg zu bringen.»[45] Dieser Warnung von Richard Cheney an die Adresse von Hans Blix, dem Leiter des UNO-Inspektorenteams, ließen die USA im Januar 2003 Taten folgen. Zunächst mit einer juristischen Konstruktion, die von Experten internationalen Rechts mit gutem Grund als Beleidigung ihres Sachverstandes begriffen wurde: Weil die seit 1990 verabschiedeten Irak-Resolutionen formell nie widerrufen worden waren, so die Unterstellung, könnte man sich im Notfall auch auf die Kriegsermächtigung vom Januar 1991 berufen. Sodann erklärte George W. Bush in seiner Rede zur Lage der Nation am 28. Januar: «Was wir tun, hängt nicht von den Entscheidungen anderer ab.»[46] Und schließlich erhielt Colin Powell den Auftrag, die Weltgemeinschaft von der unhintergehbaren Notwendigkeit einer gewaltsamen Entwaffnung Saddam Husseins zu überzeugen.

Die Multi-Media-Präsentation, die Powell am 5. Februar 2003 mit der ganzen Autorität seiner Person und seines Amtes im Sicherheitsrat der UNO ablieferte, wirft noch immer Fragen auf. Hatte sich der Außenminister tatsächlich so gut vorbereitet, wie seine Mitarbeiter behaupteten? Wurde er von einem oder gar mehreren Geheimdiensten in die Irre geführt? Oder fügte sich der zuverlässige Soldat Powell in das Unvermeidliche, wissend, dass eine Weigerung seinerseits nicht allein die internationale Reputation der USA beschädigt, sondern obendrein den Bestand der Regierung gefährdet hätte? Wie auch immer – Powells Aussagen über biologische, chemische und atomare Waffen im Irak und seine Andeutungen einer «bösartigen Querverbindung» zu Al-Qaida waren allesamt falsch. Tags zuvor hatte ein Waffenexperte des Pentagon noch versucht, die Aussagen über biologische Kampfstoffe abzuschwächen. Zu Recht: Der von Powell als Kronzeuge zitierte irakische Überläufer mit dem Namen «Curveball» galt in Geheimdienstkreisen als windige Figur; der deutsche Bundesnachrichtendienst hatte die CIA gar ausdrücklich vor ihm gewarnt. Aber der stellvertretende Leiter der «Iraq Task Force» in Langley blieb unbeeindruckt: «Wir sollten im Auge behalten, dass es diesen Krieg geben wird, egal,

Kein «slam dunk case»: Hellsichtiges Graffiti des Künstlers DOLK in Berlin.

was ‹Curveball› gesagt oder nicht gesagt hat. Die Hohen Herren [the Powers That Be] haben kein ausgeprägtes Interesse daran, ob ‹Curveball› tatsächlich weiß, wovon er redet.»[47]

Derweil formierte sich der Widerstand gegen die Alleingänge Washingtons. Meinungsumfragen in mehreren westeuropäischen Ländern ergaben Mehrheiten von bis zu 80 Prozent gegen ein militärisches Eingreifen im Irak. Am 15. Februar gingen mehr Menschen als zu irgendeinem anderen Zeitpunkt nach 1945 gleichzeitig auf die Straßen: In London, Madrid und Barcelona je eine Million, in Rom deutlich über eine Million und in Berlin zwischen 300000 und 500000. «Nichts, gar nichts kann diesen Krieg rechtfertigen. Glauben Sie mir, wenn es um das Prinzip geht, dann werden wir das bis zum Ende durchhalten.»[48] Derlei Sätze hätten in allen genannten Großstädten auf öffentlichen Plätzen fallen können, stammen aber tatsächlich aus dem Mund des französischen Außenministers Dominique de Villepin während einer Pressekonferenz am 20. Januar 2003 in New York. Wenige Tage später einigten sich Frankreich und Russland zusammen mit Deutschland, das seit Anfang des Jahres als nichtständiges Mitglied im UNO-Sicherheitsrat vertreten war, auf eine gemeinsame Linie: Mehr Zeit für die Inspektoren, Abrüstung mit friedlichen Mitteln, kein «Automatismus» und mithin keine sofortige Kriegserklärung, sollte der Irak gegen eine der in Resolution 1441 gemachten Auflagen verstoßen.

Damit war klar, dass es zu einem Kräftemessen vor den Vereinten Nationen kommen musste. George W. Bush hatte dem innenpolitisch unter starkem Druck stehenden Tony Blair nachgegeben und sich bereit erklärt, einen Krieg gegen Saddam Hussein vom UNO-Sicherheitsrat absegnen zu lassen – in Gestalt einer neuen Resolution. Für diese «zweite Resolution» sprach sich am 24. Februar 2003 auch Spanien aus, zusammen mit Bulgarien kam man vorläufig also auf vier von neun für eine Mehrheit erforderlichen Stimmen. Paris, Moskau und Berlin hingegen bekräftigten im Gegenzug Anfang März ihren Willen, «keinen Resolutionsentwurf mit der Genehmigung zur Gewaltanwendung passieren [zu] lassen».[49] China und Syrien schlossen sich der «Friedensachse» an. Fast zwei Wochen lang kämpften beide Lager mit harten Bandagen um die Stimmen der sechs unentschiedenen Mitglieder des Sicherheitsrats. Dominique de Villepin brach eigens zu einer Afrikareise auf, um Angola, Kamerun und Guinea ins Lager der Kriegsgegner zu ziehen; Bush und Blair telefonierten stundenlang mit Vertretern der anderen nicht-ständigen Ratsmitglieder Chile, Mexiko und Pakistan. Als Frankreich und Russland weiterhin mit einem Veto drohten, zogen die Kriegsbefürworter am 14. März ihren Entwurf einer «zweiten Resolution» zurück. «Der Sicherheitsrat hat seine Verantwortung nicht wahrgenommen», erklärte Präsident Bush in einer Fernsehansprache am 17. März. «Deshalb werden wir unsere wahrnehmen. [...] Saddam Hussein und seine Söhne müssen den Irak innerhalb von 48 Stunden verlassen. Ihre Weigerung, das zu tun, wird zu einem militärischen Konflikt führen.»[50]

Starke Worte, die nur mühsam das außenpolitische Desaster der USA übertünchen konnten. Dass man in den Wochen zuvor 18 europäische Länder – vornehmlich aus Mittel- und Südosteuropa und mehrheitlich Aspiranten auf einen baldigen Beitritt zur NATO – auf seine Seite hatte ziehen können und hämisch das «neue» gegen das «alte Europa» in Stellung gebracht hatte, spielte Mitte März 2003 keine Rolle mehr. Viel bedeutsamer erschien das Verhalten anderer aufstrebender Staaten. Chile und Mexiko verweigerten sich dem Ansinnen Washingtons, ließen sich weder von der amerikanischen Drohung mit Wirtschaftssanktionen noch von der Forderung nach einer Abberufung des mexikanischen UNO-Botschafters wegen «pro-französischer Haltung» beeinflussen.[51] Und die Türkei – offiziell in der «Koalition der Willigen» als Unterstützer aufgelistet – untersagte einen Transport amerikanischer Truppen über ihr Territorium. Gewiss hat es abtrünniges Verhalten von Verbündeten und Partnern auch in der Vergangenheit, den Kalten Krieg eingeschlossen, gegeben – aber nur selten in einer derart aufgeladenen und seitens der USA mit Symbolik überladenen Situation.

«Wir müssen uns aufstellen, bevor wir aufgestellt werden», hatte der deutsche Außenminister Joschka Fischer dem Kanzler der rot-grünen Koalition, Gerhard Schröder, Ende Juli 2002 geraten. «Du musst das hochziehen.»[52] Gemeint war, dass die Bundesregierung auf unmissverständliche Weise gegen den Krieg Stellung beziehen sollte. Über die Hintergründe der transatlantischen Spannungen im Allgemeinen und des deutsch-amerikanischen Zerwürfnisses im Besonderen wird noch geraume Zeit gestritten werden. Zweifellos spielte eine Rolle, dass Bush und Schröder bei ihren Treffen in Washington Ende Januar 2002 und knapp vier

Monate später in Berlin sich eher im Verrätseln als im Offenlegen ihrer Absichten übten. Auch sorgte der deutsche Bundestagswahlkampf für zusätzliche Verstimmungen in einer ohnehin gereizten Atmosphäre. Aufschlussreicher scheint indes eine auffällige Häufung dreier Begriffe im Sprachgebrauch vornehmlich deutscher und französischer Politiker: «Satelliten», «Arroganz»,

Schein und Wirklichkeit: Dominique de Villepin vor der Presse nach Colin Powells Auftritt vor dem UN-Sicherheitsrat am 5. Februar 2003. Normalerweise wäre im Hintergrund eine Replik von Picassos Gemälde «Guernica» zu sehen gewesen. Diese war allerdings auf Wunsch der USA mit blauem Stoff verhängt worden.

«Abenteuer». Sie signalisieren, jeder auf seine Weise, Enttäuschung und Wut über den Unilateralismus der Bush-Administration, über die Herablassung, die man auch bei internen Treffen zu spüren bekam – und über die Neigung, in Partnern bloße Erfüllungsgehilfen zu sehen.[53] Die «New York Times» zeigte ein gutes Gespür für die Stimmung, als sie am 6. März 2003 zur Haltung der «Friedensachse» schrieb: «Womöglich das lauteste ‹Nein!›, das seit einem halben Jahrhundert oder mehr über den Atlantik gerufen wurde.» Und womöglich wird man dereinst Amerikas

Abschied von der weltpolitischen Hegemonie auf diesen Tag datieren.

Dass ausgerechnet Saddam Hussein den USA zu Hilfe kam, ist so gesehen die logische Pointe dieser Tage und Wochen. Immer wieder lud der Diktator seine amerikanischen Widersacher zu wohlfeilen Spekulationen über versteckte Massenvernichtungswaffen ein, zuletzt Anfang Dezember 2002 mit einer offiziellen Dokumentation über irakische Waffenbestände. Wer wollte, konnte das veraltete und lückenhafte Material als vorsätzliche Täuschung und mithin als Bestätigung des amerikanischen Urteils lesen. Tatsächlich war Täuschung im Spiel, aber aus ganz anderen Gründen. Niemand sollte wissen, dass der Irak keine Massenvernichtungswaffen besaß und sein Nuklearprogramm in den frühen 1990er Jahren eingestellt hatte. Saddam wollte mit Stärke bluffen, um seine Verwundbarkeit zu verschleiern. «Hussein gab an, dass der Irak gegenüber seinen Feinden nicht den Eindruck von Schwäche erwecken durfte, insbesondere nicht gegenüber dem Iran», heißt es im Protokoll eines Verhörs des FBI mit Saddam nach dessen Verhaftung.[54] Noch mehr als amerikanische Repressalien fürchtete Saddam, dass Teheran die Schiiten im Süden des Irak zu einem Aufstand anstacheln und gar selbst diese Region annektieren würde. Den Iran im Ungewissen zu lassen und mit nicht vorhandenen Waffen abzuschrecken – darum drehte sich das Versteckspiel bis Ende 2002. Im Nachhinein bestätigten hochrangige Mitarbeiter Saddams nicht nur diese Version. Sie erklärten auch, dass Saddam bis zuletzt daran glaubte, Frankreich und Russland könnten Washington von einem Angriff abhalten.

Kriegsgründe

Am 20. März 2003 begann der Krieg gegen den Irak. Seither streiten auch und gerade Historiker über die Frage, warum die Regierung Bush gegen Saddam Hussein zu Felde zog, weshalb sie alle Warnungen vor politisch unkalkulierbaren Folgekosten in den Wind schlug und wieso ihr der Sturz eines Diktators in Bagdad wichtiger schien als eine konsequente Verfolgung von Al-Qaida.

Nach einem durchdachten Plan, einer «master strategy» oder einem «grand design», zu suchen, führt in die Irre; darauf haben zahlreiche Kommentatoren und Analytiker zu Recht aufmerksam gemacht. Als chronisch zerstrittener Haufen wird die Administration Bush im ersten Jahr ihrer Amtszeit beschrieben: ideologische Eiferer stritten mit nüchternen Geopolitikern, zynische Karrieristen hatten sich mit bürokratischen Ränkeschmieden in der Wolle, auf den Vorteil des Augenblicks schielende Populisten gingen ohnehin ihre eigenen Wege. Tragfähige Gemeinsamkeiten gab es wenige, im Gegenteil: Die Rede war von einem ort- und profillosen politischen Denken und von einer auf den Tag fixierten Kurzatmigkeit, ohne Vision und bar jeder gestalterischen Kraft. Dass diese Gruppe an einem Strang ziehen würde, schien ausgeschlossen. Und ebenso offensichtlich ist, dass der 11. September alles veränderte. Zwar rührte der Ausnahmezustand die konträren Interessen und Weltbilder nicht an. Aber er führte die Streithähne in einer «ad hoc-Koalition» zusammen, die sich mit gewohnt unterschiedlichen Erwartungen und Argumenten auf einen ungewohnt belastbaren Nenner einigen konnte – auf die Vorstellung nämlich, dass Krieg im Vergleich zu anderen Optionen den größeren Vorteil abwarf. Womit die eingangs gestellte Frage aber nicht beantwortet, sondern nur präziser formuliert ist: Warum erschöpften sich die von «9/11» freigesetzten Energien nicht in überschaubarer Zeit? Welche Interessen, Affekte und Reflexe waren im Spiel und warum verschmolzen sie zu einer über den Tag hinausweisenden Politik?

Die auf den Nahen und Mittleren Osten fixierten Geostrategen galten als einflussreichste, in jedem Fall als eine besonders machtbewusste Fraktion im Umfeld von George W. Bush. Schlüsselpositionen des Verteidigungsministeriums und im Stab des Vizepräsidenten waren mit Männern besetzt, die bereits in der Vergangenheit hohe Regierungsämter bekleidet hatten und der verpassten Gelegenheit des Jahres 1991 nachtrauerten. Am Ende des ersten Golfkrieges hätte man Bagdad stürmen und Saddam aus dem Amt jagen müssen – so das Credo von Donald Rumsfeld und seinem Stellvertreter Paul Wolfowitz, von Richard Cheneys

Stabschef I. Lewis («Scooter») Libby, von Douglas Feith, Staatssekretär im Pentagon, und von Richard Perle, Vorsitzender des vom Präsidenten bestellten «Defense Advisory Board». Im Januar 1998 hatten sie mit Gleichgesinnten das «Project for the New American Century» ins Leben gerufen und mit einer in zahlreichen Medien popularisierten Denkschrift an Präsident Bill Clinton auf sich aufmerksam gemacht. Wie ehedem der Verleger Henry Luce, in den 1940er Jahren Schöpfer des Schlagworts «American Century», forderten sie ein militärisch allen Machtkonkurrenten weit überlegenes Amerika und einen unerschrockenen Einsatz des Militärs zur Wahrung der amerikanischen Weltmachtstellung.

Freilich hatte sich der geographische Focus verändert. Statt Europa und Asien standen jetzt die ölreichen Regionen im Mittelpunkt des Interesses. Und abweichend vom Stichwortgeber Henry Luce ging es nicht um «Wiederaufbau», sondern um «konstruktive Destabilisierung». Weil die Herrschaft des saudischen Königshauses in Frage stand, sollten die USA rechtzeitig und auf eigene Faust die regionale Konstellation der Macht zu ihren Gunsten ändern. «Saddam zu stürzen ist der einzige Weg, um das lebenswichtige Interesse der Vereinigten Staaten an einer stabilen und sicheren Golfregion zu befriedigen», schrieb Paul Wolfowitz im Dezember 1998.[55] Eine ebenso knappe wie zutreffende Formulierung: Saddam zu stürzen hieß, sich ungehinderten Zugang zu den größten Ölvorräten jenseits von Saudi-Arabien zu verschaffen; einen Feind Israels aus dem Weg zu räumen; einem Diktator den Griff nach Massenvernichtungswaffen zu verwehren; und obendrein ein Signal an alle Potentaten in der Region zu schicken – wer Amerika herausfordert, setzt seine eigene Existenz aufs Spiel. Gewiss war auch oft von Menschenrechten, Demokratie oder anderen idealistischen Zielen die Rede. Doch bereits die höhnische Verachtung von «nation building» lässt Zweifel an der Ernsthaftigkeit derartiger Bekenntnisse aufkommen. Sie waren wenig mehr als eine Pose, ein performativer Firnis über geopolitischen Ordnungsinteressen und einer ausgeprägten Neigung zur Konfliktlösung mit militärischen Mitteln.

Im politischen Tagesgeschäft vor «9/11» waren und blieben die «Interventionisten» allerdings in der Minderheit. Die Irak-Politik wurde von «Realisten» bestimmt, die an den bereits unter Bush dem Älteren formulierten Grundsätzen festhielten: Saddam von außen stürzen zu wollen, barg das Risiko eines unkontrollierbaren Flächenbrandes. Oder eines Machtvakuums, das von Teheran zur Projektion iranischer Macht genutzt werden könnte – womit ein altes durch ein neues und unter Umständen noch übleres Problem ersetzt worden wäre. In diesem Sinne sah Richard Cheney, bis Januar 1992 Verteidigungsminister, in Saddam Hussein einen «regional balancer»: Auf das richtige Maß gestutzt, war er zur Austarierung der Macht im Mittleren Osten von Nutzen. «Eindämmung» hieß folglich das von Präsident Clinton verfolgte Konzept. Daran änderte auch der von Clinton 1998 unterzeichnete «Iraq Liberation Act» nichts: Das Weiße Haus tat den Ideologen des «Project for the New American Century» mit der Forderung nach einem «Regimewechsel» rhetorisch einen Gefallen, strich aber gleichzeitig den Irak von der außenpolitischen Prioritätenliste.

Dass unter George W. Bush dem Irak mehr Aufmerksamkeit gewidmet würde als in den Jahren zuvor, lag angesichts der personellen Besetzung seiner Regierung nahe. Bereits im Januar 2001, wenige Tage nach der Amtseinführung des neuen Präsidenten, beriet der Nationale Sicherheitsrat über das Für und Wider eines «Regimewechsels» in Bagdad. Und im Pentagon kursierten seit dem Frühjahr 2001 Dutzende von Memoranden zu diesem Thema. «Die Risiken einer ernsthaften Politik des Regimewechsels», so Donald Rumsfeld in einem internen «Arbeitspapier» vom 27. Juli 2001, «müssen gegenüber der mit Sicherheit ins Haus stehenden Gefahr abgewogen werden, dass wir es in der nahen Zukunft mit einem zunehmend dreisteren und atomar bewaffneten Saddam zu tun haben werden. [...] Falls das Saddam-Regime gestürzt werden sollte, hätten wir eine wesentlich verbesserte Position in der Region und andernorts.»[56] Gerade die offenkundige Schwäche Saddam Husseins wurde seitens der «Interventionisten» als Einladung zu einer aktiveren Politik begriffen. «Aktiv» hieß zum damaligen Zeitpunkt: Oppositionsgruppen im Irak, vorweg den «Iraqi National Congress» um Ahmad Chalabi, mit mehr Geld und besseren Waffen auszustatten und deren Bestrebungen zur Abspaltung einer befreiten «Enklave» im Süden des Landes zu unterstützen. Um nicht weniger, aber keinesfalls um mehr ging es, wie Colin Powell anlässlich einer Nahostreise im Februar und bei anderer Gelegenheit im Sommer 2001 betonte. «Er [Saddam] hat sich kein nennenswertes Arsenal an Massenvernichtungswaffen zugelegt. Er ist auch nicht in der Lage, mit konventioneller Bewaffnung seine Nachbarn unter Druck zu setzen.»[57] In anderen Worten: Man wertete die Politik der «Eindämmung» des Irak als Erfolg. Gerade deshalb war es unnötig, wie Präsident Bush intern zu verstehen gab, weiter an Eventualplänen für eine Invasion zu arbeiten.[58]

Der 11. September radikalisierte das politische Denken in der Administration Bush. Und nichts beschleunigte diese Radikalisierung mehr als die Angst der Akteure. Eine Angst, die in unterschiedlicher Form und Intensität auftrat, aber fortan nicht mehr wegzudenken war. Der Angriff auf das Pentagon und die offenkundige Absicht, «United Airlines 93» in das Kapitol oder das Weiße Haus zu lenken, veranschaulichten auf dramatische Weise die Möglichkeit eines «Enthauptungsschlages», die ohne Vorwarnung und buchstäblich aus dem Blauen vollzogene Auslöschung der politischen und militärischen Elite. Und allein die Möglichkeit einer Wiederholung zählte, nicht die Wahrscheinlichkeit. Wer deshalb auch seine persönliche Sicherheit unmittelbar gefährdet sah, ist schwer zu sagen. Vizepräsident Cheney jedenfalls fürchtete um sein eigenes Leben und das seiner Kollegen – beim Thema «9/11» sprach er lange Zeit ausschließlich über Washington, D. C., nie über New York.[59]

Im Herbst 2001 bestätigte die CIA diese Ängste auf alarmierende Art und Weise. Mehrfach geprüften Informationen war zu entnehmen, dass Osama Bin Laden seit geraumer Zeit mit pakistanischen Wissenschaftlern wegen der Beschaffung atomwaffenfähigen Materials oder nuklearer Sprengsätze im Gespräch war. Einschlägige Hinweise hatte es bereits früher gegeben. Ende

1993 wollte Bin Laden von einem sudanesischen Mittelsmann – einem Betrüger, wie sich alsbald herausstellte – Uran im Wert von 1,5 Millionen Dollar kaufen, 1998 bezeichnete er den Erwerb von Nuklearwaffen als «religiöse Pflicht» und faselte von einem Hiroshima auf amerikanischem Boden, nach dem Untergang der Sowjetunion bemühte er sich um Sprengköpfe aus russischen Beständen. Die neue Spur indes war brisanter als alles Bisherige. Es ging um Kontakte Bin Ladens zu Abdul Qadeer Khan, dem «Vater der pakistanischen Bombe», der von zahlreichen Geheimdiensten des weltweiten Handels mit Nukleartechnologie verdächtigt wurde – zu Recht, wie sein 2005 geplatztes Geschäft mit Libyen beweist. Khan galt nicht nur als skrupelloser Geschäftsmann; er pflegte obendrein auch enge Beziehungen zu einer radikalen Organisation namens «Ummah Tameer-e-Nau» (UTN) oder «Islamic Revival», die ihrem Namen entsprechend für einen Export fundamentalistischer Ideen eintrat. Entsprechend nervös und gereizt war die Stimmung im Weißen Haus, als CIA-Direktor George Tenet Ende November 2001 über die Ermittlungen zu «UTN» sagte: «Das ist genau die Sache, vor der wir alle am meisten Angst hatten. Das verändert alles.»[60]

Seit dieser Zeit waren Bush, Cheney und Rumsfeld von der Vorstellung einer engen Beziehung zwischen Al-Qaida und irgendeinem «Schurkenstaat» geradezu besessen. Wenn Osama Bin Laden die Chuzpe hatte, sich in Pakistan und damit bei einem Verbündeten der USA bedienen zu wollen, warum sollte er dann demnächst nicht bei einem Feind der USA vorstellig werden? Bei Saddam Hussein etwa? Wohlgemerkt: Ob Saddam bereits über Massenvernichtungswaffen verfügte, war nicht das Problem. Uninteressant war auch die Frage, ob und wie wahrscheinlich es war, dass er sich derartige Waffen zulegte. Was einzig zählte, war die Möglichkeit der Beschaffung von Atommaterial bei Dritten, nicht die Wahrscheinlichkeit. Eben weil es in der Zukunft nicht unmöglich war, dass Saddam sich erstens atomar bewaffnen und zweitens dem Drängen von Al-Qaida nachgeben würde, galt er als Gefährdung der nationalen Sicherheit in der Gegenwart. Eine akute Herausforderung aber verlangt nach einer sofortigen Antwort.

So gesehen ist die Behauptung, man hätte «9/11» nur zum Vorwand für die Realisierung lange gehegter Absichten genommen, kurzsichtig. Zur Diskussion steht ein komplexeres Problem: Akteure, die mit der Angst anderer spielen, sind in der Regel selbst über die Maßen verängstigt; ebenso beruht ihre Täuschung der Umwelt oft auf massiver Selbsttäuschung. Man könnte auch von einer durch Angst und Panik diktierten Regression sprechen oder der Neigung, Unübersichtliches mittels einfacher Antworten kenntlich und Diffuses durch die Fokussierung auf ein Objekt greifbar zu machen.

Als «One Percent Doctrine» ist dieses Denken in die Geschichte eingegangen. Richard Cheney: «Wir müssen mit dieser neuartigen Bedrohung in einer Weise umgehen, die wir noch nicht definiert haben. [...] Wir werden uns dieser Sache auf komplett andere Art stellen müssen. [...] Wenn es eine einprozentige Möglichkeit gibt, dass pakistanische Wissenschaftler Al-Qaida beim Bau oder der Entwicklung einer Nuklearwaffe helfen, so müssen wir darauf reagieren, als hätten wir vollständige Gewissheit. Es geht nicht um Analysen oder darum, eine riesige Menge von Beweisen zu finden. Es geht einzig um unsere Reaktion.»[61] Grundsätzlicher hätte man die Forderung nach einer Inspektion des Irak durch Waffenexperten nicht zurückweisen können: Das Verlangen nach handfesten Beweisen galt als Charakteristikum eines veralteten Denkens, als Relikt einer untergegangenen Epoche mit gänzlich anderen Gefahren, Bedrohungspotentialen und Wertmaßstäben. Genauer gesagt einer Zeit, in der man es sich leisten konnte, Zeit zu haben – zum Abwägen, Überprüfen und Aushandeln von Kompromissen. Wer sich indes mit Terroristen oder deren Sponsoren konfrontiert sieht – mit kompromisslosen, zu allem entschlossenen Feinden, die jederzeit und vor allem ohne jede Warnung zuschlagen können – muss sein Verhalten wie auch seine Moral von Grund auf ändern und bereit sein, beim geringsten Verdacht zuzuschlagen. Donald Rumsfeld während eines Treffens mit NATO-Verteidigungsministern in Brüssel am 6. Juni

2002: «Der absolute Beweis kann keine Vorbedingung für Handeln sein.»[62]

Eine frühe Variante der «One Percent Doctrine» war Ende der 1950er Jahre von der RAND-Corporation, der einflussreichsten «Denkfabrik» des Kalten Krieges, vorgelegt worden. Wie den einschlägigen Texten von Roberta und Albert Wohlstetter zu entnehmen ist, wurde damals eine radikale Wende der Sicherheitsdoktrin mit dem Überraschungsangriff der Japaner auf Pearl Harbour begründet. Allerdings konnte sich das Plädoyer für einen Präventivkrieg gegen potentielle Aggressoren zur Zeit des Kalten Krieges nicht durchsetzen; die Einsicht, dass als Zweiter stirbt, wer als Erster schießt, blieb angesichts des nuklearen «Overkill»-Potentials in Ost und West allemal überzeugender. Doch Ideen sind bekanntlich zählebig, zumal solche, die mit dem Anspruch auf tabulose Innovation garniert werden. Paul Wolfowitz, ein Schüler der Wohlstetters, baute die Brücke zur Administration Bush, indem er die «One Percent Doctrine» mit Versatzstücken der Totalitarismustheorie unterfütterte und damit zugleich ein bevorzugtes Thema neokonservativer Eliten bediente: Saddam als Wiedergänger Hitlers und Stalins, die irakische Geheimpolizei als Kopie der Gestapo und westliche Liberale als Advokaten einer ebenso wirklichkeitsfremden wie gefährlichen «Appeasementpolitik». Ein krudes Potpourri, gewiss. Aber im Milieu des Weißen Hauses unter George W. Bush konnten sich dergleichen Handreichungen gut und überaus schnell entfalten. Hermetisch gegen Ratschläge von außen abgeschottet, waren die engsten Mitarbeiter des Präsidenten obendrein darauf bedacht, auch intern keine Kontroversen aufkommen zu lassen: Wer nicht mit uns ist, ist gegen uns. Binnen weniger Wochen avancierte eine obskure Theorie aus längst vergangenen Tagen zur amerikanischen Staatsdoktrin des frühen 21. Jahrhunderts.

Anfang Juni 2002 begründete George W. Bush die neue Doktrin des Präventivkrieges in einer Rede vor Kadetten der Militärakademie West Point. «Neue Bedrohungen machen auch ein neues Denken erforderlich.» Als überholt und unbrauchbar bezeichnete er die im 20. Jahrhundert erprobten Grundpfeiler der

Sicherheitspolitik: «Abschreckung» und «Eindämmung». Die Rede klang wie eine im Geist Albert Wohlstetters formulierte Vorlesung: Nichtstaatliche Terrororganisationen bleiben von der Androhung massiver Vergeltung unbeeindruckt, weil sie keine Rücksicht auf Leib und Leben von Bürgern nehmen müssen; und Diktatoren lassen sich schwerlich eindämmen, sobald sie die Möglichkeit haben, selbst im Hintergrund zu bleiben, während Handlanger vom Schlage Al-Qaidas die Drecksarbeit in ihrem Sinne oder gar Auftrag erledigen. «Wenn wir abwarten, bis sich Bedrohungen voll entfaltet haben, werden wir zu lange gewartet haben. [...] Wir müssen den Kampf zum Feind bringen, seine Pläne vereiteln und den schlimmsten Gefahren begegnen, bevor sie an den Tag treten. In dem Zeitalter, in das wir gerade eingetreten sind, ist Handeln der einzige Weg zur Sicherheit.»[63] Dieser Merksatz – wonach die Risiken des Nichthandelns wesentlich größer sind als die Risiken des Handelns – wurde in der Folge zum Mantra offizieller Verlautbarungen. Und am 20. September 2002 setzte man mit der Publikation einer runderneuerten «National Security Strategy of the United States of America» das Ausrufezeichen. Niemals zuvor hatte ein amerikanischer Präsident das völkerrechtliche Verbot von Präventivkriegen in aller Öffentlichkeit für null und nichtig erklärt.

Der Irak galt in mehrfacher Hinsicht als Demonstrationsobjekt. Saddam war ein Feind, den man auf eindrucksvolle Weise und vor allen Dingen schnell in die Knie zwingen konnte. Der erste Golfkrieg, die jahrelangen Sanktionen und Kontrollen und die vorbereitenden Angriffe gegen Kommunikationssysteme und Luftverteidigungsanlagen hatten die Festung längst sturmreif gemacht. «Geschwindigkeit» war der Dreh- und Angelpunkt in Donald Rumsfelds Vision vom Krieg der Zukunft und der Irak das Labor. Realen wie potentiellen Unterstützern des Terrorismus wollte man nicht nur den unvermeidlichen Preis ihrer Politik vor Augen führen. Sie sollten auch erfahren, dass Amerika mit einer Kombination aus Hochtechnologie und Spezialeinheiten jederzeit an jedem Ort der Welt und zur Not aus dem Stand zurückschlagen kann. Und zurückschlagen wird, weil die einzig verbliebene

Supermacht keine Rivalen fürchten und auf Verbündete keine Rücksicht nehmen muss. In anderen Worten: Der visuelle Eindruck des 11. September – die weltweit verbreiteten Bilder der Hilf- und Ratlosigkeit, des Riesen, den zwei Dutzend mit Teppichmessern bewaffnete Terroristen im Innersten verwundeten – musste auf nicht minder dramatische Weise korrigiert und in sein Gegenteil verkehrt werden. Nach Afghanistan innezuhalten, war keine Option. Vielmehr sollten die Herrscher von «Schurkenstaaten» Saddams Niedergang als Menetekel begreifen.

In dieser Hinsicht war die neue Doktrin alles andere als neu. Im Gegenteil: Man kopierte vermeintliche Erfolgsmodelle aus der Zeit des Kalten Krieges und setzte in erster Linie auf Abschreckung. Nicht umsonst war bei den Mitarbeitern des Nationalen Sicherheitsrates von einer «Scare the Muslims»-Strategie die Rede, von einer Politik, die Angst und Schrecken verbreitet, einschüchtert und lähmt. «Wir reden mit ihnen auf eine Art, die sie verstehen können», so der Präsident. «Diese Fähigkeit verändert das Spiel. […] Manchmal kann eine Seite mit dem Einsatz von Gewalt die Dinge wirklich klären.»[64] Im Pentagon bevorzugte man den Begriff «shock and awe», im Weißen Haus war vorzugsweise von «game changer» die Rede. Gemeint war stets das Gleiche: Angst als Mittel zur Veränderung staatlicher Politik im Besonderen und weltpolitischer Spielregeln im Allgemeinen. Je Furcht erregender und unberechenbarer die USA auftraten, desto besser, je größer die Angst der Anderen, desto angstfreier konnten Amerikaner angeblich leben. Aus dieser Sicht war es sogar produktiver, grundlos statt mit guten Gründen Krieg zu führen. Kein Gedanke schien zu extrem, als dass er nicht auf höchster Ebene in Umlauf gebracht worden wäre. «Wenn wir tatsächlich die Führung übernehmen wollen, dann müssen wir im Grunde wie die Verrückten dieser Welt wahrgenommen werden», hieß es in einem Aufsatz, der auf Weisung Donald Rumsfelds an Tommy Franks, den Oberkommandierenden des Irak-Einsatzes, geschickt wurde. «Es muss so aussehen, als wären wir zu allem fähig und bereit, um unserer nationalen Interessen willen alles zu riskieren. […] Wenn wir hehre Ziele erreichen wollen, müssen wir bereit sein, auf die schäbigste Weise zu handeln.»[65] «Madman»-Theorie nannte man diese Variante der Abschreckungspolitik auf dem Höhepunkt des Kalten Krieges.

Wieder einmal wurde eine Politik für die Zukunft auf den Gewissheiten der Vergangenheit aufgebaut. Die Überbewertung des Militärs und militärischer Konfliktlösung, die Demonstration von Macht um der Beglaubigung der Macht willen, die symbolische Inszenierung von Glaubwürdigkeit und Entschlossenheit, die strikte Trennung der Welt in Gut und Böse, schwarz und weiß, frei und unterdrückt, die Reduktion von Politik auf ein Freund-Feind-Verhältnis und die Verstetigung des Ausnahmezustands, schließlich das Spiel mit der Unberechenbarkeit – all diese Koordinaten des Kalten Krieges wurden unter George W. Bush zu Leitlinien der Anti-Terrorpolitik. In Anlehnung an die Historikerin Barbara Tuchman sprachen Kritiker von der «Torheit» der Regierenden oder kognitiver Dissonanz. Und erneut machte die berühmte Metapher von der Lernunfähigkeit rüstungsfixierter Gesellschaften die Runde: Wer nichts anderes zur Verfügung hat als einen Hammer, behandelt jedes Problem wie einen Nagel. Dass die Generation Cheney und Rumsfeld in der Gedankenwelt des Kalten Krieges aufgewachsen war, spielte zweifellos eine Schlüsselrolle. Ausschlaggebend aber scheint, dass sie aus ihrer Perspektive mit den genannten Instrumenten den Kalten Krieg gewonnen hatten. Sie sahen sich als Sieger der Geschichte und stellten die Frage von Siegern: Warum sollte im «Krieg gegen den Terror» scheitern, was im Kampf gegen die Sowjetunion funktioniert hatte? Was sprach gegen die Erwartung, eine Horde von «Schurkenstaaten» derart einzuschüchtern, dass sie erst gar nicht auf den Gedanken kamen, die Autorität der Vereinigten Staaten herauszufordern, geschweige denn Terroristen mit Massenvernichtungswaffen auszustatten?

Imperiale Geste: George W. Bush in Fliegermontur nach der Landung auf der USS Lincoln am 1. Mai 2003, wo er eine verfrühte Siegesrede hielt – «Mission Accomplished».

Eine Neuauflage der «Imperialen Präsidentschaft»

«Ich entscheide, was für die Exekutive Gesetz ist.»[1] George W. Bush machte nach «9/11» auch und gerade in der Öffentlichkeit keinen Hehl aus seinem Verständnis präsidialer Befugnisse: Die Definition «nationaler Interessen» und «nationaler Sicherheit» steht in letzter Konsequenz dem Präsidenten zu, er darf zu Mitteln und Maßnahmen seiner Wahl greifen, uneingeschränkt und ohne Absprache mit anderen Abteilungen der Regierung oder mit dem Kongress, Sicherheit steht über Freiheit, Macht geht über Recht. Dieser Anspruch klingt maßlos und war auch tatsächlich in dieser Maßlosigkeit gemeint. «Ich bin der Oberbefehlshaber – verstehen Sie, ich muss nichts erklären – ich muss nicht erklären, warum ich bestimmte Dinge sage. Das ist ein interessanter Aspekt der Position eines Präsidenten. Vielleicht hat manch anderer den Wunsch, mir zu erklären, warum er etwas sagt, aber ich habe nicht das Gefühl, dass ich irgendwem eine Erklärung schuldig bin.»[2]

Seit Anfang der 1970er Jahre wird in den USA über die Kompetenzen des Präsidenten ein zuweilen heftiger Streit geführt. Den Ton der liberalen Minderheit gab der Historiker Arthur M. Schlesinger Jr. vor, als er auf dem Höhepunkt des Watergate-Skandals im Jahr 1973 und in der Debatte um die Amtsenthebung von Richard Nixon von einer Beschädigung der Demokratie durch eine «Imperiale Präsidentschaft» sprach. Gemeint war ein aus dem Lot geratenes institutionelles Gefüge sowie der Verlust normativer Prinzipien, die einem Missbrauch von Macht auf allen Ebenen – von der Einschüchterung der Opposition über Rechtsbeugung im Inneren bis hin zum geheimen Luftkrieg in Indochina – Vorschub geleistet hatten. Die konservative Replik ließ nicht lange auf sich warten. Nach Meinung vieler Republikaner wollten Nixons Kritiker nur Rache an einem erfolgreichen Präsidenten nehmen und mit ihrer hysterischen Kampagne in erster Linie in die eigene Tasche wirtschaften. Demnach ging es nicht um eine «Imperiale Präsidentschaft», sondern um den Versuch der Demokratischen Partei, ihren galoppierenden Machtverlust aufzuhalten, indem man dem Präsidenten seine verfassungsmäßigen Rechte streitig machte und einen «Imperialen Kongress» auf die Beine stellte.

Die Idee einer starken Präsidentschaft aus den Ruinen der Administration Nixon zu retten, war schon damals das wichtigste Anliegen von Richard Cheney. Binnen weniger Jahre übernahm er die Rolle des inoffiziellen Sprechers einer Gruppe von Politikern, Juristen und Publizisten, die eine zeitgemäße Umdeutung der Verfassung einforderten. Im Focus ihrer Überlegungen standen die Unwägbarkeiten der modernen Welt im Allgemeinen und der politische Ausnahmezustand im Besonderen. Aus ihrer Sicht ist der Kongress konstitutionell überfordert und mithin unfähig, mit dem einen wie mit dem anderen fertig zu werden. Mit über 500 Vertretern unterschiedlicher Interessengruppen besetzt, muss die Legislative in zeitraubenden Verfahren beraten, abwägen und Kompromisse finden, sie ist dem Prinzip der Verlangsamung verpflichtet, weil mit der Entschleunigung von Verfahren erfahrungsgemäß die besten Ergebnisse erzielt werden. Die Exekutive hingegen sieht sich mit der Dynamik einer zusehends beschleunigten Welt konfrontiert und sollte in der Lage sein, in kürzester Zeit, vor allem aber unbeeinflusst von der störenden Einrede Dritter Entscheidungen zu treffen. Wer ihr diese Möglichkeit nimmt, so das Resümee, leugnet die Realität und gefährdet Freiheit und Sicherheit der Vereinigten Staaten. In anderen Worten: Effizienz der Macht ist alles, über die Möglichkeit von Machtmissbrauch nachzudenken ist ein antiquierter Reflex aus der Gründungsphase der Republik und einer untergegangenen Welt, die sich derlei Luxus noch erlauben konnte.

In den 1980er Jahren erhielt das Dogma einen Namen: «Unitary Executive Theory». Von einer Arbeitsgruppe im Justizministerium der Administration Reagan ausgearbeitet, bricht diese Interpretation der Verfassung mit der juristischen Schulmeinung und behauptet eine absolute Trennung der Verfassungsorgane: Exekutive, Legislative, Judikative, jeder Zweig der Regierung verfügt über exklusive Zuständigkeiten, ist ungebunden und frei in seinen Entscheidungen, darf sich unter keinen Umständen in die Befugnisse der beiden anderen einmischen und unterliegt umgekehrt auch nicht deren Mitsprache, Aufsicht und Kontrolle. Jahre später sprach Richard Cheney von einer «robusten Vorstellung von den Prärogativen des Präsidenten.»[3] In der Tat. Nachdrücklicher denn je war von «Inherent Powers» die Rede, von angeblich unantastbaren, dem Amt des Präsidenten genuin zustehenden Kompetenzen, die sich aus sich selbst heraus rechtfertigen. Insbesondere auf dem Gebiet der Außenpolitik und in Fragen nationaler Sicherheit sollte der Präsident völlige Handlungsfreiheit haben, selbst dann – wie Cheney im Minderheitenvotum zum Ausschussbericht über den Iran-Contra-Skandal festhielt – «wenn der Kongress eine Vorgehensweise untersagt hat. [...] Präsidenten [Chief Executives] obliegt die Verpflichtung zum Handeln angesichts von Krisen oder Notfällen. [...] Der Präsident [Chief Executive] wird sich gelegentlich dazu verpflichtet sehen, ein monarchistisches Verständnis von Prärogativen geltend zu machen, welches es ihm erlaubt die Gesetze zu überschreiten.»[4] Womit der Kern der «Unitary Executive Theory» herausgearbeitet war: Dass ein Einzelner das Recht hat, die Verfassung zu schützen, indem er sie außer Kraft setzt.

Selbstermächtigung der Exekutive

«Stand Firm» – «Gib keinen Fußbreit nach»: Seit den frühen 1970er Jahren kämpfte Richard Cheney wie kein Zweiter für die Machtvollkommenheit der Exekutive. Ebenso verachtet wie bewundert, ging ihm nicht nur der Ruf eines ideologischen Fundamentalisten, sondern mehr noch eines bürokratischen Guerillakämpfers voraus. Unter Richard Nixon, Gerald Ford und Bush dem Älteren hatte er zusammen mit Donald Rumsfeld sein Handwerk im Maschinenraum der Macht gelernt und auf unterschiedlichen Ebenen Einblick in die Funktionsweise der Exekutive gewonnen. Anfänglich Assistent im «Office of Economic Opportunity», rückte er unter Präsident Ford vom stellvertretenden Stabschef zum Stabschef des Weißen Hauses auf, vertrat in den 1980er Jahren den Bundesstaat Wyoming im Repräsentantenhaus und wurde 1989 zum Verteidigungsminister ernannt. Wer auch immer mit ihm zu tun hatte, wusste von extremem Misstrauen und einer nicht minder radikalen Abschottung zu berichten. Politische Debatten fanden nur im kleinsten Kreis statt, Geheimhaltung galt als oberstes Gebot, auf einer Stufe mit bedingungsloser Loyalität. Dagegen zu verstoßen, war ein Spiel mit Leumund und Karriere. Umgekehrt musste man stets vor Cheneys Hang zur Indiskretion und Denunziation, gerade gegenüber der Presse, auf der Hut sein. Parteigänger wie Konkurrenten mit diesen vergifteten Waffen einzuschüchtern, gehörte zu seiner politischen Handschrift und ihrer unverwechselbaren Botschaft: Komm Cheney nicht in die Quere.

Dass Cheney eine zentrale Rolle in der neuen Administration spielen sollte, machte George W. Bush von Beginn an deutlich. Alle Personalentscheidungen wurden in Absprache mit dem designierten Stellvertreter getroffen, als inoffizieller Leiter des «transition teams» wählte Cheney die Kandidaten für Ministerämter und für die Abteilungsleiterpositionen in den wichtigsten Ressorts aus. Letztere waren ihm fast noch wichtiger, galt es doch, die vermeintlich vom liberalen Virus der 1960er und 1970er Jahre befallenen Bürokratien auf Parteilinie zu bringen und gerade die für die operative Umsetzung von Politik zuständigen Stellen auf mittlerer Ebene mit zuverlässigem Personal zu besetzen. Genauer gesagt mit Administratoren, die für Gewaltenteilung wenig, für eine dominante Exekutive umso mehr übrig hatten. «Personnel is policy»: Unter Cheneys Regie wurde nicht nur der bei einem Wechsel im Weißen Haus übliche Personalaustausch vollzogen, sondern eine Kampfansage an die «permanente Bürokratie» ausgesprochen. Dieses institutionelle Gegengewicht wollte man so weit wie möglich neutralisieren – und zwar mit Mitteln und

Methoden, die selbst distanzierte Beobachter an die Kaderpolitik kommunistischer Regime erinnerten.[5]

Das Büro des Vizepräsidenten wurde unter Cheney zum Vorzimmer des Oval Office, genauer gesagt zu einem Filter, der Unerwünschtes aussonderte und Genehmes auf den richtigen Weg brachte. Nahezu alle für George W. Bush bestimmten Schriftstücke gingen zuerst über Cheneys Schreibtisch, Gesetzesvorlagen, Entwürfe für Reden und administrative Verfügungen, diplomatische Korrespondenz. Cheney stellte sicher, dass er oder sein Stab an der Ausarbeitung der wesentlichen politischen Optionen – von der Finanz- und Handelspolitik über Fragen des Umwelt- und Arbeitsschutzes bis hin zur Außen- und Sicherheitspolitik – beteiligt waren, bevor sie den Präsidenten erreichten. Wie es scheint, werden zukünftige Historiker dabei auch auf gezielte Manipulationen oder Manipulationsversuche stoßen.[6] Wie auch immer: Dass ein Vizepräsident hinter dem Rücken der zuständigen Fachministerien und – wie sich wiederholt herausstellen sollte – in expliziter Frontstellung gegen sie Politik machte, hatte es bis dato noch in keiner Administration gegeben. Allein für den Bereich «nationale Sicherheit» beschäftigte Cheney ein Dutzend Mitarbeiter und Berater. Nicht minder ungewöhnlich war der Status von Cheney's engstem Vertrauten: I. Lewis («Scooter») Libby leitete den Stab des Vizepräsidenten und stand als «Assistant to the President» zugleich auf Augenhöhe mit den wichtigsten Ministern und mit der Nationalen Sicherheitsberaterin, Condoleezza Rice. Insgesamt wurden damit die Grundlagen für eine neue Architektur der Macht gelegt, zugeschnitten auf die Vorstellungen und Notwendigkeiten einer «Imperialen Präsidentschaft».

Die zweite «Parallelbürokratie» entstand im Pentagon. Dort wurden auf Initiative Cheneys und unter der Aufsicht von Donald Rumsfeld im Vorfeld des Irakkrieges zwei Ad-hoc-Gremien eingerichtet, deren einziger Zweck darin bestand, die politische Führung mit den gewünschten Legitimationen zum Sturz Saddam Husseins zu versorgen: die «Policy Counterterrorism Evaluation Group» und das «Office of Special Plans». Die dort versammelten Berater und Analysten sowie ihr Chef, Staatssekretär

Douglas Feith, bezeichneten sich selbst als «the Cabal», die «Intrige». Zu Recht, bestand ihre vorrangige Aufgabe doch in der Diskreditierung der CIA und anderer Geheimdienste, die trotz intensiven Bemühens keine Belege für irakische Massenvernichtungswaffen oder für eine enge Beziehung Saddams zu Al-Qaida hatten finden können. Ein ehemaliger Mitarbeiter der

Vereinte Exekutive: «Dick» Cheney neben «seinem» Präsidenten bei der Sitzung des Nationalen Sicherheitsrates in Camp David am 15. September 2001. Im Hintergrund Colin Powell und Donald Rumsfeld.

CIA: «Rumsfeld will seine eigene GRU [ehemaliger sowjetischer Militärgeheimdienst]. Er will [...] nicht von der CIA abhängig sein.»[7]

Feiths Mannschaft hingegen arbeitete nicht nach den Standards professioneller Geheimdienste, sondern nach Maßgabe ihrer Weltanschauung. Man manipulierte Daten und Zahlen, gab vorläufige Erkenntnisse, sogenannte «raw intelligence», als gesichertes Wissen aus, sorgte dafür, dass Cheney, Rumsfeld und Condoleezza Rice umgehend mit diesen Informationen versorgt wurden. Ein verheerender Befund, nachzulesen in einem Bericht des Geheimdienstausschusses des Senats aus dem Jahr 2004 und einer

2007 erstellten Expertise des Generalinspekteurs des Pentagon. «Es würde mir gefallen», so ein hochrangiger Angestellter des Pentagon, «der Historiker zu sein, der die Geschichte schreibt, wie diese kleine Gruppe von acht oder neun Leuten ihre Position vertrat und sich damit durchsetzte.»[8]

Intern wurde über das Prinzip «Ofenrohr» oder «stovepiping» gemunkelt. Gemeint war, dass Informationen ungeprüft wie durch ein Ofenrohr direkt ins Weiße Haus gelangten, entgegen allen Verfahrensregeln, denen zufolge einem Präsidenten nur Daten vorgelegt werden durften, die sich nach mehrmaliger Prüfung als stichhaltig erwiesen hatten. Von derlei kritischer Evaluierung konnte keine Rede mehr sein. Mochten die CIA oder die regulären Geheimdienste des Außenministeriums und des Pentagon sagen, was sie wollten – zur Konstruktion eines gegenteiligen, politisch opportunen Befunds konnte man sich stets bei halbseidenen Informanten bedienen. Etwa bei Ahmed Chalabi, dem Vorsitzenden des «Irakischen Nationalrates», der auf eine führende Rolle in der Zeit nach Saddam hoffte und nachdrücklich zum Krieg gegen den Diktator riet. «Innerhalb der Geheimdienste herrschte beträchtliche Skepsis gegenüber Chalabis Quellen», so Greg Thielmann vom «Bureau of Intelligence and Research» des Außenministeriums. «Doch die Überläufer lieferten unablässig neue Berichte. Kaum war einer zerpflückt, kam der nächste. Und derweil wurde der ganze Müll direkt zum Präsidenten geschaufelt.»[9]

Widerspruch wurde entweder nicht zur Kenntnis genommen oder entwertet, indem der Präsident und seine Führungskräfte öffentlich die Lesart der «Policy Counterterrorism Evaluation Group» oder des «Office of Special Plans» beglaubigten – beispielsweise Colin Powell, der vor dem UNO-Sicherheitsrat Anfang Februar 2003 über mobile Labors für die Produktion biologischer Kampfstoffe im Irak sprach; eine von Chalabis Kamarilla in die Welt gesetzte Behauptung, die in den Reihen professioneller Analysten für zusätzliche Verbitterung sorgte. «Sie [Rumsfelds und Cheneys Leute] waren so besessen und so verrückt und Argumenten so absolut unzugänglich, dass es schon bizarr war», begründete ein Geheimdienstler alter Schule seinen Rücktritt. «So dogmatisch, als seien sie im Auftrag Gottes unterwegs. Wenn etwas nicht zu ihrer Theorie passt, dann weigern sie sich einfach, es zu akzeptieren.»[10]

Drittens betrieb Cheney mit Erfolg eine Politisierung der Justiz. Dass die juristischen Stabsstellen im Weißen Haus und die Spitze des Justizministeriums mit loyalen Gefolgsleuten von Cheney und Bush besetzt wurden, lag auf der Hand. Alberto Gonzales und Timothy Flanigan übernahmen die Rechtsberatung des Präsidenten, David Addington wurde zum Anwalt an Cheneys Seite bestellt, John Ashcroft fungierte als Justizminister. Ungeachtet des bekannten Macht- und Gestaltungswillens fiel der Zugriff auf das «Office of Legal Counsel» (OLC) aus dem Rahmen. Das «OLC», eine der weithin unbekannten und gleichwohl einflussreichsten Behörden, ist seit seiner Gründung im Jahr 1950 mit der Ausarbeitung von Rechtsgutachten für den Regierungsapparat betraut. Wie Bundesgesetze und die Verfassung zu interpretieren sind, welchen juristischen Spielraum die Politik bei der Umsetzung gesetzlicher Aufträge nutzen kann und wo das Gesetz unhintergehbare Grenzen zieht – die vom «OLC» zu diesen Fragen erstellten Expertisen sind für die Exekutive bindend, dem Weißen Haus werden sie als Empfehlung vorgelegt. Gemeinhin behandeln Präsidenten die Gutachten des «OLC» mit dem gleichen Respekt wie ein Urteil des Obersten Gerichtshofes – nicht zuletzt, weil ein Votum des «OLC» zuverlässig gegen nachträgliche Anfechtungen vor Gericht schützt. In anderen Worten: Das Wort des «OLC» hat faktisch Gesetzeskraft. Der Bedeutung dieses Amtes entsprechend, wurden traditionell Juristen in das «OLC» berufen, die für ihre parteipolitische Neutralität bekannt waren, die Recht über Macht stellten und keine Scheu zeigten, auch einen Präsidenten in die Schranken des Gesetzes zu verweisen.

Unter George W. Bush geriet das «OLC» erstmals in die Fänge der Politik. Wer dem Weltbild und dem Verfassungsverständnis der neuen Administration nicht folgte, wurde durch linientreue Ideologen mit einem sehr eigenwilligen Verständnis der Verfassung ersetzt. John C. Yoo fiel die Rolle des inoffiziellen Sprechers zu. Formal nur im untergeordneten Rang eines stellvertretenden Staatssekretärs, gab er mit zahlreichen Publikationen und Memoranden für den internen Gebrauch die argumentative Richtung vor – dass ein Präsident auf dem Gebiet der Außen- und Militärpolitik nach eigenem Gutdünken handeln darf, dass weder der Kongress noch die Gerichte an seinen diesbezüglichen Kompetenzen rühren dürfen, dass er das Recht hat, sich im Interesse der nationalen Sicherheit jederzeit über nationales und internationales Recht hinwegzusetzen. Vor «9/11» wurden Yoo und seine Kollegen mit ihren exaltierten Theorien über «Executive Supremacy», «Sole Organ» oder «Unitary Executive» noch nicht einmal im Kreis konservativer Verfassungsinterpreten ernst genommen; danach rückten sie von der Peripherie ins Zentrum. Mehr denn je waren juristische Handreichungen für den Ausnahmezustand gefragt, Legitimationen für den politischen Grundsatz, dass im Kampf gegen den Terrorismus jedes Mittel rechtens ist und ohne Bedenken eingesetzt werden darf.

Im Grunde funktionierte die Administration Bush wie ein politischer Orden. An der Spitze stand ein Präsident, der auf Beratung, auf die Diskussion unterschiedlicher Standpunkte und vielfältiger Informationen, keinen Wert legte – und nicht müde wurde, diese Haltung mit Wort und Tat zu unterstreichen. Für George W. Bush zählten seine Instinkte, seine Menschenkenntnis und vor allem seine religiöse Überzeugung, die Gewissheit, im göttlichen Auftrag eine Mission erfüllen zu dürfen und zu müssen. Viele Zeitgenossen, zumal aus dem weithin säkularisierten Europa, halten diesen Hinweis noch immer für eine verzerrende Karikatur. Langjährige Beobachter des politischen Washington hingegen sind überzeugt, dass die Religiosität des Präsidenten keine Inszenierung war, sondern dass er tatsächlich an seine öffentlich wie privat bekräftigten Worte glaubte, nämlich «Gottes Willen» zu kennen und berufen zu sein, das Gottesgeschenk der Freiheit über Amerikas Grenzen hinaus zu verbreiten, den Kampf gegen und den Sieg über das Böse eingeschlossen. Nicht zufällig gehörten «Mission» und «Kreuzzug» zu seinen bevorzugten Vokabeln.

Wenn überhaupt, schenkte George W. Bush nur einer Handvoll Berater Vertrauen: Richard Cheney, Condoleezza Rice, Andrew Card (Stabschef des Weißen Hauses), Karl Rove (Wahlkampfmanager der Republikanischen Partei), Donald Rumsfeld und mit Einschränkungen George Tenet. Und mitunter waren selbst aus dem vermeintlich engsten Kreis nur ein oder zwei Personen in wichtige Entscheidungen eingeweiht. Das Memorandum zur Einrichtung von Militärkommissionen beispielsweise ließ Cheney im Januar 2002 ohne Beteiligung und Wissen Dritter abzeichnen; dass die «National Security Agency» Anfang Oktober 2001 mit der Überwachung amerikanischer Staatsbürger im Inland beauftragt und damit der «Foreign Intelligence Surveillance Act» zeitweise außer Kraft gesetzt wurde, erfuhren ebenfalls nur die loyalsten der Loyalen. Ungezählte andere Beispiele fügen sich stets zu ein- und demselben Muster: die Expertise von Ministerien wurde nicht eingeholt, Kontroversen waren erst recht nicht erwünscht, die Vorlage von Optionen diente eher der Illustration des ohnehin Gewünschten und weniger dem Ausloten von Alternativen. Damit wurde auch das eherne Prinzip außer Kraft gesetzt, dass ein Präsident im Vorfeld weit reichender Entscheidungen über das Meinungsspektrum innerhalb der Exekutive zumindest informiert sein muss. Den bei anderen Administrationen üblichen und aus guten Gründen gepflegten «policy process» hat es unter George W. Bush nicht gegeben.[11]

Niemandem zur Rechenschaft verpflichtet zu sein und keine Informationen preisgeben zu müssen – dieses Prinzip lag dem Präsidenten und seinen Vertrauten ganz besonders am Herzen, auf seine Durchsetzung und symbolische Inszenierung legten sie auffällig großen Wert. Kaum im Amt, legte es Cheney auf einen Präzedenzfall zu Lasten des Kongresses an. Zwei Ausschüsse des Repräsentantenhauses sowie der Bundesrechnungshof (General Accounting Office) hatten um Informationen über die Arbeit und personelle Zusammensetzung einer vom Vizepräsidenten bestellten Arbeitsgruppe zur nationalen Energiepolitik gebeten. Nicht dass diese «Energy Task Force» sensible Projekte beraten hätte, war das Problem. Cheney wollte vielmehr Grundsätzliches festhalten: dass die Legislative keinen Anspruch auf Informationen über Arbeitsabläufe in der Exekutive hat und die Exekutive sich jederzeit über parlamentarische Kontrollgremien hinwegsetzen darf. Wenn das Weiße Haus Akteneinsicht gewährt, handelt es sich um Großmut und Entgegenkommen, nicht um eine von der Verfassung oder vom Gesetz aufgegebene Verpflichtung. In anderen Worten: Das Recht auf Geheimhaltung gilt uneingeschränkt, ungeachtet von Umständen, Ort und Zeit. Cheney setzte sich durch. Die Akten zur Energiepolitik blieben verschlossen, eine juristische Prüfung der Selbstprivilegierung der Administration verlief im Sande.[12]

Anlässlich der im Sommer 2002 geführten Parlamentsdebatten über den Haushalt des Pentagon unterstrich der Präsident noch einmal dieses Verständnis autokratischen Regierens. «Situationen können entstehen, insbesondere in Kriegszeiten, in denen der Präsident unverzüglich spezielle Zugangskontrollen bei klassifizierten nationalen Sicherheitsinformationen einrichten muss. [...] Die Autorität des Präsidenten, die nationale Sicherheit betreffende Informationen für geheim zu erklären und den Zugang zu ihnen zu kontrollieren, [ergibt sich] aus der Verfassung und [ist] nicht von einer Vollmachtsgewährung durch die Legislative abhängig.» Auf dem Gesetzeswege mehr Offenheit einzufordern, stand dem Kongress selbstverständlich frei; umgekehrt reklamierte George W. Bush ein Recht zur Nichtbeachtung derartiger Eingriffe.[13] Damit brachte Bush die sogenannten «Signing Statements» in Erinnerung. Ursprünglich rein zeremonielle Erklärungen, in denen das Weiße Haus die Initiatoren eines Gesetzes belobigt oder dessen Bedeutung hervorhebt, werden «Signing Statements» mittlerweile zu anderen Zwecken eingesetzt. Seit den 1980er Jahren machen Präsidenten mit ihrer Unterschrift deutlich, wie ein Gesetz aus ihrer Sicht zu verstehen ist und welche Bestimmungen sie nur eingeschränkt oder überhaupt nicht umsetzen werden. In den ersten sechs Amtsjahren stellte George W. Bush auf diese Weise sage und schreibe 1400 gesetzliche Auflagen zur Disposition, doppelt so viele wie alle seine Vorgänger zusammen. Faktisch machte er eine Richtlinienkompetenz über das Recht geltend.[14]

Besonders aggressiv klagte die Bush-Regierung die uneingeschränkte Kriegsvollmacht des Präsidenten ein. Vom Weißen Haus um eine rechtsverbindliche Stellungnahme gebeten, kam das «Office of Legal Counsel» mit einer semantischen Spitzfindigkeit zu Hilfe. Zwar ist in der Verfassung das alleinige Recht des Kongresses über Krieg und Frieden verbrieft. Aber die Autoren hätten wie ihre Zeitgenossen Ende des 18. Jahrhunderts die Redewendung «to declare war» im Sinne von «to publish» verstanden und folglich an einen symbolischen Akt gedacht: Die Volksvertreter üben die Rolle eines Zeremonienmeisters aus, sie teilen der Öffentlichkeit lediglich mit, dass der Präsident einen Krieg erklärt hat. Dass «to declare» ehedem kein Synonym für «to initiate» oder «to authorize war» gewesen sein soll, dürfte für Linguisten eine neue Erkenntnis sein. Im Vorfeld des Irak-Krieges griffen Sprecher der Regierung deshalb auf die vermeintlich unangreifbare Formel der «Executive Supremacy» zurück. «Wir wollen nicht in die rechtliche Situation kommen, den Kongress um eine Zustimmung zum Militäreinsatz bitten zu müssen. Schließlich steht dem Präsidenten dieses Recht ohnehin voll und ganz zu. Dass wir eine Resolution anstreben, soll nicht so verstanden werden, als wären wir durch die Verfassung dazu verpflichtet gewesen.»[15]

Wer anderer Meinung ist, arbeitet den Terroristen in die Hände und schadet der nationalen Sicherheit – dieser Zusatz musste nicht einmal mehr ausgesprochen werden; und deutlicher hätte man das Prinzip der Gewaltenteilung kaum in Frage stellen können. So gesehen drängt «9/11» zu einer Rückbesinnung auf die normativen und verfassungsrechtlichen Grundlagen der amerikanischen Republik und auf den seit über 200 Jahren schwelenden Streit über die Architektur der Macht in der ältesten Demokratie der Welt. Welche Vorkehrungen wurden in der Verfassung für einen Interessenausgleich zwischen Exekutive und Legislative getroffen?

Wie entwickelte sich der Konflikt über die Kriegsvollmachten? Welche Faktoren trugen zu einer Machtprivilegierung von Präsidenten bei?

Missbrauch politischer Macht sowie Verfahren und Institutionen zur Eindämmung dieses Missbrauchs – darum drehte sich das Denken der «Verfassungsväter». «Man muss dafür sorgen, dass Ehrgeiz dem Ehrgeiz entgegenwirkt», gab James Madison in der Auseinandersetzung um die Ratifizierung der Verfassung zu bedenken und fügte hinzu: «Es mag ein Ausdruck des Mangels der menschlichen Natur sein, dass solche Kniffe notwendig sein sollen, um den Missbrauch der Regierungsgewalt in Schranken zu halten. Aber was ist die Tatsache, dass Menschen eine Regierung brauchen, selbst anderes als der deutlichste Ausdruck des Mangels der menschlichen Natur?»[16] In diesem «Mangel der menschlichen Natur» gründete die Furcht vor der Übergriffigkeit Einzelner. Auch wenn die Regierenden vom Volk gewählt wurden, selbst wenn sie durch allerlei Auflagen zur Rechenschaft verpflichtet waren – in Madisons Worten hat «die Erfahrung die Menschheit gelehrt, dass zusätzliche Vorsichtsmaßnahmen erforderlich sind.»[17] Womit er institutionelle Vorkehrungen meinte, ein Arrangement von «checks and balances» wider die Versuchungen der Macht. So erklärt sich das Plädoyer für das Primat der Legislative. Andererseits musste man auch für eine Einhegung der Volksvertretung sorgen, denn die Leidenschaften einer kollektiven Vertretung waren bekanntlich nicht minder gefährlich als unkontrollierte Anwandlungen von Individuen.

Von allen vorstellbaren Lösungen schien das Modell der «overlapping authorities» am überzeugendsten. Mit «überlappender Kompetenz» war gemeint, dass formal getrennte Institutionen die Macht im Staat gemeinschaftlich ausüben. In anderen Worten: Dass es keine exklusiven, sondern nur geteilte Zuständigkeiten gibt, dass alle Zweige der Regierung an den Kernbereichen der Politik auf unterschiedliche Weise teilhaben. Gewaltenteilung bedeutet also keineswegs gegenseitige Abschottung. Statt ihre jeweiligen Aufgaben in eigener Regie wahrzunehmen, sind Exekutive, Legislative und Judikative zur Kooperation aufgefordert. Man könnte auch von einem in die Verfassung eingebauten Zwang zum Kompromiss sprechen, von auf Dauer gestellten «checks and balances». Die Exekutive kann keine Gesetze erlassen, aber gegen jedes Gesetz ein Veto einlegen; der Präsident darf selbst nicht Recht sprechen, obwohl er die Obersten Richter ernennt; die Richter üben weder exekutive noch legislative Funktionen aus, müssen aber über die Rechtmäßigkeit des Handelns von Exekutive und Legislative wachen; der Legislative schließlich stehen keine exekutiven Rechte zu, dennoch soll sie die Exekutive bei der Ausübung ihrer Rechte eindämmen – beispielsweise treten Verträge, die ein Präsident mit fremden Mächten abschließt, erst nach einer Ratifizierung durch den Senat in Kraft. Gleiches gilt für die Besetzung hoher Ämter: Die vom Präsidenten vorgeschlagenen Kandidaten können ihr Amt nur mit Zustimmung des Senats antreten.[18]

Sobald sie auf Kriegsvollmachten zu sprechen kommen, setzen die Autoren der Verfassung von 1787 ein Ausrufezeichen hinter ihren grundlegenden Gedanken: Erst durch Verflechtung wird Gewaltenteilung wirksam. An keiner anderen Stelle wird die Furcht vor einer «tyrannischen Konzentration aller Regierungsbefugnisse in denselben Händen»[19] deutlicher, nirgendwo sonst urteilen sie derart scharf über die englische Monarchie, die ausgerechnet bei der Entscheidung über Krieg und Frieden alle Freiheiten für exekutives Abenteurertum bot. Der Text der Verfassung lässt deshalb keinen Zweifel an der Vorherrschaft der Legislative. Eben weil Krieg eine ganz besondere Versuchung zur Demonstration oder Anhäufung von Macht darstellt und weil die Exekutive erfahrungsgemäß gestärkt aus Kriegen hervorgeht, ist einzig und allein der Kongress befugt, «Krieg zu erklären, Kaperbriefe auszustellen und Vorschriften über das Prisen- und Beuterecht zu erlassen.»[20] Ehrgeiz muss dem Ehrgeiz entgegenwirken: Die Entscheidung, ob, mit welchen Mitteln und wie lange Krieg geführt wird, darf nicht in den Händen derer liegen, die den Krieg tatsächlich führen, ebenso wenig wie derjenige, der Gesetze auf den Weg bringt und verabschiedet, für die Durchsetzung des Gesetzes zuständig ist. Wer diesen Grundsatz in Frage stellt, so James Madison, rüttelt am Fundament einer freien Regierung.

Zwar ist der Präsident im Krieg wie im Frieden Oberkommandierender der Armee und Marine und auch der Miliz der Einzelstaaten, «wenn diese zum aktiven Dienst für die Vereinigten Staaten aufgerufen wird», wie es in Artikel II, Abschnitt 2 der Verfassung heißt. Aber dieses Oberkommando kann er nur in einem eng bemessenen Rahmen wahrnehmen. Das Recht «Armeen aufzustellen und zu unterhalten» liegt laut Artikel I, Abschnitt 8 allein beim Kongress. «Die Bewilligung von Geldmitteln hierfür soll jedoch nicht länger als für zwei Jahre erteilt werden.» Auch ansonsten steht dem Präsidenten nur die Rolle des weisungsgebundenen und ausführenden Organs zu. «Seine Autorität […] läuft auf nicht mehr hinaus als auf das oberste Kommando und die Leitung der Militär- und Marinestreitkräfte als erster General und Admiral.»[21] Hamilton und Madison wollten mit dieser zugespitzten Formulierung ein weiteres Mal die sorgsam eingehegte Macht der Exekutive betonen und auf die «total dissimilitude» zwischen Präsidenten und englischem König, auf den grundsätzlichen und «gewaltige[n] Unterschied» zwischen Monarchie und Republik, aufmerksam machen.[22]

Zweifellos räumten die «Verfassungsväter» dem Präsidenten das Recht ein, im Falle eines Überraschungsangriffs eigenständig und ohne Autorisierung durch den Kongress tätig zu werden. In den «Federalist Papers» wie auch in den Beratungen der verfassungsgebenden Versammlung ist von «notwendige[n] Kompetenzüberschreitungen» zum Zwecke der «Selbsterhaltung»[23] die Rede, ein offensichtlicher Rückgriff auf John Locke, der es im Extremfall für legitim erachtete, das Gemeinwohl auch mit Mitteln zu schützen, die nicht vom Gesetz gedeckt sind oder gar explizit dagegen verstoßen. Und im 1792 verabschiedeten «Militia Act» wird dem Präsidenten explizit ein Notfallrecht zur Abwehr von Invasionen oder Unterdrückung von Aufständen eingeräumt. Weil aber aus außergewöhnlichen Umständen kein normativer

Anspruch abgeleitet werden sollte, wurden sie im Verfassungstext auch nicht erwähnt. Im Übrigen ging man davon aus, dass die Legislative sämtliche Entscheidungen der Exekutive – extreme Konstellationen eingeschlossen – im Nachhinein prüfen, bestätigen oder verwerfen muss. Dass also Missbrauch stets mit der Amtsenthebung eines Präsidenten geahndet werden kann.

Die erste Probe aufs Exempel stand mit dem Bürgerkrieg ins Haus. Seit April 1861 setzte sich Abraham Lincoln mehrfach über die ihm zustehenden Kompetenzen hinweg. Er vergrößerte eigenmächtig die Mannschaftsstärke der Armee, verfügte ohne Zustimmung des Kongresses über öffentliche Gelder und verhängte eine Seeblockade über die Häfen der konföderierten Staaten – faktisch eine Kriegserklärung, die von den Parlamentariern weder erörtert geschweige denn genehmigt worden war. Militärtribunale in Regionen einzurichten, die noch über eine funktionierende zivile Gerichtsbarkeit verfügten, verstieß ebenso gegen fundamentale Rechtsprinzipien wie der Befehl zur Durchsuchung von Häusern und Wohnungen ohne richterliche Anordnung. Vor allem aber setzte Lincoln gleich mehrfach den wichtigsten rechtsstaatlichen Grundsatz der Republik außer Kraft – «Habeas Corpus» und damit die Maßgabe, dass niemand ohne Anschuldigung verhaftet und ohne Prozess interniert werden darf. Auch in diesem Fall handelte es sich unbestreitbar um einen Bruch der Verfassung, denn gemäß Artikel I, Abschnitt 9 darf nur der Kongress zur Abwehr unmittelbarer und das Staatswesen in seiner Substanz gefährdender Bedrohungen «Habeas Corpus» zeitweise suspendieren.

Trotz allem nahm Lincoln für sich kein «inherent right», keine in seinem Amt begründete Prärogative gegenüber der Volksvertretung in Anspruch. Im Gegenteil. Er räumte ein, die Grenzen von Verfassung und Bundesgesetzen überschritten zu haben und machte zu seiner Verteidigung allein die Dynamik des Notstandes sowie die unmittelbaren Erfordernisse des Krieges geltend. Die Inhaftierung ohne Prüfung der Haftgründe und die Tätigkeit von Militärtribunalen waren demnach der militärischen Notwendigkeit geschuldet, so viele Verdächtige wie möglich am Überlaufen zur Rebellenarmee zu hindern; und die Seeblockade bezeichnete Lincoln als strategische Entscheidung, die ihm als Oberkommandierenden zustand, nachdem der Süden durch den Überfall auf Fort Sumter den Nordstaaten den Krieg erklärt und den Verteidigungsfall ausgelöst hatte. Die prinzipiellen Zuständigkeiten des Kongresses wurden also weder thematisiert noch in Abrede gestellt. Im Gegenteil. Mit Blick auf seine eigenmächtigen Truppenaushebungen gab sich Lincoln ausgesprochen kleinlaut: «Diese Maßnahmen, ob im strengen Sinne legal oder nicht, wurden [...] stets im Vertrauen darauf getroffen, dass der Kongress sie bereitwillig gutheißen würde. [...] Mit dem größten Bedauern sah sich die Exekutive in der Pflicht, die Kriegsvollmachten anzuwenden und einen Schritt zu gehen, der zur Verteidigung der Regierung aufgenötigt wurde.»[24]

Im sogenannten «Prize Case» vom März 1863 bekräftigte der Oberste Gerichtshof noch einmal die exklusiven «war powers» des Kongresses, wertete aber andererseits mit einer 5:4-Mehrheit die Seeblockade ganz im Sinne des Präsidenten als kriegsbedingte Maßnahme. Obwohl der oberste Verfassungsrichter, Roger B. Taney, Ende Mai 1861 den Präsidenten in scharfen Worten für die Aufhebung von «Habeas Corpus» rügte, beschäftigte sich der Supreme Court nicht mit dieser Frage. Umso deutlicher urteilte das Gericht über die umstrittenen Militärtribunale. In «Ex Parte Milligan» aus dem Jahr 1866 reklamierten die Richter in scharfen Worten die Unverletzlichkeit von Grundrechten auch in Kriegszeiten – in diesem Fall von Zivilisten auf ein Verfahren vor Zivilgerichten. «Die Verfassung der Vereinigten Staaten [...] gilt gleichermaßen im Krieg und im Frieden und schützt unterschiedslos alle Menschen, zu jeder Zeit und unter allen Umständen. Noch nie haben sich Menschen eine Doktrin mit bösartigeren Konsequenzen einfallen lassen als jene, die behaupten, man könne jede beliebige Bestimmung der Verfassung den Erfordernissen des Regierens entsprechend aufheben. Eine derartige Doktrin führt direkt in die Anarchie oder zum Despotismus. Die Theorie der Notwendigkeit, auf der sie fußt, ist falsch. Denn im Rahmen der Verfassung hat die Regierung alle Vollmachten, die zur Sicherung ihrer Existenz notwendig sind.»[25] Obwohl formal nur auf einen konkreten Fall bezogen, liest sich das Urteil wie ein Verdikt über Lincolns Politik in allen ihren Teilen. Vor allem verwarf es den Anspruch, im Ausnahmezustand die Verfassung nur auf dem Wege ihrer Suspendierung retten zu können. Wer es dennoch tat, musste im Nachhinein – und sei es nur um der symbolischen Demonstration republikanischer Grundsätze willen – mit Sanktionen rechnen.

Im 20. Jahrhundert indes traten die meisten Präsidenten wesentlich entschiedener auf als Lincoln – und hatten Erfolg. Sichtbarer Ausdruck ihrer exekutiven Machtfülle sind die sogenannten «discretionary powers», Instrumente, die nach eigenem Ermessen und unabhängig von legitimierenden Verfahren angewandt werden. An erster Stelle sind die «Executive Orders» zu nennen. Bis zum Ende des 19. Jahrhunderts wurden mit ihrer Hilfe Verfahrens- und Protokollfragen geklärt, etwa die administrative Umsetzung von Gesetzen, die Besetzung von Stellen oder die öffentliche Repräsentation der Regierenden. Im Zuge des Aufstiegs der USA zur Weltmacht mutierten «Executive Orders» zu ordnungspolitischen Instrumenten, mit ihrer Hilfe konnte sich ein Präsident zum Gesetzgeber in eigener Sache machen. Derart deklarierte Anweisungen des Weißen Hauses haben Gesetzeskraft, obwohl der für die Legislatur zuständige Kongress nicht einbezogen und folglich auch nicht um Zustimmung gebeten wurde. Sie sind selbst dann verbindlich, wenn bestehende Gesetze umgedeutet oder gänzlich außer Kraft gesetzt werden. Auf diesem Wege wurden beispielsweise seit 1895 mehrere Militärinterventionen – auf Kuba und Haiti, in Nicaragua und der Dominikanischen Republik – als «Polizeieinsätze» und mithin als Maßnahmen deklariert, die nicht unter die Zustimmungspflicht des Kongresses fallen. Wie viele «Executive Orders» in den vergangenen 100 Jahren erlassen wurden, ist unklar; in jedem Fall kann eine Zahl im unteren fünfstelligen Bereich angenommen werden. Woodrow Wilson machte im Vorfeld des Ersten Weltkrieges gut 1700 Mal davon Gebrauch, Franklin D. Roosevelt erließ zu Beginn des Zweiten Weltkrieges 300 Verordnungen dieser Art. Und zwischen den 1950er und den 1990er Jahren verdreifachte sich die Zahl der «Executive Orders».

Auch mittels der «Executive Agreements» kann die Legislative vor vollendete Tatsachen gestellt werden. Sobald ein Präsident den Senat umgehen will, der laut Verfassung für die Ratifizierung von Übereinkünften mit ausländischen Mächten zu-

Ein starker Präsident: Der Hollywood-Film «Air Force One» zeigt, wie sehr die Grundgedanken der imperialen Präsidentschaft inzwischen in der amerikanischen Populärkultur verankert sind.

ständig ist, bezeichnet er einen Vertrag als «Executive Agreement», als nicht zustimmungspflichtige Übereinkunft. Gänzlich ignorieren ließ sich die Zweite Kammer nie – wie die berühmten Debatten über den Beitritt zum Völkerbund oder über die in den

frühen 1970er Jahren mit der UdSSR vereinbarten Rüstungskontrollabkommen zeigen. Andererseits gab es bereits Mitte der 1920er Jahre mehr «Executive Agreements» als formelle Verträge mit anderen Staaten. Harry Truman legte dem Senat 145 Verträge mit Drittstaaten vor, schloss ihn aber von 1300 «Executive Agreements» aus – darunter weit reichende Vereinbarungen über militärische Stützpunkte und Atomwaffendepots. Gut drei Viertel aller militärisch relevanten Verpflichtungen wurden zwischen 1953 und 1972 hinter dem Rücken des Senats geschlossen. Ronald Reagan unterschrieb 3000 «Executive Agreements», aber nur 125 Verträge, unter Bush dem Älteren und Bill Clinton kamen auf einen Vertrag neun «Executive Agreements». Seitherige Tendenz: gleichbleibend.

Nimmt man die bereits erwähnten, unter George W. Bush geradezu inflationär eingesetzten «Signing Statements» hinzu, so zeigt sich, dass im Laufe des 20. Jahrhunderts selbst in Friedenszeiten Präsidenten mit Kompetenzen und Vorrechten wie in Kriegszeiten ausgestattet wurden. Es geht um Ermächtigungs- und Notstandsbefugnisse, die von der Beschlagnahmung von Eigentum bis zur Inhaftierung von Oppositionellen alle möglichen Eventualitäten abdecken. Und um Machtmittel, die auf dem wichtigsten Politikfeld eine Dominanz des Weißen Hauses sicherstellen – bei der Entscheidung über Krieg und Frieden, Leben und Tod. Wohlgemerkt: Dominanz des Weißen Hauses, nicht der Exekutive als solcher. Die permanente Bürokratie und mit ihr die konkurrierenden Machtzentren innerhalb der Ministerien hatten ebenso sehr das Nachsehen wie der Kongress. Aus der in der Verfassung als unhintergehbar charakterisierten Gewaltenteilung ist mittlerweile eine Kann-Bestimmung geworden.

Von den vielfältigen Ursachen verdienen drei Faktoren besondere Beachtung. Erstens zeigt sich auch mit Blick auf Frankreich und das heutige Russland, dass Präsidialsysteme – so unterschiedlich sie im Einzelnen ausgestattet sein mögen – allesamt dazu neigen, die Regularien der Gewaltenteilung zu unterlaufen. Wie es scheint, hängt diese Anfälligkeit mit spezifischen Legitimationsverfahren zusammen. Weil Präsidenten nicht vom Parlament, sondern in direkter Wahl von der Bevölkerung bestimmt werden, überhöhen sie Amt und Person. Durch das Wahlverfahren scheinbar privilegiert, nehmen sie in Anspruch, mehr als andere für Nation und Gesellschaft zuständig oder gar die einzig legitimen Hüter des Gemeinwohls zu sein. In einer Einwanderergesellschaft wie den USA kommt dieses Interesse an einem symbolischen Ort der Vergemeinschaftung und an identitätsstiftenden Angeboten erst recht zum Tragen. Nicht umsonst ist von einer zivilreligiösen Aufwertung des Amtes und der Projektion von Heilserwartungen auf den Präsidenten die Rede, von einer öffentlichen Akklamation des individuellen Rollenverständnisses also. Selbst schwache Amtsinhaber ziehen aus dieser Konstellation großen Nutzen – nämlich stets dann, wenn der Alltag von Ausnahmezuständen erschüttert wird. Womit umgekehrt auch das präsidiale Interesse an der Dramatisierung, wenn nicht gar an der Herstellung oder Perpetuierung von Ausnahmezuständen in den Blick rückt.

Zweitens spielt der Auf- und Ausbau bundesstaatlicher Funktionen und Apparate eine zentrale Rolle. Fast anderthalb Jahrhunderte lang verfügten US-Präsidenten über keine bürokratische Hausmacht. Weil die Außen- und Sicherheitspolitik im Zeichen des Isolationismus stand und Innenpolitisches weitgehend von den Einzelstaaten geregelt wurde, konnte man auf eine starke Bundesregierung verzichten. «Big Government» galt gar als «unamerikanisch», als Bedrohung von Freiheit und Individualismus. Die politische Zeitenwende setzte erst Mitte des 20. Jahrhunderts ein, als die Weltwirtschaftskrise, erst recht aber der Zweite Weltkrieg zu einer Ausweitung präsidialer Zuständigkeiten und Ressourcen nötigten. Wie vielfach befürchtet, entpuppte sich die vermeintliche Notlösung als Dauerlösung. Präsidiale «Ad-hoc-Bürokratien» – Sonderkomitees, neue Verbindungs- und Stabsstellen, Beraterstäbe in kaum noch überschaubarer Fülle – forderten alsbald die Fachministerien heraus, wetteiferten mit ihnen um Einfluss und politische Deutungs- und Gestaltungsmacht.

Trotzdem hatte das Weiße Haus in diesem Konkurrenzkampf einen schweren Stand. Je weiter die bürokratische Proliferation voranschritt, je mehr Behörden zur Eindämmung von Wirtschaftskrisen und Umweltkatastrophen, von Epidemien und sonstigen Lebensrisiken ins Leben gerufen wurden, desto lauter klangen die Klagen über eine «Balkanisierung» der Macht. Bisweilen ist auch von einer «dispersed dictatorship» die Rede, vom Neben- und Gegeneinander vielfältiger Machtzentren, die eifersüchtig über ihre Zuständigkeiten wachen und sich gegen Mitsprache und Einflussnahme Dritter abschotten – nicht zuletzt gegen den Einfluss von Präsidenten mit ihren vergleichsweise kurzatmigen, von Wahlen diktierten Programmen. Mit diesem administrativen Eigensinn und dem Hang machtbewusster Bürokraten zur Sabotage hatten alle Präsidenten seit Franklin D. Roosevelt zu kämpfen, einige mussten gar hinnehmen, dass die Rede vom «mächtigsten Mann der Welt» wie eine Satire klang. In jedem Fall konnten sie in der Innenpolitik kaum Meriten erwerben. Wer erinnert sich schon an einen Präsidenten, weil er den Mindestlohn um ein paar Cent erhöht hat? Mit seiner berühmten Frage gab John F. Kennedy zugleich die Antwort. Wer eine Fußspur in der Geschichte hinterlassen will, muss sich auf die Außen- und Sicherheitspolitik konzentrieren, auf diesem Terrain verfügt ein Präsident über den größten Handlungs- und Gestaltungsspielraum, dort kann er wettmachen, was er an anderer Stelle im Zuge der Aufsplitterung von Kompetenzen eingebüßt hat.

Vor diesem Hintergrund kommt drittens dem Kalten Krieg eine überragende Bedeutung zu. Im Zeichen einer gut vierzigjährigen Frontstellung gegen die zweite Supermacht UdSSR konnte sich die «Imperiale Präsidentschaft» in den USA festigen und behaupten; der ständige Wechsel von realen, imaginierten und inszenierten Krisen samt der Gefahr, dass die zahlreichen heißen Kriege an der Peripherie womöglich auf die Zentren überschwappen und auf der nördlichen Halbkugel einen Atomkrieg auslösen, lähmte den Willen zur Einhegung präsidialer Übermacht. Hätte es den auf Dauer gestellten Ausnahmezustand nicht gegeben, wäre es heute auch um die Gewaltenteilung und mithin um die Demokratie in den Vereinigten Staaten besser bestellt. Selbstverständlich ist diese Behauptung nicht zu beweisen; aber sie leuchtet angesichts einer seit den Tagen der Unabhängigkeit gängigen Praxis ein. Egal, welche Beispiele man heranzieht, sobald die USA einen Krieg beendet hatten, setzte eine politische und institutionelle Selbstkorrektur ein. Streitkräfte und mit Rüstungsfragen befasste Bürokratien wurden zum Teil drastisch reduziert, der Kongress reklamierte erfolgreich sein Recht auf Mitsprache in außen- und sicherheitspolitischen Fragen. Besonders drastisch fielen die Eingriffe nach dem Ersten Weltkrieg aus. Man verweigerte den seitens der Exekutive bereits ausgehandelten Beitritt zum Völkerbund, skandalisierte die Verflechtung politischer und privatwirtschaftlicher Interessen bei der Vergabe von Rüstungsaufträgen und verabschiedete in den 1930er Jahren eine Reihe von Neutralitätsgesetzen, die von Franklin D. Roosevelt zu Recht wie eine Fesselung der Exekutive empfunden wurden. Aber am Ende des Zweiten Weltkrieges und mit Beginn des Kalten Krieges gehörte diese Tradition der Vergangenheit an.

«Es ist jetzt klar, dass wir es mit einem unversöhnlichen Feind zu tun haben, dessen erklärtes Ziel es ist, mit allen Mitteln und um jeden Preis die Weltherrschaft zu erlangen. In einem derartigen Spiel gibt es keine Regeln. Bis dato akzeptierte Normen menschlichen Verhaltens haben keine Gültigkeit mehr. Wenn die Vereinigten Staaten überleben wollen, müssen die bewährten amerikanischen Vorstellungen von ‹Fair Play› von Grund auf überdacht werden.»[26] Als General James H. Doolittle, Vorsitzender einer von Präsident Eisenhower einberufenen Kommission zur Bewertung «verdeckter Operationen» der CIA, dieses Resümee im Jahr 1954 zu Papier brachte, hatte sich längst die Überzeugung durchgesetzt, dass Recht, Gesetz und Verfassung im Zweifel hinter die Wahrung «nationaler Sicherheit» zurücktreten müssen. Und dass es nur eine Instanz gibt, die hinreichend flexibel und kompetent genug ist, um der Herausforderung durch einen totalitären und obendrein mit Atomwaffen gerüsteten Gegner erfolgreich zu begegnen – den Präsidenten und seinen für «national security» zuständigen Stab. Insofern traf Richard Nixon den Kern des Problems, als er nach seinem Rücktritt in einem Interview mit dem Journalisten David Frost mit der größten Selbstverständlichkeit über die Unantastbarkeit des Amtes dozierte: «Nun, wenn der Präsident etwas tut, dann kann es nicht illegal sein. [...] Wenn ein Präsident entscheidet, dass eine besondere Maßnahme zum Schutz der nationalen Sicherheit notwendig ist, dann ist diese Maßnahme rechtmäßig, selbst wenn sie durch ein Bundesgesetz verboten ist.»[27]

Die Angst vor der Atombombe stand im Zentrum der machtpolitischen Aufwertung des Präsidenten. Außergewöhnliche Umstände erfordern außergewöhnliche Vorrechte – mit diesem Kürzel ist die seit Hiroshima und spätestens seit dem ersten Test einer sowjetischen Nuklearwaffe im August 1949 geführte Debatte hinreichend beschrieben. Nicht nur hatte Amerika durch Langstreckenbomber und Raketen den territorialen Schutz zweier Ozeane eingebüßt; auch die wissenschaftlichen Grundlagen und das technologische «Know-How» für den Bau einer abschreckenden Streitmacht schienen gefährdet. Dass feindliche Nationen sich jederzeit einschlägige Kenntnisse entweder aus eigener Kraft oder durch Spionage aneignen konnten, entwertete die in früheren Zeiten übliche Mobilisierung zum Krieg. Fortan fehlte schlicht die Zeit, Versäumtes nachzuholen oder sich auf Neues einzustellen; wer nicht unmittelbar reagierte, bekam noch nicht einmal eine zweite Chance. «Permanent Preparedness» hieß die vermeintliche Zauberformel zur Abwehr der neuartigen Gefährdung. Sie klang gefälliger als «totale Mobilisierung», meinte aber dasselbe – nämlich die militärische und wirtschaftliche Bereitschaft zu einem Krieg aus dem Stand einerseits, psychologische Wehrhaftigkeit und Wachsamkeit andererseits.

Mit dem «Atomic Energy Act» von 1946 zog man auch die ordnungspolitische Konsequenz. Die Verantwortung für die «Permanent Preparedness» und für den Schutz der Nation lag fortan in einer Hand, einzig und allein der Präsident hatte die Befugnis zum Einsatz von Atomwaffen. Richard Cheney: «Der Präsident der Vereinigten Staaten wird seit mittlerweile fünfzig Jahren rund um die Uhr von einem militärischen Adjutanten begleitet, der den sogenannten Fußball dabei hat, eine Box mit all den Atomcodes, auf die ein Präsident im Fall eines Nuklearangriffs auf die USA zurückgreifen würde und zurückgreifen darf. Er könnte den zerstörerischsten Angriff befehlen, den die Welt je gesehen hat. Er

Der «Fußball»: Der militärische Adjutant des Präsidenten trägt den Koffer mit den Atomcodes auf dem Rasen des Weißen Hauses, April 2005.

muss sich mit niemandem abstimmen, weder mit dem Kongress noch mit den Gerichten. Er hat diese Befugnis, weil unsere Welt so beschaffen ist, wie sie ist.»[28] In der Tat veränderte sich die öffentliche Wahrnehmung im Laufe der Zeit grundlegend. Aus dem «ersten General und Admiral» (Alexander Hamilton) wurde unter der Hand der «care-taker» und Beschützer der Nation. Ein Blick in die Populärkultur, auf Filme, Unterhaltungsromane und Comics, zeigt eine Verklärung, die umso mystischer ausstaffiert wurde, je länger der Kalte Krieg dauerte – und die bis heute nichts von ihrer Attraktivität eingebüßt hat.[29]

Zugleich konnte das Weiße Haus seinen stärksten Trumpf als unabänderlichen Sachzwang ausgeben: Die Politik der Geheimhaltung. Selbstverständlich gehört Geheimhaltung seit jeher und in allen Staaten zur Grundausstattung von Außen- und Sicherheitspolitik; sie als außergewöhnlich hervorzuheben, wäre auch deshalb naiv, weil Bürokratien zwecks Abgrenzung und Selbstbehauptung ihre Tätigkeit verrätseln müssen. Wer Geheimnisse hütet, ist wichtig, wer wichtig ist, hat Macht. Obwohl dergleichen auch aus dem Kalten Krieg nicht wegzudenken ist, war die «policy of secrecy» mehr als eine Fortschreibung des Üblichen. Unter der Regie des Weißen Hauses wurde sie seit 1945 zu einer Waffe, um die Regeln der Politik zu ändern. Mit der Wahrung der «nationalen Sicherheit» beauftragt, muss ein Präsident besondere Vorkehrungen zum Schutz überlebenswichtiger Informationen treffen: So gesehen hat er nicht allein das Recht, sondern die Pflicht zur Abschottung gegenüber Unbefugten; und umgekehrt ist die Legislative gehalten, um der Sicherheit des Ganzen willen von ihren partikularen Kontroll- und Aufsichtsbefugnissen Abstriche zu machen. «Executive Privilege» oder «Born Secret» bürgerte sich alsbald zur Charakterisierung einer ausufernden Praxis der Zeugnisverweigerung gegenüber dem Kongress wie auch gegenüber der Justiz ein.

Themen, Optionen, Entscheidungen, Kosten – nach Belieben erklären die um das Weiße Haus gruppierten Sicherheitseliten seit 1947 von ihnen ausgesuchte Sachverhalte zur verbotenen Zone oder zur «off limits area». Entgegen allen verfahrensrechtlichen

Auflagen steht die Militär- und Sicherheitspolitik faktisch unter exklusiver Kontrolle des Präsidenten; über die einschlägigen «National Security Directives» ist nur sein engstes Umfeld im Bilde. Andernorts weiß man gemeinhin noch nicht einmal um deren Existenz. Ob politischer Mord, Putschaktionen im Ausland, Geldwäsche, Verfolgung politischer Gegner oder Luftangriffe trotz expliziten Verbots durch den Kongress – mittels unterdrückter Informationen und durch das Verwischen von Spuren lassen sich alle möglichen Übergriffe seitens der Exekutive scheinbar plausibel leugnen. Weil sie verlässlich immunisiert, ist die Politik der Geheimhaltung stets auch eine Einladung zum Machtmissbrauch und Rechtsbruch; sie schützt die persönliche Sicherheit von Präsidenten und deren Mitarbeitern ebenso sehr wie die «nationale Sicherheit», wenn nicht gar in erster Linie. Von einem Unterlaufen der Gewaltenteilung zu sprechen, geht daher am Kern der Sache vorbei. Eigentlich werden die «checks and balances» außer Kraft gesetzt.

Dass Präsidenten auch exklusiv über die Kriegsvollmachten verfügen müssen, war unter diesen Bedingungen ein erwartbarer Anspruch. Alle Amtsinhaber nach 1945 nutzten die besonderen Umstände des Kalten Krieges, um die Verfassung umzudeuten und dem Kongress seine Kernkompetenz streitig zu machen. Und wie gehabt argumentierten sie mit technologischen und politischen Sachzwängen: Je größer die Vernichtungsrisiken und je kürzer die Vorwarnzeiten sind, desto schneller muss man im Konfliktfall reagieren können. Überdies schien schnelles Reagieren wegen der Besonderheiten des Feindes unhintergehbar. Totalitäre Herrscher, so das unermüdlich wiederholte Argument, sind naturgemäß Wiedergänger Adolf Hitlers, sprunghaft, unberechenbar und zu allem fähig. Ihnen gegenüberzustehen, hieß jederzeit mit dem Schlimmsten rechnen zu müssen. «Framing the discourse» nennt man im Amerikanischen die Art und Weise, wie das Weiße Haus in dieser Frage die Agenda dominierte. Verängstigte Eliten ängstigten ihre Wählerklientel, dramatisierten die überall lauernde Gefahr so lange, bis sie zum Gefangenen ihrer eigenen Hysterie wurden. Dem notorisch langsamen und in seiner Entschlussfassung schwerfälligen Kongress unter solchen Voraussetzungen das Überleben der eigenen Gesellschaft anzuvertrauen, verbot sich von selbst.

Tatsächlich übernahmen Kommunisten die Rolle innenpolitischer Hilfstruppen. Als nordkoreanische Einheiten im Juni 1950 Südkorea überfielen, hätte Harry S. Truman mühelos beim Kongress eine formelle Kriegserklärung erwirken können. Die Sprecher von Repräsentantenhaus und Senat boten ihre Zustimmung förmlich an, die Abgeordneten waren erpicht darauf, sich gegenüber ihren Wählern als wehrhafte Antikommunisten und Politiker zu präsentieren, die aus den Erfahrungen der Beschwichtigungspolitik gegenüber Hitler die richtigen Lehren gezogen hatten. Dennoch zog Truman ohne ein Votum des Kongresses in den Krieg – weil er einen Präzedenzfall schaffen wollte. Korea war der richtige Krieg zur richtigen Zeit gegen den richtigen Gegner zur demonstrativen Bestätigung des Grundsatzes, dass der Präsident nicht nur «Commander in Chief» ist, sondern nach eigenem Gutdünken Truppen entsenden darf, jederzeit und an jeden Ort der Welt. Den Kongress um sein Plazet zu bitten, kam also aus prinzipiellen Erwägungen nicht in Frage, wie Truman seinem Berater Averell Harriman erläuterte. Man durfte noch nicht einmal den Eindruck erwecken, als hätte die Legislative ein Mitspracherecht über Krieg und Frieden. Man musste sie, in anderen Worten, auch symbolisch entmachten und ein Zeichen für die Zukunft setzen. Künftige Präsidenten sollten unter Verweis auf Korea ihre Vollmachten ebenso selbstverständlich wie Harry S. Truman wahrnehmen können.

Das Kalkül ging auf. Mit Amerikas erstem unerklärten Krieg setzte Truman die Norm für seine machtvollkommenen Nachfolger, die im Falle von Militärinterventionen entweder über die Köpfe des Kongresses hinweg entschieden oder sich Blankoschecks mit maximalen Freiheiten für das Weiße Haus ausstellen ließen. Der Krieg in Vietnam und die Intervention in der Dominikanischen Republik im Jahr 1965 sind die am häufigsten zitierten Beispiele. Selbst die Ernüchterung über die Selbstherrlichkeit von John F. Kennedy, Lyndon B. Johnson und Richard Nixon in

Südostasien – nach der Publikation der Pentagon-Papiere im Sommer 1971 fast lückenlos dokumentiert und öffentlich zugänglich – hielt nicht lange vor. Von Gerald Ford und Jimmy Carter abgesehen, pochten alle Präsidenten auf Trumans Maxime: Weil die Definition amerikanischer Interessen und die Verteidigung «nationaler Sicherheit» die ureigenste Aufgabe des Präsidenten ist, sind seine Befugnisse über die Streitkräfte unteilbar. Vom ersten Golfkrieg im Jahr 1991 abgesehen, wurde seit 1980 für keine einzige Militärintervention die Zustimmung der Legislative eingeholt. Dass George W. Bush im September 2001 und im Oktober 2002 um Resolutionen für die Kriege gegen Afghanistan und den Irak bat, ist kein Widerspruch, sondern fügt sich in dieses Muster. Er wollte einen Präzedenzfall für die Selbstentmachtung des Kongresses schaffen, die symbolische Anerkennung eines Privilegs durchsetzen, das er ohnehin in Anspruch genommen hätte – dass Präsidenten im «Krieg gegen den Terror» selbstverständlich die gleichen Freiheiten haben wie im Krieg gegen den Kommunismus.

Selbstentmachtung des Kongresses

Mitte der 1970er Jahre hatte es für kurze Zeit den Anschein, als wollte und könnte sich der Kongress auf seine von der Verfassung vorgesehenen Aufgaben zurückbesinnen. Angesichts einer Reihe nicht enden wollender Skandale – Richard Nixon hatte wegen «Watergate» gerade sein Amt verlassen, als Seymour M. Hersh in der «New York Times» verbotene Inlandsaktivitäten der CIA aufdeckte und für neue Unruhe sorgte – setzten Senat und Repräsentantenhaus eine Reihe von Untersuchungsausschüssen ein. Ihr Auftrag: Vorschläge zur Wiederbelebung der Gewaltenteilung und für eine nachhaltige Kontrolle der Exekutive ausarbeiten.

Tatsächlich wurden binnen kürzester Zeit eine Reihe einschlägiger Gesetze verabschiedet, insbesondere in der Absicht, das «Executive Privilege» und die ausufernde Politik der Geheimhaltung einzudämmen. Dafür standen der «Freedom of Information Act», der «Foreign Intelligence Surveillance Act» und der «Intelligence Oversight Act». Mit dem «Budget Control Impoundment Act» wollte man sicherstellen, dass sich Präsidenten in ihrer Ausgabenpolitik nicht länger über den erklärten Willen der Legislative hinwegsetzen, der «Independent Counsel Act» sollte Sonderermittler vor Repressalien und Disziplinierungsversuchen des Weißen Hauses schützen, die Aufhebung des «Emergency Detention Act» verwarf die Möglichkeit unbegründeter Verhaftungen und stärkte den Rechtsgrundsatz des «Habeas Corpus». Mit dem «War Powers Act» von 1973 verbanden viele Beobachter gar die Hoffnung auf ein Ende der «Imperialen Präsidentschaft». Das Weiße Haus wurde verpflichtet, die Zustimmung des Kongresses zu Militäreinsätzen entweder im Vorwege oder spätestens 60 Tage nach Beginn einer Militäroperation einzuholen; andernfalls mussten die Truppen sofort nach Hause geholt werden. Die vielfach als öde und grau wahrgenommenen 1970er Jahre erschienen vielen Beobachtern deshalb als glänzendes Versprechen auf eine bessere Zukunft: «Es würde keine geheimen Kriege mehr geben, keine geheimen Operationen mehr, noch nicht einmal geheime Skandale.»[30]

Die Erwartungen waren naiv, wie sich im Rückblick zeigt. Die Exekutive verstand es immer wieder, Schlupflöcher in den Gesetzen zu ihren Gunsten auszunutzen und auf dem Verfahrenswege ihren Willen durchzusetzen. Alsbald wurde nicht mehr von «Imperialer Präsidentschaft», sondern von einer «out-of-control presidency» gesprochen – als hätte es die Korrekturversuche nie gegeben. Andererseits sollte man nicht allein den Machtwillen des Weißen Hauses für diese Enttäuschung verantwortlich machen. Im Prinzip verfügt der Kongress über Mittel und Möglichkeiten zum Gegensteuern, aber er macht davon nur selten, wenn überhaupt Gebrauch. In vertretbarer Zuspitzung lässt sich also sagen: So sehr es Präsidenten auf die Entmachtung der Legislative anlegen, so wenig leistet der Gesetzgeber Gegenwehr. In den Worten des Verfassungsrechtlers Charles Black: «Machtlosigkeit vorzuschützen ist auch eine Methode des Abschiebens von Verantwortung auf andere; und der Kongress hat Verantwortung im Übermaß abgeschoben.»[31] «Imperial Presidency» und «Invisible

Congress», übermäßiges Streben nach Macht und freiwilliger Machtverzicht, sind also zwei Seiten derselben Medaille. Im Grunde geht es nicht um juristische Tricks oder bedauerliche Nebeneffekte unpräzise formulierter Auflagen. Die Rede ist vielmehr von einem Kongress, der keinen Begriff von seinen ureigensten Aufgaben mehr hat und mit der Verfassung auch die Vorstellung des «Common Good» – des Gemeinwohls – aus dem Blick verliert.

Beispiel «War Powers Act»: Bereits die Präambel dieses von beiden Kammern verabschiedeten Gesetzes kommt einer Kapitulation gleich. «Es ist die Absicht unserer gemeinsamen Resolution», heißt es dort, «den Vorstellungen der Väter der Verfassung der Vereinigten Staaten gerecht zu werden und sicherzustellen, dass der Kampfeinsatz von Streitkräften der Vereinigten Staaten auf der Grundlage einer zwischen dem Kongress und dem Präsidenten gemeinsam getroffenen Beurteilung erfolgt.» «Collective judgement»? Geteilte Zuständigkeit bei Entscheidungen über Krieg und Frieden? Davon ist in der Verfassung an keiner Stelle die Rede, im Gegenteil. Gerade auf diesem Terrain sollte der Kongress das erste und letzte Wort haben, ging man doch davon aus, dass die Legislative im Unterschied zur Exekutive kein oder zumindest ein geringeres Interesse hat, Krieg zum Zwecke persönlicher Profilierung oder Anhäufung institutioneller Macht zu nutzen. Im «War Powers Act» hingegen karikiert ausgerechnet der Gesetzgeber dieses Primat in jeder erdenklichen Weise. «Der Präsident soll bei jeder sich bietenden Gelegenheit mit dem Kongress Rücksprache halten, ehe Streitkräfte der Vereinigten Staaten in Kampfhandlungen geschickt werden, […] und er soll nach jeder Entsendung regelmäßig den Kongress konsultieren.»[32] Rücksprache halten, konsultieren, bei jeder sich bietenden Gelegenheit – wachsweiche, deutungsoffene Formulierungen, die für machtbewusste Präsidenten kein Hindernis darstellten.

Erst recht realitätsfern war die Fristenklausel des Gesetzes. Wenn sich keine Gelegenheit zu vorheriger Rücksprache bot, sollte der Präsident binnen 48 Stunden nach der Entsendung von

Truppen dem Kongress seine Entscheidung erläutern. Und sofern Senat und Repräsentantenhaus nicht ausdrücklich die Frist des Einsatzes verlängerten, mussten die GIs nach 60 Tagen wieder abgezogen werden. Seit der Verabschiedung des «War Powers Act» im November 1973 wurde diese Bestimmung in keinem einzigen Fall angewandt. Und zwar aus Sicht der Abgeordneten aus guten Gründen. Egal, wie man zur Politik des Präsidenten stand, niemand wollte sich dem Vorwurf aussetzen, der kämpfenden Truppe in den Rücken zu fallen. Soldaten im Einsatz bedingungslos zu unterstützen, zählt nämlich auch, wenn nicht vor allem, in den USA zu den ungeschriebenen Imperativen der politischen Kultur. Deshalb war und ist in Kriegszeiten das Einverständnis mit dem Präsidenten stets risikoärmer als Kritik oder sonstiges abweichendes Verhalten.

Im Vorfeld des Irakkrieges konnte man diese Mechanismen wie unter einem Vergrößerungsglas studieren. «Diese Kammer hüllt sich die meiste Zeit in Schweigen», redete der damals mit 43 Amtsjahren dienstälteste Senator Robert Byrd (West Virginia) seinen Kollegen ins Gewissen. «Sie schweigt in einer unheilsverkündenden und schrecklichen Art und Weise. Es gibt keine Debatte, keine Auseinandersetzung, keinen Versuch, der Nation das Für und Wider dieses besonderen Krieges zu erklären. Da ist schlicht gar nichts. Wir, die Senatoren der Vereinigten Staaten, stehen passiv und stumm da, gelähmt von unserer eigenen Unsicherheit, wie betäubt angesichts der sich überschlagenden Ereignisse.»[33] Anders als zu Zeiten des Vietnamkrieges bot man den zahlreichen Kriegskritikern aus Regierungsapparat und Militär keine Plattform; die zweitägigen Hearings, die vom Auswärtigen Ausschuss des Senats am 31. Juli und 1. August 2002 mit 18 Experten durchgeführt wurden, halten keinem Vergleich mit den wochenlangen, teilweise in Funk und Fernsehen live übertragenen Debatten der 1960er Jahre stand. Den seit Anfang Oktober für den internen Gebrauch ungekürzt vorliegenden Geheimdienstbericht zur Lage im Irak, den «National Intelligence Estimate», nahm nur eine Handvoll der Abgeordneten und Senatoren zur Kenntnis. Und zeitweise war nur jeder Zehnte bei den Plenumsdebatten über den anstehenden Krieg anwesend. Am 16. Oktober 2002 schließlich autorisierte der Kongress den Präsidenten, «die Streitkräfte der Vereinigten Staaten so einzusetzen, wie es seiner Meinung nach zur Verteidigung der nationalen Sicherheit der Vereinigten Staaten gegen die anhaltende Bedrohung durch den Irak notwendig und angemessen ist.»[34] 77 von 100 Senatoren und 296

Willfähriger Kongress: George W. Bush genießt die Standing Ovations von Senat und Repräsentantenhaus bei seiner «State of the Union Address» im Januar 2007.

von 435 Abgeordneten des Repräsentantenhauses unterschrieben diese Blankovollmacht.

In den folgenden vier Jahren gab der Kongress seine Kontroll- und Aufsichtspflicht Schritt für Schritt preis. Dass das Weiße Haus unablässig auf eine Erweiterung seiner Kompetenzen drängte, war bekannt. Ende Oktober 2001 hatte Richard Cheney die «Gang of Eight» – die Vorsitzenden der Geheimdienstausschüsse sowie die ranghöchsten Vertreter von Senat und Repräsentantenhaus – über einen weit reichenden Eingriff in die Grundrechte informiert. Obwohl der «Patriot Act» die Befugnisse zur Inlandsüberwachung bereits drastisch ausgedehnt hatte, wollte man auch das letzte Hindernis beim Abhören elektronischer Kommunikation aus dem Weg räumen, den «Foreign Intelligence Surveillance Act» aus den 1970er Jahren. Unter Umgehung dieses Gesetzes autorisierte der Präsident die «National Security Agency» nicht nur zur Überwachung verdächtiger Ausländer; fortan durften mittels Schleppnetz- und Rasterfahndung und ohne richterliche Anordnung auch amerikanische Staatsbürger ausspioniert werden. In einer «Executive Session» informiert und folglich zur Geheimhaltung verpflichtet, konnte die «Gang of Eight» von dieser Information keinen Gebrauch machen – es sei denn, sie nahmen ein Strafverfahren und damit ein hohes Risiko für ihre politische Karriere in Kauf. Aber im Kongress rührte sich auch nach Bekanntwerden der illegalen Praktiken nichts. Im März 2006 verlängerten die Abgeordneten – von zwei nachrangigen Paragraphen abgesehen – den «Patriot Act» auf unbestimmte Zeit. Unter Berufung auf die «Unitary Executive Theory» stellte George W. Bush in einem «Signing Statement» klar, dass er entgegen der gesetzlichen Auflagen auch künftig nur eingeschränkt über die praktische Umsetzung des «Patriot Act» Auskunft geben würde. In anderen Worten: Er respektierte nur die Teile des Gesetze, die seine Machtbefugnisse erweiterten. Capitol Hill schwieg auch dazu.[35]

Zum verlängerten Arm der Exekutive machte sich der Kongress in der Debatte über Folter und «Habeas Corpus». Im Dezember 2005 verabschiedete man mit großer Mehrheit den von John McCain, John Warner und Lindsey Graham vorgebrachten «Detainee Treatment Act» – auf den ersten Blick ein bemerkenswertes Gesetz, das zum Respekt vor den Genfer Konventionen und zu einem menschenwürdigen Umgang mit Gefangenen mahnte. Das Verbot von «grausamer» und «unmenschlicher Behandlung» betraf indes nur das Militär. In Absprache mit ausgewählten Abgeordneten hatte Vizepräsident Cheney dafür gesorgt, dass die CIA von diesen strikten Bestimmungen ausgenommen wurde. Übermäßige Auflagen bei Verhörmethoden, so Cheney, «würden die Möglichkeiten des Präsidenten beschneiden, Amerikaner wirksam vor terroristischen Angriffen zu schützen und Terroristen ihrer Strafe zuzuführen.»[36] Folglich wurde in einer Zusatzbestimmung zum «Detainee Treatment Act» mit Blick auf erlaubte oder unerlaubte Verhörmethoden der CIA Folter als ein Akt definiert, der «das Gewissen schockiert». Wie diese vieldeutige Formulierung zu verstehen war, machte Cheney umgehend in einem Fernsehinterview deutlich: «Was das Gewissen schockiert [...] hängt vom Standpunkt des Beobachters ab.»[37] In einem neuerlichen «Signing Statement» maß auch der Präsident den Ausnahmebestimmungen des Gesetzes größere Bedeutung als dem Folterverbot zu: Im Falle einer «militärischen Notwendigkeit» oder zum Schutz «nationaler Sicherheit» durften «erweiterte Verhörmethoden» angewandt werden. Ohnehin waren Folterer durch diverse Vorkehrungen im «Detainee Treatment Act» vor strafrechtlicher Verfolgung geschützt.

Im «Military Commissions Act», gebilligt Ende September 2006, wurden die bisherigen Bemühungen um ein Folterverbot auf noch drastischere Weise unterlaufen. Dort ist von der alleinigen Zuständigkeit des Präsidenten die Rede, «über die Bedeutung und die Anwendung der Genfer Konventionen zu befinden.»[38] Wer als Kriegsgefangener eingestuft wird und wer nicht, wer Anspruch auf die Schutzbestimmungen des Kriegsvölkerrechts hat und wer nicht, wie der «Gemeinsame Artikel Drei» aller Genfer Konventionen und damit die Verpflichtung zur «humanen Behandlung» von Gefangenen auszulegen ist, wann Ausnahmen von der Regel gestattet sind und wer von diesen Ausnahmeregelungen Gebrauch machen darf – all dies legte der Gesetzgeber in die Hände des Präsidenten. Möglicherweise waren – wie mitunter zur Entschuldigung angeführt wird – die meisten Abgeordneten gar nicht im Bilde, um welche konkreten Verhörmethoden es überhaupt ging. Nicht zu übersehen war indes, dass sie auf Bitte des Weißen Hauses internationales Recht zur Verfügungsmasse des Präsidenten erklärten. Im Grunde hätte George W. Bush auf seine «Signing Statements» auch verzichten können.

Am Ende annullierte der Kongress in zwei Fällen gar die Interventionen des Obersten Gerichtshofs. In «Rasul vs. Bush» hatten die Obersten Richter am 28. Juni 2004 der Eingabe eines Gefangenen aus Guantanamo stattgegeben und allen dort Inhaftierten das Recht zugesprochen, vor amerikanischen Zivilgerichten die gegen sie vorgebrachten Haftgründe überprüfen zu lassen – eine lupenreine Bestätigung des «Habeas Corpus»-Prinzips. Davon abgesehen, bestritt der Supreme Court am 29. Juni 2006 in «Hamdan vs. Rumsfeld» dem Präsidenten die Befugnis, Verdächtige von Militärkommissionen anklagen und aburteilen zu lassen. Allein der Kongress konnte mit einem einschlägigen Gesetz einen derart weit reichenden Eingriff in die Persönlichkeitsrechte anordnen, zumal angesichts des rechtlich ungeklärten Status der Verdächtigten. Mit ihrem «Military Commissions Act» erklärten Senat und Repräsentantenhaus die Militärkommissionen tatsächlich für rechtens und verbauten – wie bereits im «Graham-Levin Amendment» zum «Detainee Treatment Act» – den Beschuldigten den Weg vor ein Zivilgericht. Umgekehrt gestand man mit der schillernden, juristisch nie definierten Kategorie des «unlawful enemy combatant» – des «illegalen feindlichen Kombattanten» – der Exekutive einen uneingeschränkten Handlungsspielraum in ihrem «Krieg gegen den Terror» zu. Auf Weisung aus Washington konnte jedermann jederzeit an jedem Ort der Welt eingekerkert werden und weggeschlossen bleiben, ohne Haftprüfung, ohne Urteil. Offenkundig wog die Loyalität zum Präsidenten schwerer als der Respekt vor dem ältesten Grundsatz und Fundament des angelsächsischen Rechtswesens.

Dass sich der Kongress in Krisen und Ausnahmezuständen aus freien Stücken dem Willen der Exekutive beugt, ist spätestens seit den 1940er Jahren Usus. Und dass die unter außergewöhnlichen Umständen zugestandenen Notstandskompetenzen über den Tag hinaus Bestand haben, ebenfalls. So wurden beispielsweise in den ersten einhundert Tagen von Franklin D. Roosevelts Präsidentschaft Bankengesetze erlassen, die eigentlich nach einem Abklingen der großen Depression hätten annulliert werden sollen. Weil dergleichen aber unterblieb, konnten Barack Obama und die Federal Reserve Bank im Herbst 2008 wichtige Eingriffe im Kredit- und Aktiengeschäft auf dem Verordnungswege durchsetzen. In der Außen- und Sicherheitspolitik wird die kumulative Überdehnung präsidialer Macht schon gar nicht mehr als Überdehnung, sondern als Ausübung eines Gewohnheitsrechts wahrgenommen. Offensichtlich machte sich die Legislative im Laufe der Zeit die Argumente ihrer schärfsten Kritiker zu Eigen, vorab die Behauptung, dass die Sicherheit der Nation in den Händen eines streitsüchtigen, von lokaler Klientel oder Parteipolitik abhängigen Kongresses schlecht aufgehoben ist. Gerade die späten 1930er Jahre und die eklatante Fehleinschätzung deutscher wie japanischer Kriegspolitik seitens des Kongresses wurden wie ein heilsamer Schock wahrgenommen: Dem Präsidenten die Verantwortung in der Sicherheitspolitik zu überlassen, schien allemal klüger als das Risiko einer neuerlichen und womöglich folgenreicheren Blamage einzugehen. Deshalb entscheiden sich selbst radikale Verfechter einer schrankenlosen Exekutivmacht wie George W. Bush mitunter für eine kooperative Inszenierung: Eingaben beim Kongress schaden nichts, denn am Ende bekommt ein Präsident ohnehin das Gewünschte.

In dieser Hinsicht ist die Verabschiedung der Golf von Tonkin-Resolution im Sommer 1964 noch immer aufschlussreich. «Als Präsident und militärischer Oberbefehlshaber muss ich das amerikanische Volk darüber informieren, dass ich mich wegen wiederholter feindlicher Angriffe gegen Schiffe der Vereinigten Staaten in den internationalen Gewässern des Golfs von Tonkin heute dazu gezwungen sehe, den Streitkräften der Vereinigten Staaten einen Gegenschlag zu befehlen», erklärte Lyndon B. Johnson in einer Radio- und Fernsehansprache am 4. August. Zweifel an den vermeintlichen Attacken nordvietnamesischer Torpedoboote gab es bereits damals; und im Senat saß mit Richard Russell aus Georgia ein Parteifreund des Präsidenten, der wegen seiner Herkunft und Erfahrung und erst recht wegen seines Prestiges als Vorsitzender des Streitkräfteausschusses der Geschichte eine andere Wendung hätte geben können. Obwohl Russell die möglichen Konsequenzen einer Militärintervention in Vietnam vor Augen hatte und im privaten Kreis massiv für ein sofortiges «Disengagement» – für militärischen Rückzug und politische Deeskalation also – plädierte, unterdrückte er seine Zweifel. An der Seite von Senator J. William Fulbright, dem Vorsitzenden des «Committee on Foreign Relations», sorgte Russell gar dafür, dass die berühmte Tonkin-Resolution im Repräsentantenhaus mit 414:0 und im Senat mit 88:2 angenommen und eine unbeschränkte Kriegsvollmacht ausgestellt wurde: «Die Vereinigten Staaten sind daher darauf vorbereitet, alle vom Präsidenten als notwendig erachteten Schritte in die Wege zu leiten, den Einsatz von Streitkräften zur Unterstützung [von Südvietnam] eingeschlossen.»[39]

Die normativen und politischen Koordinaten des Jahres 1964 gelten bis heute unvermindert weiter. Erstens: Den Präsidenten in einer angespannten internationalen Lage zu kritisieren, stellt die Glaubwürdigkeit und letzten Endes die Handlungsfähigkeit der Vereinigten Staaten in Frage. Zweitens: Wer Schwäche zeigt, macht den Gegner stark. Drittens: Die Loyalität zu Staat und Nation gebietet auch Loyalität zum Präsidenten. Sobald die Exekutive einen Konflikt als Herausforderung der «nationalen Sicherheit» oder als Gefahr für das «Überleben der Nation» charakterisiert, schnappt die Patriotismusfalle verlässlich zu. In der angespannten und einschüchternden Atmosphäre nach «9/11» gab es umso weniger ein Entkommen, als die Mehrheit der Wähler lange Zeit die vom Weißen Haus in Umlauf gebrachten Bedrohungsszenarien für bare Münze nahm. Jene 92 Prozent der Befragten, die seit dem Herbst 2001 über Monate hinweg der Amtsführung von George W. Bush ausgezeichnete Noten gaben, und jene 72 Prozent, die im Februar 2003 wider alle Evidenz in Saddam Hussein einen Mittäter der Anschläge auf New York City und Washington sahen, ließen im Grunde selbst zweifelnden Abgeordneten keine Wahl: Wer nicht mit den Wölfen heult, setzt seine Karriere aufs Spiel.

Also schwiegen nach «9/11» ausgerechnet die Wort- und Meinungsführer im Kongress, Politiker wie einst Richard Russell, die bei anderer Gelegenheit immer wieder den Unterschied ausmachten. «Soft on terrorism» zu sein, gegenüber den Terroristen keine

Standfestigkeit zu zeigen, wirkt genauso verheerend wie «soft on communism», die aus dem Kalten Krieg bekannte Mutter aller Denunziantenparolen. Deshalb stellte keiner der Abgeordneten, die an den pro forma einberufenen Anhörungen zum Irakkrieg teilnahmen, die Sichtweise der Regierung in Frage, aus diesem Grund verwarfen sie wie im Falle des «Military Commissions Act» selbst den Rat des Obersten Gerichts. Erst recht hielten sich im Vorfeld der Ende 2002 anstehenden Zwischenwahlen die Ehrgeizigen zurück, denen man präsidiale Ambitionen nachsagte. Ein falsches Wort, ein abweichendes Votum reichte im Zweifel aus, um Populisten zu ihrem sattsam bekannten Spiel mit der Angst einzuladen. Vom «paranoid style in American politics», einer fest verankerten Paranoia im Politischen, hatte der Historiker Richard Hofstadter in den 1960er Jahren gesprochen. Gemeint war die weit verbreitete Überzeugung, dass Amerika den Neid und den Hass bösartiger Feinde umso mehr auf sich zieht, je heller sein freiheitliches Vorbild strahlt und den Rest der Welt zur Nachahmung animiert; und gemeint war die Kehrseite dieser Belagerungsmentalität, nämlich das unablässige Pochen auf Wachsamkeit und Abwehrbereitschaft. Granden wie John F. Kennedy oder Lyndon B. Johnson hatten während ihrer parlamentarischen Lehrjahre stets auf diese Stimmungen Rücksicht genommen, selbst als Präsidenten fürchteten sie noch den Furor ihrer Konkurrenten aus dem Umfeld von Barry Goldwater oder der John Birch-Society. Nach «9/11» grassierte die Angst aufs Neue und in einer Intensität, die Erinnerungen an die Hochzeit des Kalten Krieges wachrief. Aber auch ihr Rückzug in hohle Worte und hohle Gesten, das ständige Aus- und Zurückweichen, nutzte den oppositionellen Demokraten nichts. 2004 verlor ihr Spitzenkandidat, Senator John Kerry, den Kampf um das Weiße Haus vor allem aus einem Grund – weil man einem ehemaligen Kritiker des Vietnamkrieges auch beim «Krieg gegen den Terror» nicht über den Weg traute.

«Age of Frozen Scandal» – Zeitalter der tiefgefrorenen Skandale – nannte der Journalist Mark Danner die Jahre nach «9/11».[40] Egal, ob der «New Yorker» oder «CBS» über die Misshandlung von Gefangenen in Abu Ghraib berichteten, egal, ob die britische «Sunday Times» anhand der sogenannten «Downing Street Memos» die Entscheidung zum Irakkrieg auf das Frühjahr 2002 datierte und den Nachweis einer ausgeklügelten Täuschung der Öffentlichkeit führte – der Kongress in Washington hüllte sich in Schweigen. So sehr man in den 1970er und 1980er Jahren noch davon ausgehen konnte, dass die Aufdeckung brisanter Sachverhalte zumindest die Einrichtung eines parlamentarischen Untersuchungsausschusses, oft auch die Anklage der Beschuldigten vor Gericht nach sich zog, so verlässlich war das Desinteresse der Abgeordneten in Zeiten des Terrors.

Von politischem Opportunismus abgesehen, machen viele Beobachter die im Laufe der Jahre veränderte personelle Zusammensetzung des Kongresses für diese Entwicklung verantwortlich. Die Zahl der mit Außen- und Sicherheitspolitik befassten Abgeordneten ist seit Jahrzehnten rückläufig, die einschlägige Sachkompetenz und das für komplexe weltpolitische Zusammenhänge geforderte Urteilsvermögen verteilen sich auf wenige Schultern, der permanente Zwang zum Einwerben von Spendengeldern für einen auf Dauer gestellten Wahlkampf führt zu einem scheinbar unerschütterlichen Primat der Innenpolitik. Obwohl diese Faktoren zweifellos ins Gewicht fallen, sollte eine bereits aus den frühen Jahren des Vietnamkrieges bekannte Erfahrung nicht in Vergessenheit geraten – der Umstand, dass Abgeordnete «selbst vor dem Hintergrund einer 200-jährigen Geschichte noch immer keinen Begriff von der Unabhängigkeit der Legislative und ihrer Pflicht zur Wahrnehmung dieser Unabhängigkeit haben.»[41]

Mit dieser auf den ersten Blick harsch anmutenden Kritik trifft der Historiker Ezra Siff den Kern des Problems. Zweifellos kommt keine demokratische Republik ohne Vertrauen in ihre gewählten Repräsentanten und in das Funktionieren ihrer Institutionen aus. Vertrauen aber wird im Selbstverständnis eines republikanischen Staatswesens stets komplementär zu Partizipation gedacht; sobald es an deren Stelle tritt, gerät die Architektur jeder Demokratie aus den Fugen. Darauf lief die berühmte Formel in den «Federalist

Papers» hinaus: Macht voraussetzungslos und im Vertrauen auf die guten Absichten der Machthaber zu delegieren, lässt dem Ehrgeiz weniger auf Kosten aller freie Bahn. Und am Ende dieses abschüssigen Weges steht die Transformation des Rechtsstaates in den Machtstaat.

Fiasko des Rechtsstaats: Eine griechische Weihnachtskarte spielt mit dem bekannten Bild aus dem Gefängnis Abu Ghraib.

Vom Rechtsstaat zum Machtstaat

Was sich im Frühjahr 2004 in Washington abspielte, klingt nicht nur wie ein Schmierenstück, es war auch eins. Der neue Leiter des «Office of Legal Counsel», Jack Goldsmith, war nach eingehendem Aktenstudium zu der Überzeugung gekommen, dass die von seinem Vorgänger John Yoo verfassten Rechtsgutachten zur Inlandsüberwachung amerikanischer Staatsbürger jeder Grundlage entbehrten: «Das größte juristische Schlamassel, das ich je gesehen habe.»[1] In der Tat. Die Raster- und Schleppnetzfahndung wurde seit Oktober 2001 ohne richterliche Genehmigung durchgeführt und verstieß damit gegen ein Grundprinzip geltenden Rechts. Um die Verantwortung abzuwälzen, hatte das Weiße Haus das illegale Programm alle 45 Tage vom Justizminister schriftlich bestätigen lassen. Die am 11. März 2004 anstehende Verlängerung war indes gefährdet, weil sich Justizminister John Ashcroft der Meinung von Goldsmith angeschlossen und die neuerliche Genehmigung von einer juristisch haltbaren Begründung abhängig gemacht hatte. Richard Cheney und die Rechtsberater des Weißen Hauses – David Addington und Alberto Gonzales – standen vor einem ungewohnten Problem. Die zum Rapport einbestellten Spitzenbeamten des Justizministeriums ließen sich auch durch massive Drohungen nicht einschüchtern. Und obendrein war John Ashcroft nicht erreichbar, er lag seit Tagen lebensbedrohlich erkrankt auf der Intensivstation einer Washingtoner Klinik. Also musste der Präsident sich persönlich einschalten. Dem wegen einer Gallenoperation noch immer halb betäubten Ashcroft avisierte er in einem Telefonat am 10. März einen überraschenden Besuch am Krankenbett. Alberto Gonzales und Andy Card, der Stabschef von George W. Bush, hatten sich bereits auf den Weg gemacht, das von Ashcroft abzuzeichnende Dekret im Gepäck.

James Comey, Ashcrofts Stellvertreter und amtierender Justizminister, erfuhr über die erboste Frau seines Chefs auf dem Weg

nach Hause von dem Vorgang, ließ seinen Fahrer mitten auf der Constitution Avenue – einem Drehbuchautoren hätte man derlei derbe Symbolik verübelt – umdrehen und mit Blaulicht zum Krankenhaus rasen. Unterwegs rief er einige Mitarbeiter und den Chef des FBI, Robert Mueller, zu Hilfe. «Ich stieg aus dem Wagen und rannte die Treppen hoch, meine Personenschützer hinter mir. [...] Ich war besorgt, dass man den Justizminister bewegen wollte mich zu überstimmen und zwar in einer Situation, in der er dazu wegen seiner schweren Erkrankung nicht in der Lage war.»[2] Weil er fürchtete, von Gonzales und Card samt ihrer Secret Service-Entourage des Gebäudes verwiesen zu werden, bat Comey das FBI mit Erfolg um Amtshilfe. Robert Mueller gab den zum Schutz von Ashcroft abgestellten Agenten telefonisch eine unmissverständliche Anweisung: Egal unter welchen Umständen, niemand durfte Comey oder die mittlerweile ebenfalls anwesenden Jack Goldsmith und Patrick Philbin zum Verlassen des Krankenzimmers auffordern. Also mussten Gonzales und Card ihr Anliegen in Anwesenheit mehrerer Zeugen vortragen: die Bedenken seines Ministeriums seien mittlerweile ausgeräumt, man habe eine für alle Beteiligten akzeptable Lösung gefunden, die Unterschrift sei mithin reine Formsache. Trotz der Sedativa erkannte Ashcroft die Lüge und wies die ungebetenen Besucher in entsprechend drastischen Worten zurecht. Vor allem sollten sie wissen, so sein offenkundig zur Weitergabe an den Präsidenten bestimmter Hinweis, dass er die Überwachungen anfänglich nur genehmigt hatte, weil er vom Weißen Haus über Art und Umfang des Programms hinters Licht geführt worden war. Auf Jim Comey zeigend, beendete er das Gespräch: «Aber das spielt jetzt keine Rolle, weil ich im Moment nicht der Justizminister bin. Dort steht der Justizminister.»[3]

Der Rechtsberater des Vizepräsidenten, David Addington, glaubte trotz alledem an einen praktikablen Ausweg. In einer eilig verfassten Präambel zur Verlängerung der Inlandsüberwachung schrieb er dem Präsidenten das letzte und entscheidende Wort zu. Demnach bedurfte es überhaupt keines Votums des Justizministeriums. Schärfer hätte man die «Unitary Executive Theory» nicht auslegen können. Mögen andere Präsidenten ähnliche Gedanken gehegt und im kleinen Kreis diskutiert haben, George W. Bush war der erste, der mit seiner Unterschrift die alleinige Definitionsmacht über Recht und Unrecht für sich reklamierte. Das am 11. März 2004 autorisierte Dokument wurde zwecks juristischer Immunisierung des Präsidenten von seinem Rechtsberater Alberto Gonzales gegengezeichnet.

Dass er kurz vor einer Kernschmelze seiner Regierung stand, erfuhr Bush erst am nächsten Tag. Condoleezza Rice hatte zufällig von Gerüchten über eine bevorstehende Rücktrittswelle im Justizministerium erfahren und zu einem sofortigen Gespräch mit Jim Comey geraten. Bush eröffnete die Unterredung auf seine bekannt texanische Art, ruppig und direkt: «Ich entscheide, was für die Exekutive Gesetz ist.» Mit der nicht minder unverblümten Antwort Comeys hatte er nicht gerechnet. «Aber ich entscheide darüber, was das Justizministerium billigen kann und was nicht. Und obwohl ich mein Möglichstes getan habe, kann ich nach Lage der Dinge nicht zustimmen.»[4] Erst recht verblüfft war der Präsident über die Bestätigung der umlaufenden Gerüchte: Comey und ein halbes Dutzend weiterer Spitzenbeamter seines Ministeriums hatten ihre Rücktrittsschreiben bereits aufgesetzt, John Ashcroft wollte sich ihnen binnen weniger Tage anschließen, auch Robert Mueller und Valerie Caproni, der Leiter des FBI nebst seiner Rechtsberaterin, zogen ihre Demission in Erwägung. Umgehend ins Oval Office zitiert, bekräftigte Mueller die Darstellung Comeys und unterstrich, dass unter seiner Führung das FBI für illegale Operationen nicht zur Verfügung stand.[5]

Soweit der Bericht von Jim Comey, den er im Mai 2007 – knapp zwei Jahre nach seinem Abschied vom Justizministerium – während einer Anhörung vor dem Rechtsausschuss des Senats gab. Über den Rest der Geschichte kann man bis heute aber nur Mutmaßungen anstellen, denn Comey hat sich verpflichtet, über klassifizierte Vorgänge Stillschweigen zu bewahren. Klassifiziert, d. h. der Geheimhaltung unterliegend, ist die überarbeitete Expertise des «Office of Legal Counsel» samt der Vorschläge, wie man das Ausspähen amerikanischer Bürger auf eine rechtlich vertretbare Grundlage stellen konnte. Ebenfalls geheim sind die von der Regierung in Aussicht gestellten Korrekturen an der Inlandsüberwachung und Informationen, ob und inwieweit diese Zusagen überhaupt eingelöst wurden. Fest steht nur, dass die Kritiker weder zurücktraten noch zum Zeitpunkt des Skandals an die Öffentlichkeit gingen. Und fest steht auch, dass diese Regierung aus einem schier unerschöpflichen Reservoir von Loyalität und einseitigem Vertrauen schöpfen konnte.

Rechtsbeugung und Einschüchterung, Intrigen und Machtmissbrauch, Loyalität und Geheimhaltung – die Ingredienzien der turbulenten Vorgänge vom Frühjahr 2004 sind gleichmäßig über die achtjährige Präsidentschaft von George W. Bush verteilt. Ohne sie ist weder die Rückkehr der Folter noch die Einrichtung eines weltweiten Lagersystems zu erklären, ohne sie bleibt unverständlich, weshalb selbst beherzte Korrekturversuche verlässlich ins Leere liefen.

Folter

Zum Zeitpunkt der Anschläge auf das World Trade Center und das Pentagon gab es im internationalen wie auch im amerikanischen Zivil- und Militärrecht eine Rechtsnorm von seltener Eindeutigkeit: Folter ist zu jeder Zeit und an jedem Ort kategorisch verboten, Kriegsgefangene sind unter allen Umständen vor einer «Beeinträchtigung der persönlichen Würde», vor «erniedrigender und entwürdigender Behandlung», «vor physischer und mentaler Folter» und «jeder anderen Form der Zwangsausübung» zu schützen, unabhängig davon, ob sie im Verlauf von zwischenstaatlichen Kriegen oder während bewaffneter Konflikte mit nichtstaatlichen Akteuren festgesetzt wurden. Auch dürfen Kriegsgefangene jederzeit ein Verhör verweigern, sie müssen auf Nachfrage lediglich Namen, Dienstgrad, Geburtsdatum und Personenkennziffer nennen. Ihr besonderer Schutz wurde im «Gemeinsamen Artikel 3» der vier Genfer Konventionen aus dem Jahr 1949 festgelegt und wie alle anderen Genfer Bestimmungen vollständig in das amerikanische Recht übernommen. Im «Uniform Code of Military Justice» verpflichten sich die US-Streitkräfte seit den 1950er Jahren zur Einhaltung dieser Normen, 1996 bekräftigte der Kongress das Folterverbot und den menschlichen Umgang mit Gefangenen und Zivilisten im Krieg durch die Verabschiedung des «War Crimes Act». Kurz: Wie die Mehrzahl der UNO-Mitglieder sahen auch die USA in der Ächtung der Folter und in den Genfer Konventionen unhintergehbare Prinzipien, die anzutasten die Rechtsordnung, mithin auch das zivile Zusammenleben von Gesellschaften und Nationen im Kern beschädigen würde. In den Worten der 1984 von der UNO verabschiedeten und drei Jahre später vom Kongress in Washington ratifizierten «Konvention gegen Folter und andere grausame, unmenschliche oder erniedrigende Strafe oder Behandlung»: «Außergewöhnliche Umstände gleich welcher Art, sei es Krieg oder Kriegsgefahr, innenpolitische Instabilität oder ein sonstiger öffentlicher Notstand, dürfen nicht als Rechtfertigung für Folter geltend gemacht werden.»

Die Administration Bush entledigte sich der in Jahrzehnten mühsam erarbeiteten Normen und Gesetze binnen weniger Monate. Weil das Weiße Haus größten Wert auf Abschottung und Beratung im kleinsten Kreis legte und folglich alle relevanten Akten als «streng geheim» klassifizierte, kann diese Geschichte augenblicklich nur in Umrissen rekonstruiert werden. Trotz vieler weißer Flecken sind die Konturen überaus deutlich. Hunderte von Mitarbeitern waren mit der Umsetzung des Kurswechsels befasst, mussten Expertisen verfassen, Untergebene einweisen und die laufenden Geschäfte protokollieren. Wie viele mit der neuen Politik nicht einverstanden waren, bleibt Spekulation. Erkennbar ist indes, dass sich vielerorts Unmut, Frustration und Empörung breit machten. Mit dem zu erwartenden Ergebnis: Ausgerechnet jene Regierung, die nichts von sich preisgeben wollte, wurde noch während ihrer Amtszeit wiederholt bloßgestellt – durch gezielte

Indiskretionen in einer Weise und einem Umfang, die Erinnerungen an die «chronique scandaleuse» zu Zeiten von Richard Nixon wachrufen. Und wie damals bestellten unbekannte Dissidenten den Historikern das Feld.

Im Dezember 2001 meldete sich der Oberste Rechtsberater des Verteidigungsministeriums bei einer Spezialabteilung der Streitkräfte, der «Joint Personal Recovery Agency» (JPRA) und bat um Informationen über eine optimale «Ausbeutung» von Gefangenen. Die «JPRA» tritt aus guten Gründen nach außen kaum in Erscheinung und ist nur Kennern des amerikanischen Militärapparates ein Begriff. Sie organisiert und koordiniert das Überlebenstraining für die Spezialeinheiten aller Waffengattungen, insbesondere die Abhärtung gegen Folter während der Gefangenschaft. Im Rahmen des sogenannten «SERE»-Programms («Survival, Evasion, Resistance and Escape» – «Überleben, Ausweichen, Widerstehen und Entkommen») greifen die Ausbilder auf Verhörmethoden zurück, denen US-Soldaten in chinesischer, nordkoreanischer und nordvietnamesischer Gefangenschaft zur Zeit des Kalten Krieges ausgesetzt waren – von persönlicher Erniedrigung über sensorische Deprivation oder Überbelastung bis hin zur Wasserfolter und Todesdrohungen. Was dem kommunistischen Feind einst recht war, kann auch im Krieg gegen den Terror nur billig sein: Auf diesen Nenner lässt sich die bis Frühjahr 2004 vorliegende Korrespondenz von und mit der «JPRA» bringen. «Diese Taktiken und Techniken», heißt es etwa in einem Memorandum vom 10. Dezember 2002, «werden in ‹SERE›-Schulen zum ‹Brechen› von ‹SERE›-Gefangenen benutzt. Dieselben Taktiken und Techniken können eingesetzt werden, um richtige Gefangene im Verlauf von Verhören zu brechen.»[6]

Mit den richtigen Verhörpraktiken war es indes nicht getan. Seit im Oktober 2001 die ersten Gefangenen im «Krieg gegen den Terror» gemacht wurden, drängten die Spitzen der CIA, Verteidigungsminister Rumsfeld und Vizepräsident Cheney auch auf juristische Rückendeckung. Ob Minister, Behördenchef oder Verhöroffizier, keiner sollte im Nachhinein wegen einer Anwendung von «SERE»-Methoden angeklagt und zur Rechenschaft gezogen werden können. Gefragt waren also Rechtsexpertisen, mit deren Hilfe man die Genfer Konventionen außer Kraft setzen und die Grenzen des vermeintlich Erlaubten so weit wie möglich hinausschieben konnte. Orchestriert wurde dieser Vorstoß von den Rechtsberatern des Präsidenten und Vizepräsidenten, Alberto Gonzales und David Addington; mit John Yoo und Jay Bybee saßen zwei Juristen an der Spitze des für Verfassungsfragen und internationales Recht zuständigen «Office of Legal Counsel», die sich als Fußsoldaten im «Krieg gegen den Terror» sahen und jeder von oben kommenden Anforderung bereitwillig Folge leisteten.

«Application of Treaties and Laws to al Qaeda and Taliban Detainees» hieß der erste Entwurf, der unter Federführung von John Yoo am 9. Januar 2002 vorgelegt wurde: «Die Anwendbarkeit von Verträgen und Gesetzen auf Gefangene von Al-Qaida und der Taliban». Adressiert an den Obersten Rechtsberater des Verteidigungsministeriums, William J. Haynes, gab das Memorandum den Takt für die juristische Selbstermächtigung des Weißen Hauses in den kommenden Monaten und Jahren vor. Erstens: Die fraglichen Gefangenen genießen nicht den Schutz der Genfer Konventionen, weil Al-Qaida wie alle nicht-staatlichen Akteure kein völkerrechtliches Subjekt ist; auch die Taliban repräsentieren keinen Staat, sondern haben die Regierung auf illegale Weise an sich gerissen und «werden überdies [...] von Al-Qaida auf eine Weise dominiert und in ihren Aktionen und Zielsetzungen manipuliert, dass man die Führung der Taliban nicht mehr von Al-Qaida unterscheiden kann.» Zweitens: Die Genfer Abkommen haben nur für zwischenstaatliche Kriege oder für Bürgerkriege Gültigkeit, nicht aber für einen zum Zeitpunkt ihrer Ratifizierung unabsehbaren Angriff internationaler Terroristen. Drittens: Wie die USA mit ihren Kriegsgefangenen umgehen, entscheidet einzig und allein der Präsident in seiner Funktion als Oberbefehlshaber der Streitkräfte. «Die Rechtsvorschrift der Armee für den Landkrieg, welche die für die Armee verbindliche Interpretation des internationalen Gewohnheitsrechts für bewaffnete

Auseinandersetzungen spiegelt, kann auf Anweisung des Präsidenten jederzeit erweitert, geändert oder außer Kraft gesetzt werden.» Viertens: Sobald aber der Präsident ein Vertragswerk wie die Genfer Konventionen für nicht anwendbar erklärt, sind amerikanische Staatsbürger, die auf Weisung ihrer Regierung Krieg führen, vor dem «War Crimes Act» und einer Strafverfolgung wegen Kriegsverbrechen geschützt.[7] Anfang 2009 wurde dieses Memorandum wie alle anderen Expertisen des «Office of Legal Counsel» seit 2001 wegen offenkundiger Unhaltbarkeit aus dem Verkehr gezogen. Unter George W. Bush freilich fand der juristische Hokuspokus ungefiltert seinen Weg ins Weiße Haus.

Zwischen dem 18. Januar und dem 1. Februar 2002 sprachen Alberto Gonzales, David Addington und Justizminister John Ashcroft mehrfach mit dem Präsidenten. Die Wahl der Worte, dokumentiert in schriftlichen Tischvorlagen, gibt Aufschluss über eine Stimmung voller Hohn und Spott über internationales Kriegsrecht. «Idyllisch» nannte Gonzales den «Gemeinsamen Artikel Drei» der Genfer Konventionen, ein Relikt aus längst verblichener Zeit, in der man sich den Luxus von Großzügigkeit und Nachgiebigkeit leisten konnte – etwa «die Forderung, dass gefangenen Feinden mitleidige Privilegien wie Vorschüsse auf einen monatlichen Sold gewährt werden, oder Sportkleidung und wissenschaftliche [sic] Instrumente.» Und weiter: «Es ergibt sich aus dem Wesen des neuen Krieges, dass jetzt andere Faktoren hoch im Kurs stehen, darunter die Fähigkeit, von gefangenen Terroristen und ihren Unterstützern ganz schnell Informationen zu bekommen. […] Dieses neue Paradigma macht die strikten Genfer Auflagen zur Befragung feindlicher Gefangener obsolet.»[8] In diesem Milieu gründeten die Lästereien über das verweichlichte Europa, über den unaufhebbaren Konflikt zwischen Mars und Venus, die fortan auch in den Feuilletons Karriere machten. Und in diesem Kontext entstanden semantische Hilfskonstruktionen wie «unlawful enemy combatant» oder «untriably dangerous», Reminiszenzen an Paradoxien, die ansonsten nur in der absurden Literatur ihren Platz haben. «Untriable» heißt, dass keine gerichtsverwertbaren Beweise vorliegen und folglich auch kein Verfahren eröffnet werden kann; weil aber seine «Gefährlichkeit» zu vermuten ist, bleibt der Verdächtige auf unbestimmte Zeit in Haft – als «ungesetzlicher feindlicher Kämpfer», der keine Rechte hat, weil man sie ihm im Vorwege genommen hat. In diesem rechtsfreien Raum findet potentiell jeder seinen Platz, beispielsweise in Guantanamo, das man wider alle Klauseln des 1903 geschlossenen Pachtvertrages zu einem Ort jenseits der Gültigkeit amerikanischen, kubanischen oder internationalen Rechts erklärte.

Wie bei allen anderen wesentlichen Fragen fiel die Entscheidung im engsten Kreis und über die Köpfe wichtiger Minister hinweg. Dass die Spitze des Außenministeriums auf eine Einhaltung der Genfer Konventionen pochte, war im Weißen Haus bekannt. Der Rechtsberater des Ministers, William H. Taft, hatte in mehreren Memoranden die juristische Argumentation des «Office of Legal Counsel» als «äußerst schwach» – «seriously flawed» – bezeichnet,[9] Colin Powell selbst warnte in einem Schreiben an Alberto Gonzales und Condoleezza Rice vor einem unüberschaubaren politischen und moralischen Flurschaden. «[Die Nichtanwendung der Genfer Konventionen] wird ein Verständnis und eine Praxis von Politik in ihr Gegenteil verkehren, die in den USA seit über einhundert Jahren gepflegt worden ist.»[10] George W. Bush hörte sich die Einwände noch nicht einmal an. Stattdessen teilte er dem Pentagon am 18. Januar 2002 die Suspendierung der Genfer Konventionen für die Taliban und Angehörige von Al-Qaida mit; die ausführliche Begründung folgte in einem Memorandum an die wichtigsten Berater und Behördenchefs vom 7. Februar 2002. «Der Krieg gegen den Terrorismus bringt ein neues Paradigma mit sich, [...] und dieses neue Paradigma – das nicht auf uns, sondern auf die Terroristen zurückgeht – erfordert ein neues Denken mit Blick auf das Kriegsrecht. [...] Politischer Gründe halber [as a matter of policy] werden die Streitkräfte der Vereinigten Staaten Gefangene weiterhin auf menschenwürdige Weise behandeln und, soweit es angemessen und mit militärischer Notwendigkeit [military necessity] vereinbar ist, in einer Weise, die den Prinzipien von Genf entspricht.»[11]

«As a matter of policy» und «military necessity»: Mittels dieser Einschränkungen degradierte Bush eine völkerrechtlich verbindliche Rechtsnorm zu einer Gnadengeste des amerikanischen Präsidenten, die man aus politischen Gründen gewährt, aber auch jederzeit widerrufen kann – sobald politische Umstände und insbesondere «militärische Notwendigkeiten» es gebieten. Deutlicher hätte die Botschaft an die Verhörexperten auf den Schauplätzen des weltweiten «Krieges gegen den Terror» nicht sein können: Das Recht steht jederzeit zur Disposition, der Zweck heiligt die Mittel und wer glaubt foltern zu müssen, darf es tun. Obendrein galt diese Direktive nur für die Streitkräfte. Von der CIA war keine Rede, sie musste die Anwendung «erweiterter Verhörmethoden» noch nicht einmal begründen.

Nichtsdestotrotz drängte die Leitung der CIA auf weitere juristische Absicherung. Die Rechtsabteilung des Geheimdienstes kontaktierte im Frühjahr 2002 das «Office of Legal Counsel», hinterlegte eine ausführliche Beschreibung der vorgesehenen Verhörtechniken samt medizinischer und psychologischer Gutachten über mögliche Folgen und bat um eine zeitnahe Stellungnahme. Genauer gesagt: um ein juristisches Gütesiegel. Am 1. August 2002 legte das Justizministerium seine Unbedenklichkeitsbescheinigungen vor, verfasst von John Yoo und unterschrieben vom Leiter des «Office of Legal Counsel», Jay S. Bybee. Hanebüchen wie alle anderen «OLC»-Expertisen aus dieser Zeit, sind sie dennoch einer eingehenden Betrachtung wert. An diesem Beispiel wird nämlich ein weiteres Mal deutlich, wie willfährig Teile des Justizapparates sich zum Instrument der Politik machen ließen und wie bedenkenlos sie eine fundamentale Kehrtwende in der Rechtspolitik absegneten. Nicht vom geschmeidigen Ausnutzen juristischer Schlupflöcher ist die Rede, sondern von einem Frontalangriff auf das Rechtsverständnis der westlichen Moderne.

Das erste Memorandum («Standards of Conduct for Interrogation») befasst sich mit allgemeinen Grundsätzen und Richtlinien. Was ist unter Folter zu verstehen? Unter welchen Voraussetzungen machen sich Verhöroffiziere strafbar? Wann sind «erweiterte Verhörmethoden» rechtens? Die Antwort ist stets dieselbe: Radikale Herausforderungen erfordern radikale Antworten, Selbstbeschränkungen passen nicht zu den Paradigmen der neuen Zeit. «Bestimmte Handlungen mögen grausam, unmenschlich oder erniedrigend sein, ohne jedoch Schmerzen und Leid in der vom Folterverbot geforderten Intensität zu erzeugen. [...] Wir gehen davon aus, dass eine Handlung, um als Folter eingestuft werden zu können [...] Schmerzen zufügen muss, die nur schwer zu ertragen sind. Um als Folter zu gelten, müssen körperliche Schmerzen in ihrer Intensität jenen Schmerzen entsprechen, die mit einer schweren körperlichen Verletzung einhergehen. [...] Derartige Schädigungen müssen zum Tod führen, zu Organversagen oder zur dauerhaften Beeinträchtigung einer wesentlichen Körperfunktion.» Die gleichen Maßstäbe wurden für die sogenannte «weiße Folter» angelegt: «Rein psychische Schmerzen und Leiden müssen, um als Folter [...] zu gelten, signifikante psychische Störungen über einen signifikanten Zeitraum nach sich ziehen, also Monate andauern oder sogar Jahre.» In anderen Worten: Wenn es nicht mindestens zu Organversagen kommt, kann von Folter keine Rede sein. «Es ist offenkundig, dass der Begriff [Folter] nur extreme Handlungen umfasst.»[12]

Doch im Grunde waren derlei semantische Spitzfindigkeiten für John Yoo, Jay Bybee und ihre Auftraggeber von untergeordnetem Interesse. Im Wesentlichen ging es nicht um die Neudefinition von Folter, sondern um die Vorsorge gegen strafrechtliche Verantwortung und eine rechtzeitige Absicherung für den Fall einer politischen Zeitenwende. Ansonsten fast still gestellt, hallte die Tradition des amerikanischen Rechtsstaates in diesen Ängsten unüberhörbar nach.

Wie nicht anders zu erwarten, gaben die Juristen des «Office of Legal Counsel» erneut eine radikale Antwort: Egal, ob ein Gefangener gefoltert oder «lediglich» grausam, unmenschlich und erniedrigend behandelt wird, es gibt faktisch keine rechtliche Handhabe gegen die Verantwortlichen; egal, welcher Techniken sie sich bedienen, Vernehmer sind juristisch immun. «Specific intent», «necessity» und «self-defense» lauten die Schlüsselbegriffe zur Begründung dieser vermeintlichen Immunität. Demnach sind aus juristischer Sicht allein die «spezifische Intention» und der nachweisbare Vorsatz des Vernehmenden relevant, einem Dritten schweren körperlichen und seelischen Schaden zu bereiten. Wer hingegen im «guten Glauben» handelt, dass die zugefügten Schmerzen noch erträglich sind und die Grenzen des Erlaubten nicht überschreiten, kann nicht belangt werden. Erst recht im Vorteil sind Verhörexperten, die ihr Handeln als «notwendige Maßnahme» und die Schmerzen des Opfers als unvermeidliche Folge dieser «Notwendigkeit» verstehen – weil sie sich sicher sind, dass ein Verdächtiger Informationen über einen bevorstehenden Anschlag besitzt, und weil sie persönlich davon ausgehen, dass allein die Preisgabe dieses Wissens schweren Schaden abwendet. In diesem Fall kann aus Sicht des «OLC» auch das Motiv der «Selbstverteidigung» in Anspruch genommen werden. Gemeint ist, dass ein kollektives Recht in Zeiten des Notstandes und der terroristischen Bedrohung auf individuelle Regierungsangestellte übergeht und jeden Einzelnen befugt, das Kollektiv zu verteidigen – auch um den Preis, dass die angewandten Mittel tödliche Konsequenzen haben. «Jeder Schaden, der während einer Befragung eintreten könnte, wäre bedeutungslos im Vergleich zum Schaden, der durch die gescheiterte Abwehr einer Attacke auf das Leben von Hunderttausenden angerichtet wird.» Als wären diese Hürden nicht bereits hoch genug, brachte man als letzte Verteidigungslinie die «Commander-in-Chief»-Klausel in Stellung. Da ein Präsident angeblich von der Verfassung befugt ist, zum Schutz derselben jedes Mittel einzusetzen und sich im Zweifel auch über das Recht hinwegzusetzen, verstieße eine Bestrafung seiner Anordnungen gegen die Verfassung. Womit auch die Definition von Befehlsnotstand der neuen Zeit angepasst war: Des einen unbedingtes Vorrecht ist des anderen unhintergehbare Pflicht.[13]

Das zweite «Bybee-Memorandum», ebenfalls am 1. August 2002 vorgelegt, befasst sich mit der Anwendung dieser allgemeinen Richtlinien auf einen konkreten Fall – auf das Verhör von Abu Zubaydah, eines mutmaßlichen Mitglieds der Führungsriege von Al-Qaida. Zehn Methoden aus dem «SERE»-Programm lagen dem «Office of Legal Counsel» zur Begutachtung vor, jede dieser Methoden bewerteten die Juristen ausschließlich auf der Grundlage von Informationen, die ihnen die CIA zur Verfügung gestellt hatte. Zur Diskussion standen verschiedene Varianten körperlicher Züchtigung, die Unterbringung in engen Dunkelzellen («cramped confinement») und das Aussetzen von Insekten in diesen Karzern, Schlafentzug für einen Zeitraum zwischen 72 Stunden und elf Tagen und schließlich die Wasserfolter, das sogenannte «Waterboard». Letzteres bedeutet, dass der Gefangene auf einer angewinkelten Liege mit dem Kopf nach unten angeschnallt wird und dass die Vernehmer ein eng über seinem Gesicht gespanntes Tuch so lange mit Wasser begießen, bis das Atmen schwer fällt und schließlich Panik vor Ersticken oder Ertrinken aufkommt. Zwar räumte Jay Bybee ein, dass «es [das «Waterboard»] als unmittelbare Todesdrohung wahrgenommen wird und deshalb unter das Antifolter-Gesetz fällt». Dennoch hatte er keine Einwände, da das «Waterboard» der CIA und den «SERE»-Praktikern zufolge keine dauerhaften physischen oder mentalen Schäden hinterlässt. Auch die übrigen Verhörtechniken wurden als unbedenklich gebilligt.[14]

Jack Goldsmith, der Ende 2003 Jay Bybee als Leiter des «Office of Legal Counsel» ablöste, fand am Ende einer für ihn frustrierenden Amtszeit die angemessenen Worte: «Gewalttätige Handlungen sind nicht notwendigerweise Folter; aber wenn jemand foltert, hat er aller Wahrscheinlichkeit nach eine begründete Ausrede; und selbst wenn man keine Ausrede hat, kommt das Anti-Folter-Gesetz nicht zur Anwendung, solange jemand mit Rückendeckung des Präsidenten handelt. CIA-Vernehmer und ihre Vorgesetzten [...] sahen in diesen Rechtsgutachten einen ‹goldenen Schild›, wie es ein CIA-Mitarbeiter später formulierte, der zu einer enormen Beruhigung beitrug.»[15] Mit Billigung des Justizministeriums wurden Gewalträume nicht eingeschränkt, sondern erweitert. Und im Grunde macht sich nur eine Gruppe von Delinquenten tatsächlich strafbar: Sadisten, die andere ausschließlich um der eigenen Lust willen quälen.

«Die augenblicklich in GTMO [Guantanamo] gültigen Verhörrichtlinien schränken die Möglichkeiten der Vernehmer ein, einem fortgesetzten Widerstand entgegenzuwirken», schrieb Lieutenant Colonel Jerald Phifer am 11. Oktober 2002 an den Leiter der für Verhöre in Guantanamo zuständigen «Joint Task Force 170». Major General Michael Dunlavey seinerseits leitete Phifers Wunschliste zusammen mit einer Rechtsexpertise aus seinem Stab noch an demselben Tag an den Chef von «Southern Command», James T. Hill, weiter. Erbeten wurde die Zustimmung zu drei Kategorien von Verhörmethoden nach dem Vorbild der «SERE»-Ausbildung in Fort Bragg, North Carolina – darunter sogenannte «Stresspositionen», vollständiges Entkleiden der Gefangenen, Einsatz von Hunden, sensorische Deprivation in abgedunkelten und schalldichten Räumen, Isolation bis zu 30 Tagen, 20-stündige Verhöre, Ersatz regulärer Mahlzeiten durch übel riechende und schlecht schmeckende Nahrung, Todesdrohungen gegen den Gefangenen und seine Familie, Unterbringung in Kältezellen oder Bespritzen mit kaltem Wasser und schließlich das «Waterboard». Am 25. Oktober 2002 bat James T. Hill den Vorsitzenden der Vereinten Stabschefs um eine rechtliche Begutachtung dieses Katalogs durch Juristen des Verteidigungs- und Justizministeriums. «Ich bin mir nicht sicher, ob alle Techniken […] mit dem amerikanischen Recht vereinbar sind. […] Ganz besonders stört mich der Einsatz von impliziten oder expliziten Todesdrohungen gegen einen Gefangenen oder seine Familie.» Das Büro der Vereinten Stabschefs entsprach dieser Bitte und löste damit ungeahnte Konsequenzen aus.[16]

Fassungslosigkeit, Wut und Empörung – Emotionen dieser Art machten es den Juristen der Teilstreitkräfte schwer, bei der Abfassung ihrer Antworten die bürokratisch korrekte Form zu wahren. «Die Armee macht schwerwiegende juristische, politische und praktische Bedenken geltend», hieß es in der Stellungnahme des Obersten Juristen der US-Army. Von einer «klaren Verletzung des Bundesgesetzes gegen Folter» und einem Verstoß gegen das militärische Strafrecht, den «Uniform Code of Military Justice», war in diesem Memorandum die Rede. «Wenn wir Gefangene misshandeln, werden wir sehr schnell unseren Anspruch auf moralische Überlegenheit einbüßen.» Zum Verwechseln ähnlich klangen die Reaktionen seitens der Luftwaffe, der Marine und des Marine Corps, nicht zuletzt, weil man fürchtete, dass die Feinde der USA sich rächen und künftig genauso wenig Rücksicht auf amerikanische Kriegsgefangene nehmen würden. Der stellvertretende Leiter der «Criminal Investigative Task Force» des Verteidigungsministeriums, einer von allen Teilstreitkräften personell beschickten Ermittlergruppe, prognostizierte harte Strafen, sollten dergleichen Methoden angewandt und bekannt werden. «Man muss schließlich auch daran denken, wie wir dereinst im Urteil der Geschichte dastehen werden.» Für die Rechtsexperten in Guantanamo, die im Auftrag der «Joint Task Force 170» diverse «erweiterte Verhörmethoden» abgesegnet hatten, blieb nur Verachtung. «Juristisch ungenügend» und «beklagenswert unzureichend» waren noch vergleichsweise zurückhaltende Bemerkungen. Um ein sich abzeichnendes Desaster abzuwenden, forderten ausnahmslos alle angesprochenen Experten eine neue und unabhängige juristische Begutachtung von Verhörmethoden.[17]

Die Spitze des Pentagon blockte den Vorstoß umgehend ab. Nach einem Spitzengespräch mit Paul Wolfowitz, Douglas Feith und William Haynes wies General Richard Myers die Rechtsberaterin der Vereinten Stabschefs an, die vorgesehene juristische Überprüfung der aus Guantanamo kommenden Anfragen sofort abzusagen – ein einmaliger Vorgang und massiver Eingriff in die Kompetenzen der für die bürokratische Selbstkontrolle zuständigen Juristen. Als hätte es deren Kritik nie gegeben, sandte Haynes am 27. November 2002 ein Memorandum an Donald Rumsfeld und empfahl dem Minister die Billigung der von «Joint Task Force 170» eingereichten Wunschliste. Ausgenommen wurden Todesdrohungen, Kälteschock und das «Waterboard» – vorübergehend. «Obwohl alle Techniken der Kategorie III als rechtlich zulässig gelten können, gehen wir davon aus, dass aufgrund politischer Erwägungen eine umfassende Genehmigung der Kategorie III-Techniken zum gegenwärtigen Zeitpunkt nicht gerechtfertigt ist.» Rumsfeld genehmigte den Antrag am 2. Dezember 2002. Mit einem handschriftlichen Vermerk unterhalb der Signatur-

-C.
-PD.

UNCLASSIFIED

GENERAL COUNSEL OF THE DEPARTMENT OF DEFENSE
1600 DEFENSE PENTAGON
WASHINGTON, D.C. 20301-1600
[redacted]

GENERAL COUNSEL

2002 DEC -2 AM 11:03
OFFICE OF THE
SECRETARY OF DEFENSE

ACTION MEMO

November 27, 2002 (1:00 PM)

DEPSEC________

FOR: SECRETARY OF DEFENSE

FROM: William J. Haynes II, General Counsel [signature]

SUBJECT: Counter-Resistance Techniques

- The Commander of USSOUTHCOM has forwarded a request by the Commander of Joint Task Force 170 (now JTF GTMO) for approval of counter-resistance techniques to aid in the interrogation of detainees at Guantanamo Bay (Tab A).
- The request contains three categories of counter-resistance techniques, with the first category the least aggressive and the third category the most aggressive (Tab B).
- I have discussed this with the Deputy, Doug Feith and General Myers. I believe that all join in my recommendation that, as a matter of policy, you authorize the Commander of USSOUTHCOM to employ, in his discretion, only Categories I and II and the fourth technique listed in Category III ("Use of mild, non-injurious physical contact such as grabbing, poking in the chest with the finger, and light pushing").
- While all Category III techniques may be legally available, we believe that, as a matter of policy, a blanket approval of Category III techniques is not warranted at this time. Our Armed Forces are trained to a standard of interrogation that reflects a tradition of restraint.

RECOMMENDATION: That SECDEF approve the USSOUTHCOM Commander's use of those counter-resistance techniques listed in Categories I and II and the fourth technique listed in Category III during the interrogation of detainees at Guantanamo Bay.

SECDEF DECISION:

Approved [signature] Disapproved __________ Other __________

Attachments
As stated

cc: CJCS, USD(P)

However, I stand for 8-10 hours a day. Why is standing limited to 4 hours?

D.R. DEC 0 2 2002

Declassified Under Authority of Executive Order 12958
By Executive Secretary, Office of the Secretary of Defense
William P. Marriott, CAPT, USN
June 18, 2004

UNCLASSIFIED

X04030-02

«However, I stand for 8–10 hours a day. Why is standing limited to 4 hours?» Memorandum vom 27. November 2002 mit handschriftlichem Vermerk von Donald Rumsfeld.

leiste gab er zugleich sein Einverständnis für eine aggressive Interpretation der «erweiterten Verhörmethoden». «Warum ist das Stehen auf vier Stunden beschränkt?», fragte er mit Blick auf die «Stressposition» anhaltendes Stehen. «Schließlich stehe ich acht bis zehn Stunden am Tag.»[18]

Dass die Kritiker keine Ruhe geben würden, war wohl auch für Rumsfeld eine Überraschung. Nachdem er Mitte Dezember 2002 aus erster Hand über fortgesetzte Misshandlungen in Guantanamo erfahren hatte, setzte Alberto Mora, oberster Rechtsberater der Marine, den Marineminister in Kenntnis und bat mit dessen Erlaubnis um ein Gespräch mit seinem Pendant im Verteidigungsministerium, William Haynes. Mora sprach von Folter und dass Rumsfeld einen Prozess in Gang gesetzt hatte, den am Ende niemand mehr kontrollieren konnte – den sogenannten «force drift», der sich regelmäßig einstellt, wenn die ersten Hemmschwellen überschritten sind und Gewalt zur Lust oder schlicht zur Gewohnheit wird. «Ich bedrängte ihn, genauer über die Verhörtechniken nachzudenken», so Mora in einer ausführlichen Rekonstruktion dieser Unterredung. «Was bedeutet ‹Entzug von Licht und Geräuschquellen›? Konnte man einen Gefangenen in einer vollständig dunklen Zelle einsperren? Und für wie lange? Einen Monat? Länger? Was genau beinhaltete die Erlaubnis zur Ausbeutung von Phobien? Konnte man einen Gefangenen in einem Sarg einsperren? Konnte man mit Phobien so lange hantieren bis der Wahnsinn einsetzte? […] Ferner machte ich auf das fundamentale Problem des Memorandums aufmerksam, dass es in jeder Hinsicht grenzenlos war – es wurde versäumt, eine klare Grenze für verbotene Behandlung zu setzen. […] Ich verwies auch auf den handschriftlichen Kommentar des Ministers. […] Jeder Verteidiger würde darauf Bezug nehmen und fragen, ob es nicht als versteckte Botschaft gemeint war, als schriftliches Abnicken an die Adresse der Vernehmer und als Hinweis, dass sie […] davon ausgehen konnten, das ihres Erachtens Notwendige zum Erhalt der benötigten Informationen tun zu dürfen.»[19]

Am 15. Januar 2003 schließlich stellte Mora im Verlauf eines neuerlichen Gesprächs mit William Haynes ein Ultimatum:

Sollte Rumsfeld seine Erlaubnis vom 2. Dezember vergangenen Jahres nicht innerhalb der nächsten Stunden widerrufen oder einen baldigen Widerruf ankündigen, würde ein von Mora unterzeichnetes und von ranghohen Militärs und Militärjuristen gebilligtes Schreiben in Umlauf gebracht. Wie Haynes dem Entwurf entnehmen konnte, war von einem Bruch nationalen und internationalen Rechts und einer Anleitung zur Folter die Rede. Bereits Tage zuvor hatte Mora zu bedenken gegeben, dass Rumsfeld sein Amt aufs Spiel setzte und eine Beschädigung der Präsidentschaft Bush in Kauf nahm. Ob sich Rumsfeld von Mora allein hätte beeindrucken lassen, sei dahingestellt. Weil sich aber zeitgleich auch andere Unzufriedene zu Wort meldeten, musste er mit schwer kalkulierbaren Konflikten rechnen. Mehrere Mitarbeiter des FBI hatten sich in den zurückliegenden Wochen telefonisch und per E-Mail im Büro von Haynes gemeldet und empört über ihre Eindrücke aus Guantanamo berichtet. Wie es hieß, teilte FBI-Chef Robert Mueller ihre Kritik. Nicht zuletzt veröffentlichte die «Washington Post» am 26. Dezember 2002 einen ausführlichen Bericht über Misshandlungen in amerikanischen Gefangenenlagern von Afghanistan bis Kuba. Offensichtlich griff das Blatt auf gezielte Indiskretionen von Militärs zurück, die nicht mehr an die Wirksamkeit interner Kritik glaubten. Widerwillig lenkte Rumsfeld ein und zog sein umstrittenes Memorandum am 15. Januar 2003 zurück.

Der vermeintliche Rückzug Rumsfelds war indes als Kriegserklärung an seine Kritiker gedacht. Er wollte an den Verhörmethoden nichts ändern, sondern sich lediglich einen größeren bürokratischen Rückhalt bei ihrer umfassenden Anwendung verschaffen. Mit Erfolg, wie sich binnen weniger Wochen zeigen sollte. Bis Ende Januar, so eine ebenfalls am 15. Januar 2003 erlassene Direktive des Verteidigungsministers, sollte eine Arbeitsgruppe unter Vorsitz der obersten Rechtsberaterin der Luftwaffe, Mary Walker, über Verhörtechniken beraten und der Führung des Pentagon geeignete Vorschläge machen. Dieser «Detainee Interrogation Working Group» gehörten zivile Rechtsberater sowie die Spitzenjuristen aller Teilstreitkräfte an, ferner Mitarbeiter aus den Stäben von

Donald Rumsfeld, Douglas Feith und der Vereinten Stabschefs – und selbstverständlich auch die jüngst mit kritischen Äußerungen auffällig gewordenen Militärs, die man durch Partizipation zu Komplizen machen wollte. Dass dem tatsächlich so war, wurde allen Beteiligten bereits nach wenigen Sitzungen klar. William Haynes kündigte nämlich ein neues Rechtsgutachten des «Office of Legal Counsel» an und wies auf die unhintergehbare Verbindlichkeit dieser Expertise hin. In anderen Worten: Die Arbeitsgruppe konnte alles Mögliche beraten und vorschlagen, verbindlich war allein das Votum des «OLC».

Die Stellungnahme des «Office of Legal Counsel», auftragsgemäß von John Yoo verfasst und Mitte März 2003 eingereicht, erfüllte alle Erwartungen des Verteidigungsministers. Wie gehabt wurden nur jene Qualen als Folter eingestuft, die zu Organversagen oder Tod führen, wie üblich wurde der Grundsatz verteidigt, dass die «nationale Sicherheit» über dem Recht steht und im Krieg alle Anordnungen des Präsidenten rechtens sind, wie gewohnt wurde einer strafrechtlichen Immunität von Vernehmern das Wort geredet. Im Grunde hätte es dieses neuen Memorandums gar nicht bedurft, handelte es sich doch nur um eine semantisch leicht modifizierte Wiedergabe des ersten Bybee-Memorandums vom 1. August 2002: «Im Krieg befindet allein der Präsident darüber, welche Mittel eingesetzt werden, um am effektivsten die Oberhand über den Feind zu gewinnen.» Während einer Sitzung der Arbeitsgruppe gefragt, ob diese Formulierung auch die Folter einschloss, antwortete John Yoo kurz und bündig mit «Ja».[20]

In der Arbeitsgruppe kam es zu einem heftigen Streit über das Gutachten des «OLC». «Ich bezweifle, dass diese Theorie vor amerikanischen Gerichten oder vor irgendeinem internationalen Forum würde bestehen können», schrieb der Chefjurist der Armee, Major General Thomas Romig. «Eine derartige Politik wird uns international der Kritik aussetzen, dass die Vereinigten Staaten selbstherrlich Recht setzen.» Und Alberto Mora sprach, ähnlich wie Vertreter der Luftwaffe und des Marine Corps, von einem «gefährlichen Dokument», von «Irrtümern im Grundsatz» und einer «Verhöhnung des vorliegenden Rechts.» Von der Rechtsphilosophie bis zur Wahrnehmung der USA in den Augen der Weltöffentlichkeit, von Prinzipien der Truppenführung bis zu Regeln einer sinnvollen Befragung von Gefangenen reichten die Einwände – vergebens. Entnervt, mutlos und fast ängstlich fügten sich die Kritiker am Ende dem Ukas aus der Spitze des Pentagon. Keiner ging an die Presse, niemand bediente zu diesem Zeitpunkt Journalisten mit Informationen, zu Rücktritten kam es schon gar nicht.[21]

Am 4. April 2003 lag der Abschlussbericht der «Detainee Interrogation Working Group» vor, eine auf 85 Seiten erweiterte Fassung des Gutachtens von John Yoo. Die «Abweichler» bekamen diesen Text nie zu sehen, sie wussten noch nicht einmal, dass er verabschiedet und als autoritative Stellungnahme an den Kommandeur von «Southern Command» und den Chef der «Joint Task Force 170» in Guantanamo weitergeleitet worden war. Dass selbst der innere Kreis hinters Licht geführt wurde, lag nahe. 13 von 32 als unbedenklich eingestuften Verhörmethoden hatte man dem berüchtigten «SERE»-Trainingsprogramm entnommen, Techniken, die eindeutig gegen das Kriegsvölkerrecht verstoßen und deshalb in den Einsatzrichtlinien der US-Army – dem «Field Manual 34–52» – mit keinem Wort erwähnt werden. Unter diesen Umständen hätte ein «Leck» zu unangenehmen Diskussionen in der Öffentlichkeit über die Rolle des «Office of Legal Counsel» und damit auch über das Rechtsverständnis des Weißen Hauses geführt.

Knapp zwei Wochen später, am 16. April 2003, erließ Donald Rumsfeld unter Berufung auf das Resümee der Arbeitsgruppe eine neue Direktive zum Verhör von Gefangenen in Guantanamo. Verglichen mit der bis dato geführten Debatte und gemessen an der Vorlage der «Detainee Interrogation Working Group» mutet das Memorandum beinahe moderat an; in der Sache aber machte Rumsfeld keine Abstriche. Offiziell erlaubt waren fortan 24 Techniken, darunter fünf «SERE»-Methoden. Ausdrücklich gebilligt wurden Isolation, Schlafentzug, Überhitzen oder Unterkühlen von Zellen sowie diverse «Fear Up-» und «Pride and Ego Down»-Maßnahmen, um einen Gefangenen in Angstzustände zu versetzen und sein «Ego anzugreifen oder zu beleidigen». Vor allem aber stellte Rumsfeld auch den Rückgriff auf Druck- und Zwangsmittel in Aussicht, die in dem 24er-Katalog nicht vorkamen. «Wenn Sie der Meinung sind, dass gegenüber einem bestimmten Gefangenen zusätzliche Verhörtechniken notwendig sind», so das Begleitschreiben an den Kommandeur von «Southern Command», dann sollten sie mir über den Vorsitzenden der Vereinten Stabschefs eine schriftliche Anfrage zukommen lassen.»[22] Dergleichen Anfragen ließen nicht lange auf sich warten; und Rumsfeld zögerte nicht mit der Genehmigung. Im Regelfall konnten sich Untergebene also auf eine schriftliche Rückendeckung aus Washington verlassen. Faktisch hatte der Verteidigungsminister mit einer scheinbar um Mäßigung bemühten Direktive den Möglichkeitsraum für Missbrauch und Gewalt erweitert.

Lager

Somit beginnt die Geschichte der Folter im «Krieg gegen den Terror» ganz oben. Sie geht weder auf das eigenmächtige Handeln Einzelner zurück, noch ist sie der Unbotmäßigkeit bestimmter militärischer Einheiten geschuldet. Gewiss trugen die Akteure auf unterster Ebene das Ihre zur Eskalation bei, mitunter scheinen sie auch Gefallen an der absoluten Macht über andere gefunden zu haben. Aber ohne das vielfältige Zutun des Verteidigungsministeriums und des Weißen Hauses sind Art, Umfang und Dauer der Menschenschinderei nicht vorstellbar.

Keine Rücksichten nehmen zu dürfen und in harten Zeiten mit harter Hand vorgehen zu müssen – davon waren George W. Bush und seine Berater subjektiv überzeugt, diese Botschaft kommunizierten sie ihrer Umwelt auf jede erdenkliche Art und Weise. Bei Beratungen im kleinen Kreis malte man sich aus, die Köpfe gefangener Al-Qaida-Terroristen «auf Stöcke aufzuspießen» und «in Schachteln» nach Washington zu bringen, vor der Presse bezeichnete Donald Rumsfeld die Gefangenen von Guantanamo pauschal «als die gefährlichsten, am besten ausgebildeten und bösartigsten Killer dieser Welt». Der Präsident fasste sich je nach Gelegenheit mal kurz, mal griff er in das Repertoire religiöser Bildsprache. «Die Geschichte hat uns zum Handeln aufgerufen, und diese Nation folgt dem Ruf. [...] Wir haben für den Schutz der Schwachen zu sorgen. Wir müssen die Welt und diese Zivilisation, so wie wir sie kennen, vor diesen bösen Menschen schützen. Wir haben keine andere Wahl.» – «Das sind böse Menschen.»[23] Die

«Das sind böse Menschen» – Wachturm des Camp Delta im Lager Guantanamo.

Wahl der Worte, die Inszenierung und die Häufigkeit derartiger Auftritte hinterließen ihre unverwechselbare Signatur, einen – wie es im Amerikanischen heißt – «do what it takes mindset». Wo gehobelt wird, fällen Späne, wäre eine im Deutschen angemessene Umschreibung. Zweifellos war diese Botschaft für die heimische Öffentlichkeit im Allgemeinen bestimmt. In erster Linie aber ging sie an die Adresse jener Soldaten und Geheimdienstler, die weltweit Jagd auf Al-Qaida machten und gefangene Terroristen bewachten.

Noch unmittelbarer wurde der Druck nach unten im Gespräch mit Geheimdienstlern und verantwortlichen Militärs aufgebaut. Nachweislich beschäftigte man sich auf höchster Ebene nicht nur mit den allgemeinen Richtlinien für «ungesetzliche feindliche Kämpfer». Der Präsident, Richard Cheney, Condoleezza Rice, Justizminister John Ashcroft und die Leiter des «Office on Legal Counsel», die Rechtsberater des Weißen Hauses, der CIA und des Nationalen Sicherheitsrates – sie alle diskutierten, mal in größerer, mal in kleinerer Runde, von Mitte 2002 bis Anfang 2005 mit George Tenet über konkrete Einzelfälle. Welche Gefangenen von besonderem Interesse, sogenannte «high value detainees», sollten auf welche Weise verhört werden? Dass dabei mehrfach auch das «Waterboard» gebilligt wurde und der Präsident persönlich sein Einverständnis gab, steht fest. Ebenso, dass George W. Bush ständig auf dem Laufenden gehalten werden wollte und sich im Unterschied zu seinen sonstigen Gepflogenheiten sehr für Details interessierte. «Funktionieren einige dieser harten Methoden denn tatsächlich?» – «Wer hat erlaubt, dem Kerl Schmerzmittel zu verabreichen?»[24] Ununterbrochen, so die Auskunft der Beteiligten, setzte er während der allmorgendlichen Geheimdienstbesprechung Tenet und dessen Stellvertreter zu. Vorgaben des Präsidenten auf die leichte Schulter zu nehmen, kann sich ein Behördenchef schon in normalen Zeiten nicht leisten. In der aufgeheizten Stimmung nach «9/11» gab es erst recht kein Entrinnen, hatte doch die Administration in der Öffentlichkeit extrem hohe Erwartungen an eine lückenlose Aufklärung und eine baldige Verhaftung aller Verantwortlichen geweckt.

Auf Seiten des Pentagon übernahm der stellvertretende Verteidigungsminister Paul Wolfowitz die Rolle des Einpeitschers. Bereits im Sommer 2002 beklagte er sich beim Kommandeur der für die Verhöre in Guantanamo zuständigen «Joint Task Force 170» über die mangelnde Auskunftsbereitschaft der Insassen und mahnte zu einer aggressiveren Gangart. Mit Major General Geoffrey Miller, der im November 2002 die dortige «JTF» übernommen und größere Effektivität in Aussicht gestellt hatte, telefonierte Wolfowitz mindestens einmal wöchentlich – in der Regel ging es um die Genehmigung besonderer Verhörpraktiken für «high value detainees», bisweilen auch um die Frage, welche Erfahrungen man mit bestimmten Techniken gemacht hatte und ob sie sich zur Verwendung in anderen Lagern eigneten.[25]

Wo, wann, von wem und wie oft seit Herbst 2001 mit «verschärften Methoden» verhört und gefoltert wurde, ist nur in Umrissen bekannt. «Kill, capture, or detain members of Al-Qaida anywhere in the world» – «Angehörige von Al-Qaida überall in der Welt zu töten, zu ergreifen und in Gewahrsam zu halten»: So lautete der Auftrag einer streng geheimen «Executive Order» des Präsidenten vom 17. September 2001. Zugrunde gelegt wurde eine «Worldwide Attack Matrix», ein auf sage und schreibe 80 Länder zugeschnittener Operationsplan, für dessen Umsetzung allein die CIA knapp 900 Millionen Dollar zusätzlicher Mittel erhielt. Kurz darauf – vermutlich Ende 2001 oder Anfang 2002 – wurde das Verteidigungsministerium angewiesen, eine aus Elitesoldaten der Marine und Luftwaffe sowie paramilitärischen Einsatzkräften der CIA bestehende Sondereinheit zu bilden. Offiziell war von einem «Special Access Program» (SAP) die Rede, Tarnsprache für eine globale Menschenjagd, die vor keiner Grenze Halt machte und keinen Respekt vor Recht und Gesetz gelten ließ. Angeblich wussten in Washington nur ungefähr 200 Personen über Sinn und Zweck des «SAP» Bescheid.

Binnen weniger Monate entstand zwischen Indonesien und Kuba ein nach wie vor unübersichtlicher Archipel von Gefängnissen und Lagern. Neben dem Hauptlager Guantanamo haben es einige Einrichtungen in der irakischen und afghanischen Kriegszone im Laufe der Zeit zu trauriger Berühmtheit gebracht: Bagram, Kandahar, Abu Ghraib und ungefähr ein Dutzend weiterer «Counter-Terrorist Intelligence Centers» auf US-Stützpunkten.

Namenlos geblieben sind die ungezählten «black sites», verliesartige Geheimgefängnisse, von denen außer den Betreibern niemand Kenntnis hatte und die selbstverständlich auch vor dem für Lagerinspektionen zuständigen Internationalen Roten Kreuz geheim gehalten wurden. In diesem Zusammenhang fallen immer wieder die Ländernamen Bulgarien, Kosovo, Mazedonien, Polen, Rumänien, Ukraine, Pakistan und Usbekistan; auch im Norden Afrikas soll es «black sites» gegeben haben. Oftmals delegierten die USA die Lageraufsicht wie auch die Verhöre an die Polizei und Geheimdienste des Gastlandes, die für ihre Rücksichtslosigkeit berüchtigt waren und zugleich den Auftraggeber vor rechtlichen Konsequenzen schützten. «Ohne sie [die Einheimischen] und ohne ihre Hilfe», so George Tenet im März 2003, «können wir uns das globale Programm von der Backe wischen. […] Wir müssen uns einfach eingestehen, dass wir im Moment verdammt noch mal keine Ahnung haben.»[26]

Auch über die Opfer dieser «extraordinary rendition» oder «außergewöhnlichen Überstellung» können nur schemenhafte Angaben gemacht werden. Angeblich wurden zwischen Herbst 2001 und Sommer 2005 in 90 Ländern ungefähr 3000 Menschen verhaftet, über 600 von ihnen landeten in Guantanamo. Viele, wenn nicht die meisten hatten sich einfach nur zur falschen Zeit am falschen Ort aufgehalten: Der Gewürzhändler aus Kabul, der neben Kräutern auch Honig verkaufte und sich verdächtig machte, weil Honig angeblich eine Haupteinnahmequelle von Al-Qaida ist; der jordanische Palästinenser, in Pakistan offiziell als Flüchtling anerkannt, dem man unterstellte, als Araber Terroristen kennen zu müssen; der russische Ingenieur und der Unternehmer, die ein neues Leben in einem muslimischen Land beginnen wollten und das Pech hatten, zwischen die Fronten der Taliban und der «Nordallianz» zu geraten; oder der Deutsche Khaled El-Masri, der Ende 2003 an der mazedonischen Grenze einer Namensverwechslung zum Opfer fiel und wenig später in einer «black site» in Kabul mit den Worten empfangen wurde: «Du bist hier in einem Land, in dem Dich keiner kennt, in einem Land ohne Gesetz. Falls Du stirbst, werden wir Dich beerdigen, und niemand wird etwas bemerken.»[27] Weil die CIA Kopfgelder für Verdächtige ausgesetzt hatte, beteiligten sich beispielsweise in der afghanisch-pakistanischen Grenzregion auch «Warlords» und pakistanische Sicherheitskräfte an der Jagd. Wie Händler auf einem «riesigen Menschenbasar» (Ahmed Rashid) traten sie auf, verkauften Hunderte von Unschuldigen in die Gefangenschaft, darunter Kinder, junge Männer zwischen 13 und 16 Jahren sowie über 80-jährige, mitunter demenzkranke Greise.[28] Wohin sie verfrachtet und wie sie im Einzelnen behandelt wurden, gehört zu den Fragen, die wahrscheinlich nie hinreichend beantwortet werden können.

«2. Nacktheit. Mit dieser Technik soll psychisches Unbehagen erzeugt werden, vor allem, wenn ein Gefangener aus kulturellen oder anderen Gründen besonders schamhaft ist. [...] Wenn diese Technik angewandt wird, sollte die Raumtemperatur mindestens 20 Grad Celsius betragen. [...] Weibliche Vernehmer dürfen die nackten Gefangenen sehen [...] und die Gefangenen sollen wissen, dass sie in nacktem Zustand von Frauen betrachtet werden. [...] 6. Schläge ins Gesicht. [...] Die Finger sind leicht gespreizt. Die Hand berührt den Bereich zwischen der Oberkante des Kinns und der Unterkante des Ohrläppchens. [...] 7. Schläge in den Unterleib. [...] Der Vernehmer steht direkt vor dem Gefangenen in einer Entfernung von nicht mehr als 45 Zentimeter. [...] Der Vernehmer darf nicht mit der Faust schlagen, der Schlag muss den Bereich zwischen Bauchnabel und Brustbein treffen. [...] 8. Einsperren auf engem Raum. [...] Der Raum ist gewöhnlich dunkel. Die Dauer des Einsperrens hängt von der Größe des Containers ab. In den größeren Containern kann man stehen oder sitzen; in den kleineren kann man sitzen. In den größeren Zellen darf das Einsperren nicht länger als acht Stunden am Stück und nicht länger als 18 Stunden am Tag dauern; in den kleineren Zellen darf ein Gefangener nicht länger als zwei Stunden eingesperrt werden. [...] 11. Bespritzen mit Wasser. Dabei wird kaltes Wasser auf einen Gefangenen gegossen. [...] Das Wasser muss trinkbar sein und darf dem Gefangenen nicht in Nase, Mund oder Augen laufen. [...] Wenn der Gefangene auf dem Boden liegt, muss sein Kopf in einer senkrechten Position bleiben, und eine Decke, eine Matte oder anderes Material muss zwischen ihm und dem Fußboden liegen, um das Auskühlen des Körpers möglichst gering zu halten. [...] Wasser mit einer Temperatur von 5 Grad Celsius darf maximal 20 Minuten angewendet werden, Wasser mit 10 Grad maximal 40 Minuten, Wasser mit 15 Grad maximal 60 Minuten. [...] Wenn Wasser nicht gespritzt, sondern tropfenweise auf den Gefangenen «geschnipst» wird, müssen ebenfalls Trinkwasser verwendet und die oben genannten Luft- und Wassertemperaturen berücksichtigt werden. [...] Wasser muss jederzeit so «geschnipst» werden, dass es vom Gefangenen nicht eingeatmet oder verschluckt wird. 12. Schlafentzug (mehr als 48 Stunden). [...] Die hauptsächliche Methode zum Schlafentzug ist das Anketten des Gefangenen. Dabei muss der Gefangene mit gefesselten Händen stehen, die Handschellen sind mit einer langen, in der Decke verankerten Kette verbunden. Die Hände des Gefangenen sind vor seinem Körper verkettet, der Gefangene kann sich ungefähr im Umkreis von einem Meter bewegen. Die Füße des Gefangenen sind an einen Schraubbolzen im Fußboden gekettet. Um der körperlichen Sicherheit willen ist darauf zu achten, dass die Ketten weder zu lose noch zu eng sind. [...] Der Gefangene hält seine Hände gemeinhin auf der Höhe zwischen seinem Herzen und Kinn. In einigen Fällen können die Hände über Kopfhöhe hochgezogen werden, aber für nicht länger als zwei Stunden. [...] Sollte der Gefangene einschlafen, wird er das Gleichgewicht verlieren und wieder aufwachen. [...] Statt zu stehen kann ein Gefangener auch gefesselt auf einen kleinen Stuhl gesetzt werden. Der Stuhl [...] ist zu klein, um sein Gewicht ausbalancieren und schlafen zu können. [...] Wenn der Gefangene bekleidet ist, trägt er eine Windel für Erwachsene unter der Hose. Nackte Gefangene [...] tragen Windeln. [...] Die maximale von der CIA erlaubte Dauer des Schlafentzugs beträgt 180 [einhundertachtzig] Stunden; danach muss dem Gefangenen ein unterbrochener Schlaf von mindestens acht Stunden gewährt werden. [...] Die längste Zeitspanne eines Schlafentzugs bei einem Gefangenen in

Obhut der CIA liegt bei 180 Stunden. Nach einem unterbrochenen Schlaf von acht Stunden kann der Schlafentzug von vorne beginnen, aber nur, wenn medizinisches Personal festgestellt hat, dass keine medizinischen oder psychologischen Kontraindikationen vorliegen. [...] 13. «Waterboard». Der Gefangene liegt auf einer in der Horizontalen zwischen zehn und 15 Grad geneigten Pritsche auf dem Rücken und mit dem Kopf nach unten. [...] Das kalte Wasser wird aus einer Höhe zwischen 2,5 und 4,5 Zentimeter auf das Tuch gegossen. [...] Eine einzelne «Anwendung» von Wasser darf nicht länger als 40 Sekunden dauern, wobei die Dauer der «Anwendung» bemessen wird vom Moment des Auftreffens des Wassers – egal welcher Menge – auf dem Tuch bis zu dem Augenblick, in dem das Tuch vom Gesicht entfernt wird. [...] Es kann vorkommen, dass ein Gefangener zwecks Gegenwehr Wasser verschluckt, womöglich in größeren Mengen. Aus diesem Grund [...] ist die Verwendung einer Salzlösung statt normalen Wassers vorgeschrieben, damit die Gefahr eines durch Wasserkonsum bedingten Sodiumverlustes im Blut verringert wird. [...] Innerhalb von 24 Stunden sollen nicht mehr als zwei «Sitzungen» mit dem «Waterboard» durchgeführt werden, und keine «Sitzung» soll länger als zwei Stunden dauern, wobei die Zeit ab dem Moment genommen wird, da ein Gefangener auf die Pritsche gebunden wird. Wenn Wasser zehn Sekunden oder länger angewandt wird, soll es zu maximal sechs dieser Anwendungen während einer Sitzung kommen. [...] Innerhalb von 24 Stunden soll die Gesamtdauer aller Anwendungen 12 Minuten nicht überschreiten.»[29]

Es klingt wie boshafte Satire, wie eine Anleihe bei Betriebsanleitungen für Kaffee- oder Waschmaschinen, verfasst in einem ebenso aseptischen wie aggressiven Sprachduktus von Anwälten, die ihren Klienten alles erlauben und sie gleichzeitig gegen alles versichern. Tatsächlich aber handelt es sich um Richtlinien der CIA für den Umgang mit «besonders wichtigen Gefangenen», wobei unklar ist, wann eine Klassifizierung als «high value detainee» vorgenommen wurde – vor der Folter oder nach der Folter, im Wissen um die Identität des Betreffenden oder nachdem man sich ein Bild gemacht hatte anhand von Aussagen, die in den Verdächtigen buchstäblich hineingeprügelt worden waren.

«Die CIA muss sich nicht an die Regeln halten, die für das Militär gelten», erläuterte der oberste Rechtsberater beim «Counter Terrorist Center» der CIA, Jonathan Fredman, während einer Besprechung in Guantanamo am 2. Oktober 2002. «Die CIA arbeitet unabhängig vom Militär. [...] Die richtig harten Methoden werden vom Justizministerium genehmigt.» Diese Genehmigung hatte das «Office of Legal Counsel» bekanntlich im Frühjahr 2002 in Gestalt der «Bybee-Memoranden» erteilt; seit dieser Zeit – also Monate vor der Billigung «erweiterter Verhörmethoden» durch Donald Rumsfeld Anfang Dezember 2002 – wurde in Guantanamo gefoltert. Dass CIA-Mitarbeiter die offiziellen Regeln und Vorschriften ihrer Behörde nach eigenem Gutdünken auslegen durften, verstand sich für Jonathan Fredman von selbst. «Sie [die Folter] hängt vom Blickwinkel des Betrachters ab. Wenn der Gefangene stirbt, hat man was falsch gemacht.» Das eigentliche Problem war der Schutz vor strafrechtlicher Verfolgung und eine wirksame Abschottung nach außen, so Diane Beaver, Rechtsberaterin der «Joint Task Force 170». «Wir sollten die härteren Vorgehensweisen runterfahren, solange das Internationale Rote Kreuz in der Nähe ist. [...] Offiziell passiert das alles ja gar nicht. Das Internationale Rote Kreuz ist wirklich ein Problem. Die werden überall sein und uns auf die Finger gucken, es sei denn, sie sind frustriert, fangen an zu protestieren und gehen. Und dann hätten wir eine Menge negativer Aufmerksamkeit.» In diesem Fall aber blieb immer noch ein in der Vergangenheit erprobter und aus Sicht der CIA bewährter Ausweg: die Gefangenen an einen unbekannten Ort zu verlegen. Ob und wie oft man auf diese Variante zurückgriff, ist unklar.[30]

Von wegen «nur» zwei Stunden, in denen die verketteten Hände eines Gefangenen über Kopfhöhe hochgezogen werden durften: Zehn von 14 Insassen in Guantanamo berichteten Vertretern des Internationalen Roten Kreuzes, dass sie zwei bis drei Tage lang ununterbrochen in diese Stellung gezwungen wurden. In drei Fällen war auch von einer speziellen Variante des Kälteschocks die Rede: Der Häftling wird bis zum Kopf in eine Plastikfolie gewickelt und dieser «Behälter» wird anschließend mit kaltem Wasser gefüllt. Frauen als Beobachterinnen im Hintergrund, still und unbeteiligt? Weibliche Vernehmer tasteten den Intimbereich gefesselter Häftlinge ab oder führten auf deren Schoß den «lap dance» auf, mit kreisenden Beckenbewegungen, teilweise entblößten Brüsten und anzüglicher Ansprache. Dass eine Vernehmerin einem Gefangenen Blut ins Gesicht schüttete und die Flüssigkeit als ihr eigenes Menstruationsblut ausgab, passt in das reichhaltige Repertoire von Maßnahmen, mittels derer Gefangene vor sich und anderen der Lächerlichkeit preisgegeben wurden: Hundehalsbänder tragen, Hundetricks vorführen, vor falschen Götzen niederknien und beten. Von wegen medizinisches Personal, das zuverlässig vor Exzessen schützt: Mehrfach ist von ärztlicher Beteiligung oder Hilfestellung beim Foltern die Rede. Und so weiter und so fort in einem Mahlstrom von Nachrichten, die allein 2002 bekannt wurden und FBI-Direktor Robert Mueller im Sommer diesen Jahres dazu bewogen, nicht nur schriftliche Beschwerde beim Kommandeur von Guantanamo einzulegen, sondern auch alle FBI-Agenten aus dem Lager abzuziehen.[31]

Obwohl Donald Rumsfeld Anfang Dezember 2002 und Mitte 2003 Verhörmethoden ausschließlich für Guantanamo genehmigt hatte, wurden seine Memoranden umgehend nach Afghanistan weitergeleitet und von den dortigen Verantwortlichen als Handreichung in eigener Sache verstanden. Die für geheimdienstliche Befragung zuständige «Special Mission Unit Task Force» schickte Anfang Oktober 2002 eine Delegation nach Kuba – mit dem Ergebnis, dass die aus Guantanamo bekannten Praktiken fortan auch am Hindukusch favorisiert wurden. Und als sich im Irak nach Monaten des Abwartens im Sommer 2003 die erste Widerstandsbewegung formierte und unvorbereitete US-Truppen mit der Realität eines asymmetrischen Krieges konfrontiert wurden, drängten die obersten militärischen Ränge auch dort auf eine Erweiterung ihrer Kompetenzen. Genauer gesagt: auf eine Abkehr von den vermeintlich hinderlichen Dienstvorschriften der Armee.

Insbesondere Ricardo Sanchez, der Oberkommandierende der alliierten Streitkräfte, malte in düsteren Tönen das Szenario einer sich abzeichnenden Niederlage. «Ich war sehr besorgt, dass es uns nicht gestattet sein würde, in Verhören tatsächlich bis an die Grenzen unserer Amtsgewalt zu gehen.»[32]

Binnen weniger Wochen bekam Sanchez, was er wollte. Mitte August 2003 forderte die für Aufklärung zuständige Abteilung beim US-Truppenkommando im Irak von untergeordneten Einheiten «Wunschlisten» für Verhörmethoden. «Meine Herren, mit Blick auf diese Gefangenen legen wir jetzt die Handschuhe ab. [...] Wir wollen, dass diese Individuen gebrochen werden. Unsere Verluste steigen ständig, und wir müssen mit dem Sammeln von Informationen beginnen, die dabei helfen können, unsere Kameraden vor weiteren Angriffen zu schützen. Ich danke Ihnen für Ihre harte Arbeit und Hingabe. Der Militärgeheimdienst, immer nah am Feind! [MI ALWAYS OUT FRONT!]»[33] In Washington erhöhte Donald Rumsfeld den Druck. Warum aus Guantanamo sehr gute und aus dem Irak nur nutzlose Informationen kämen, wollte er im Sommer 2003 sichtlich erbost während einer Besprechung im Pentagon wissen. Das streng geheime «Special Access Program», so die Anweisung, sollte fortan auch für Gefängnisse im Irak gelten. Ein anwesender Offizier war über den Auftritt des Verteidigungsministers derart entsetzt, dass er zu einem New Yorker Anwalt Kontakt aufnahm und Folgendes zu Protokoll gab: «Rumsfeld gab eine mündliche Anweisung, dass Major General Miller [der Kommandeur von Guantanamo] in den Irak reist, um die dortige Geheimdienstarbeit auf das Niveau von Guantanamo zu bringen.»[34]

In Anlehnung an das für Guantanamo bei Militärs übliche Kürzel GITMO (oder GTMO) hatte Rumsfeld ein neues Verb in die Welt gesetzt: «To ‹GITMO-ize› Iraq.» Und Geoffrey Miller persönlich sorgte für dessen rasche Verbreitung. Mit seinem Team zu Besuch bei einer Einheit, die ehemalige Funktionsträger des Saddam-Regimes vernahm, schimpfte er über die laschen Methoden im Irak; statt ein «Erholungsheim» zu führen, sollte man endlich eine härtere Gangart einlegen: «GITMO-ize your facility.»[35] Am 14. September 2003 legte Ricardo Sanchez erstmals für alle Einheiten verbindliche Verhörrichtlinien vor. Beraten von Ausbildern des «SERE»-Programms, umfasste sein Katalog 29 Verhörmethoden, darunter ein Dutzend, die eklatant gegen die Genfer Konventionen verstießen. «Central Command» strich die Liste wegen «inakzeptabel aggressiver Vorschläge» einen Monat später auf 19 Verhörtechniken zusammen.[36] Aber die Stimmung im Offizierskorps und in der Truppe hatte sich längst in Sanchez' Sinn geändert. Obendrein wurde Geoffrey Miller im November 2003 mit dem Auftrag in den Irak versetzt, den Aufbau eines effizienten Geheimdienstapparates zu überwachen.

Je länger der Aufstand dauerte, desto nervöser reagierte die Truppe und desto rücksichtsloser gingen Verhörexperten wie auch einfache Soldaten zu Werke. «Wir bekamen nun unsere Listen mit ‹hochkarätigen Zielen›», beschreibt ein früherer Geheimdienstmitarbeiter die Situation. «Und die Jungs fingen an, sich Gedanken zu machen. ‹Shit, wenn ich ihn auf der Straße abknallen darf, warum kann ich dann nicht mit ihm tun, was ich will, wenn ich ihn im Gefängnis unter meiner Kontrolle habe?› Einfache Soldaten […] bekamen die Erlaubnis, hart vorzugehen.»[37] Die Geschichte der Übergriffe, Kriegsverbrechen und Kriegsgräuel im Irak wird vermutlich erst in geraumer Zeit geschrieben werden können. Von einzelnen spektakulären Übergriffen abgesehen, sind bis dato nur die Namen jener Truppenteile bekannt, die regelmäßig über die Stränge schlugen: die «Task Force 121», eine tausendköpfige Sondereinheit aus Angehörigen militärischer Elitetruppen («Delta-Force» und «Navy-SEALs») und Spezialagenten der CIA, die in der Nähe von Fallujah stationierte «82. Airborne Division», die «1. Armored Division» sowie das 2. und 3. Armored Cavalry Regiment. Weil bei ihnen allen Misshandlungen an der Tagesordnung waren, sprachen amerikanische Offiziere und Militärbeobachter im Sommer 2003 von einer «geduldeten Gesetzlosigkeit» oder einem «desaster waiting to happen», einem kurz bevorstehenden Desaster.[38]

Seit dem 28. April 2004 hat das Desaster einen Namen: Abu Ghraib. Am Abend dieses Tages zeigte der Fernsehsender «CBS» in seiner Magazinsendung «60 Minutes II» Fotos aus dem Militärgefängnis Abu Ghraib westlich von Bagdad, einem ehemaligen Folterverlies Saddam Husseins, das Anfang August 2003 wieder in Betrieb genommen worden war. Und wenige Tage später publizierte der «New Yorker» eine über Wochen penibel recherchierte Geschichte von Seymour M. Hersh, Grandseigneur des investigativen Journalismus. Hersh war im Besitz eines geheimen Untersuchungsberichts der Armee, verfasst von Major General Antonio Taguba. Aufgrund belastender Hinweise hatte Taguba seit Januar 2004 recherchiert und «zahlreiche Fälle sadistischer, eklatanter und böswillig krimineller Misshandlungen» bilanziert: «Chemische Leuchtmittel aufbrechen und die Phosphorflüssigkeit auf Häftlinge tropfen lassen; nackte Häftlinge mit kaltem Wasser übergießen; Häftlinge mit einem Besenstiel und einem Stuhl schlagen; männlichen Häftlingen mit Vergewaltigung drohen; [...] mit einer Neonröhre und möglicherweise einem Besenstiel an einem Häftling Unzucht treiben; und mit Hilfe von Kampfhunden Häftlingen Angst machen.»[39]

Die von «CBS» ausgestrahlten und tags darauf weltweit verbreiteten Fotos dokumentierten, was Taguba kaum in Worte hatte fassen können. Eine Soldatin posiert neben dem zerschlagenen Gesicht eines Toten, ein anderer Leichnam liegt in Zellophan gewickelt auf einem Eisblock – womöglich waren beide in jenem Raum zu Tode gefoltert worden, der über und über mit Blut bespritzt auf einem anderen Foto zu sehen ist. Das Hauptmotiv aber war die Nacktheit der Gefangenen und die verächtliche Freude, die ihre Bewacher und vor allem ihre Bewacherinnen beim Anblick dieser nackten Leiber zur Schau stellten. Wir sehen entblößte Gefangene, mit Handschellen an Zellentüren oder Pritschen gefesselt, einigen hatte man Frauenunterwäsche über den Kopf gestülpt; ein nackter Häftling wird an einer Leine wie ein Hund ausgeführt, andere müssen vor den Augen weiblicher Aufseher masturbieren – die Gefreite Lynndie England sieht vergnügt zu, Zigarette im Mundwinkel, Daumen nach oben. Gleichermaßen für Erheiterung sorgten jener junge Mann, der vor einem

Häftling mit Kapuze niederknien musste und – so suggeriert es die Perspektive des Betrachters – Oralsex ausübte, oder die Gefangenen, die man zu einer menschlichen Pyramide gestapelt hatte. Zum Emblem für Amerikas Schande wurde eine am 4. November 2003 aufgenommene Inszenierung: Ein Mann, schwarze Kapuze über dem Kopf und in einen schwarzen Umhang ge-

Menschliche Pyramide: Die Gefreite Lynndie England und Korporal Charles Graner Jr. posieren im Lager Abu Ghraib hinter ihren Opfern.

hüllt, steht mit ausgebreiteten Armen und an Händen und Füßen verdrahtet auf einem Sockel – jede Bewegung würde Stromschläge auslösen, hatte man ihm gesagt. Angst und Panik auszulösen war auch der Sinn des Fotografierens. Die Häftlinge würden, so das Kalkül, jede Information preisgeben und nach der Entlassung selbst als Spitzel kollaborieren, wenn sie damit eine Weitergabe der erniedrigenden Bilder verhindern konnten.[40]

Unmittelbar verantwortlich für die Exzesse in den Zellentrakten 1A und 1B von Abu Ghraib waren Militärpolizisten von der 372. Military Police Company, Nachrichtenoffiziere der 519. Military Intelligence Brigade, private Söldner von der Sicherheitsfirma «CACI International» sowie Spezialagenten aus dem «Special Access Program». Gemeinhin unterstehen Militärgefängnisse der Kontrolle der Militärpolizei. In diesem Fall aber führten die Geheimdienstler faktisch das Kommando. Sie machten eine personell unterbesetzte, gering qualifizierte und mit dem Gefängnisalltag überforderte Gruppe von Militärpolizisten zu Handlangern, stifteten sie zu allen möglichen Schikanen und insbesondere zur Vorbereitung von Verhören an: «Kocht den Typen für uns weich», «bereitet ihm eine schlimme Nacht», «sorgt dafür, dass er die Behandlung bekommt.»[41] Wie es scheint, hatte man auch deshalb leichtes Spiel, weil sich unter den Militärpolizisten ehemalige Aufseher aus amerikanischen Zivilgefängnissen befanden – Männer, die an ein berüchtigtes Gewaltmilieu gewohnt waren und in Abu Ghraib als vermeintliche Experten Eindruck auf ihre Kameraden machten. Dass darüber hinaus die besonderen Bedingungen in Abu Ghraib zur Eskalation beitrugen, liegt auf der Hand: Vom landesweiten Aufstand ebenso überrascht wie überfordert, internierte die US-Army im Zuge großflächiger Razzien bis Herbst 2004 schätzungsweise 40 000 Iraker, die meisten ohne konkreten Anhaltspunkt und in der vagen Hoffnung, irgendwie an relevante Informationen heranzukommen. Allein in Abu Ghraib schmachteten Ende 2003 10 000 Gefangene auf engstem Raum, nur notdürftig mit Wasser und Strom versorgt, Tag für Tag in der Schusslinie sich bekämpfender Einheiten, bewacht von Aufsehern in ständiger Furcht vor der Revolte.

Endemisch wurde die Folter in Abu Ghraib aber erst auf Initiative jener Nachrichtenoffiziere und Spezialagenten, die vorher in Afghanistan und Guantanamo einschlägige Erfahrungen gesammelt hatten. Sie waren gewohnt, selbstherrlich und im Zweifel auf

eigene Rechnung zu handeln, egal, wie die Einsatzrichtlinien aussahen und unabhängig von den Weisungen des zuständigen Oberkommandos. Gewalt als Routine, als Mittel zur Selbstermächtigung und zur Demonstration von Übermacht, Gewalt als Lustgewinn, mitunter gar als Lebensform – weil dergleichen bereits aus früheren Kriegen hinlänglich bekannt war, stand amerikanischen Militärexperten auch eine entsprechende Umschreibung zur Verfügung: «Force Drift», die einen Sog erzeugende, sich selbst dynamisierende und am Ende oft ziellose Gewalt.

Korrekturversuche

«Was soll das überhaupt bedeuten: ‹Jetzt werden die Handschuhe ausgezogen›? Wir sollten uns zurücklehnen und uns darauf besinnen, wer wir eigentlich sind. Diese Handschuhe sind mit Sicherheit nicht nach der Façon von Feinden aus dem Kalten Krieg oder dem Zweiten Weltkrieg geschneidert – sie gehen zurück auf glasklare Regeln des internationalen Rechts, das wir zum Teil mit unserer Unterschrift beglaubigt, zum Teil selbst geschaffen haben. [...] Im Grunde geht es um Fragen von richtig oder falsch – um Dinge, die wir nicht einfach beiseite legen können, wenn wir sie lästig finden, genauso wenig, wie wir erklären können, ‹keine Gefangenen zu machen› und deshalb alle zu erschießen, die sich uns ergeben, einfach weil wir Gefangene lästig finden. Und was soll der Satz ‹Die Opferzahlen steigen›? [...] Auch wir schaffen Opfer, für gewöhnlich mehr als wir selbst erleiden. Deshalb können wir uns doch nicht von unseren Standards verabschieden. [...] Verluste gehören zum Krieg – wer keine Verluste einstecken kann, soll keinen Krieg führen. Punkt.»[42]

So beantwortete Major Nathan Hoepner, «Operations Officer» (S-3) beim 501. Military Intelligence Battalion, die Mitte August

2003 kursierende Bitte um eine «Wunschliste» für «verschärfte Verhörmethoden». Die Unruhe innerhalb des Militärs wurde erst recht spürbar, nachdem das «Wall Street Journal» und die «Washington Post» im Gefolge des Abu Ghraib-Skandals sowohl die «Foltermemoranden» des «Office of Legal Counsel» aus dem Jahr 2002 als auch einen vertraulichen Bericht des Internationalen Roten Kreuzes über die Misshandlungen von Gefangenen im Irak veröffentlicht hatten. Wie weit die Kritik reichte, wer aktiv wurde, welche Initiativen tatsächlich etwas bewirkten, welche scheiterten und warum – zu diesen Fragen liegt bis dato aber weder verlässliches Quellenmaterial noch Sekundärliteratur vor. Unstrittig ist indes, dass zahlreiche Eingaben und Beschwerden bei vorgesetzten Stellen vorlagen; auch die Zustände in Abu Ghraib kamen erst ans Licht, nachdem der Gefreite Joseph M. Darby den Strafermittlern seiner Einheit eine Computerdatei mit beweiskräftigen Fotos zugespielt hatte. Wiederholt sahen sich Kommandeure zur Reaktion gezwungen, darunter der Chef von «Central Command», General John Abizaid, der am 6. Mai 2004 alle gegen die Genfer Konventionen verstoßenden Verhörpraktiken verbot. Dass er sich im Kleingedruckten das Recht auf «Sondergenehmigungen» vorbehielt und davon auch Gebrauch machte, kann als Hinweis verstanden werden, wie leicht Kritiker zu beschwichtigen waren – oder wie schnell sie das Handtuch warfen. Andererseits ließen sich hochrangige Mitarbeiter, Juristen zumeist, des Pentagon trotz wiederholter Rückschläge nicht entmutigen. In der zweiten Amtszeit von George W. Bush und nach dem Abschied von Donald Rumsfeld, Paul Wolfowitz und Douglas Feith setzten sie Ende 2006 ein neues «Field Manual» für die Armee sowie ein «Department of Defense Detainee Program» durch, beides eine eindrückliche Rückbesinnung auf die Genfer Konventionen.[43] Offenkundig hatte unter George W. Bush der Respekt vor international geteilten Rechtsnormen – das «alte Denken» – im Militär deutlich größeren Rückhalt als unter zivilen Amtsträgern. Umso mehr kommt es darauf an, dieser vernachlässigten Seite der Geschichte in Zukunft die gebührende Aufmerksamkeit zu widmen.

Mit Blick auf die Rechtsberater der Regierung kann von Selbstkorrektur nicht oder allenfalls in Maßen gesprochen werden. Zwar hatte Jack Goldsmith, der neue Leiter des «Office of Legal Counsel», am 22. Juni 2004 die Rücknahme der umstrittenen «Foltermemoranden» angekündigt – ein Novum in der Geschichte dieser Behörde. Gemessen an den hohen Erwartungen erwies sich die neue, am 30. Dezember 2004 vorgestellte Expertise aber als eine einzige Enttäuschung. Im Grunde blieb alles beim Alten: «Obwohl wir in zahlreichen Punkten nicht mit dem Memorandum [von Jay Bybee] vom August 2002 übereinstimmen, kommen wir bezüglich früherer Stellungnahmen zum Umgang mit Gefangenen zu dem Ergebnis, dass diese auf der Grundlage des vorliegenden Memorandums nicht anders ausgefallen wären.»[44] Man hielt weiterhin an einem fragwürdigen, weil extrem eng ausgelegten Folterbegriff fest und mithin auch an «erweiterten Verhörmethoden», die angeblich keine dauerhaften Schäden hinterlassen – Schlafentzug, körperliche Stresspositionen, Kälte- und Hitzebehandlungen und das «Waterboard» eingeschlossen. Überdies beglaubigte das «OLC» erneut die Trumpfkarte des Weißen Hauses, das angeblich aus der Verfassung ableitbare Privileg des Präsidenten, zur Wahrung der «nationalen Sicherheit» und aus Gründen «militärischer Notwendigkeit» frei und ungebunden über Verhörmethoden entscheiden zu dürfen.

In den drei sogenannten «Bradbury-Memoranden» vom 10. und 30. Mai 2005 wurden diese Vorgaben bis ins Kleinste ausbuchstabiert. In anderen Worten: Die CIA durfte mit juristischer Rückendeckung des «OLC» weitermachen wie bisher. Und auch das Weiße Haus wähnte sich auf der sicheren Seite. «Dr. Rice wollte nicht über Details reden», so Justizminister John Ashcroft über eine Sitzung des Nationalen Sicherheitsrats Ende Mai 2005, in deren Verlauf auch über die neuen Rechtsexpertisen gesprochen wurde. «Ihrer Meinung nach war die Diskussion beendet, wenn das Justizministerium sagt, dass es legal ist und wenn die CIA sagt, dass es effektiv ist.»[45] Tatsächlich bestätigten die «Principals», die Minister und Leiter der wichtigsten Ressorts, erneut den kompletten Katalog «erweiterter Verhörmethoden» – als hätte es die jahrelange Kritik an Guantanamo, den Skandal um Abu Ghraib und die Voten des Obersten Gerichtshofs nie gegeben.

Dass der Supreme Court sich in Kriegs- und Spannungszeiten überhaupt zur Politik der Regierung äußert, ist ungewöhnlich. Einzig im viel zitierten «Youngstown Steel Seizure Case» von 1952 setzte man einem Krieg führenden Präsidenten klare Grenzen: Mit 6:3 Stimmen verwarf das Gericht den Anspruch des Weißen Hauses auf «inhärente Vorrechte» und annullierte die Entscheidung Trumans, bestreikte Stahlwerke wegen einer prekären Versorgung der in Korea kämpfenden Truppen unter staatliche Aufsicht zu stellen. Ansonsten waren die Obersten Richter um Zurückhaltung bemüht. Weder im Bürgerkrieg noch im Ersten und Zweiten Weltkrieg wurden «Habeas Corpus»-Klagen zugelassen; das berühmte Votum im Fall «Ex Parte Milligan» – wonach ein Zivilist jederzeit Zivilgerichte anrufen darf und dieses Grundrecht allenfalls nach einer vollständigen Auflösung der öffentlichen Ordnung außer Kraft gesetzt werden kann – erging erst ein Jahr nach Ende des Bürgerkriegs. Typisch für die salomonische Zurückhaltung in Kriegszeiten ist das 1863 gesprochene Urteil im «Prize Case», als die Richter sowohl dem Kongress hinsichtlich seiner Kriegsvollmachten den Rücken stärkten als auch die Kompetenz des Präsidenten unterstrichen, in seiner Funktion als Oberbefehlshaber der Streitkräfte ohne Rücksprache mit der Legislative kriegsnotwendige Entscheidungen zu treffen.

Penibel darauf bedacht, den Eindruck eines «government by lawsuit» – einer vom Wohlwollen der Gerichte abhängigen Regierung – erst gar nicht aufkommen zu lassen, nimmt der Supreme Court gewöhnlich den Kongress und die Staatsbürger in die Verantwortung: Politischer Streit soll in der Arena der Politik ausgefochten und entschieden werden, gerade in Fragen von Krieg und Frieden ist der Präsident dem Kongress und den Wählern verpflichtet, falsche oder unpopuläre Entscheidungen dürfen nicht im Gerichtssaal, sondern nur an der Wahlurne korrigiert werden. Dass dergleichen Zurückhaltung in erster Linie den Interessen der Exekutive entgegenkommt, wurde in den Krisen und Konflikten seit dem 19. Jahrhundert durchweg bestätigt. Ohnehin konfliktscheue Parlamentarier verzichteten auch deshalb auf eine Anrufung des Obersten Gerichtshofes, weil ihre Eingaben in der Regel nicht angenommen oder in der Sache verworfen wurden. Umgekehrt ging der Supreme Court im Laufe der Zeit dazu über,

das Schweigen des Kongresses als Einverständnis mit der Exekutive oder stillschweigende Gesetzgebung zu werten und damit die Politik der Regierung aufzuwerten. Folglich konnten alle Präsidenten seit George Washington Krieg führen, ohne sich über die Haltung der Obersten Richter Sorgen machen zu müssen. Und am Ende steht eine Geschichte mit ironischer Pointe: Ausgerechnet der richterliche Respekt vor der Gewaltenteilung trägt verlässlich zu deren Aushöhlung bei.[46]

Gemessen daran fallen vier Verfahren vor dem Supreme Court zwischen 2004 und 2008 aus dem Rahmen. Nicht der Kongress, sondern Juraprofessoren, ehemalige Rechtsberater der Regierung, Berufungsanwälte und nicht-staatliche Organisationen wie das «Center for Constitutional Rights» hatten sich einiger Guantanamo-Häftlinge angenommen und plädierten in ihrem Namen auf ein Grundsatzurteil zum Schutz aller Gefangenen. In «Bush vs. Hamdi», «Bush vs. Rasul», «Hamdan vs. Rumsfeld» und «Bush vs. Boumedien» wurden die Anträge in der Sache und gegen bemerkenswerten Widerstand akzeptiert. Im Fall Hamdi kassierte das Oberste Gericht ein Urteil des Berufungsgerichts für den Vierten Bezirk, das sich auf die Seite der Regierung geschlagen und eine Haftprüfungsbeschwerde aus grundsätzlichen Erwägungen verworfen hatte. In Sachen Boumedien nahm das Oberste Gericht sogar entgegen seiner üblichen Praxis einen eigenen, ursprünglich ablehnenden Bescheid zurück. Mit 8:1, 6:3, 5:3 und 5:4 kamen insgesamt überraschend deutliche Mehrheiten zustande. Und noch überraschender war, dass man das Weiße Haus mit scharfen Worten wegen Amtsanmaßung und mehrfachen Rechtsbruchs zur Ordnung rief.

«Ein Kriegszustand ist kein Blankoscheck für den Präsidenten, wenn es um die Rechte der Bürger dieser Nation geht», hieß es am 28. Juni 2004 zugunsten von Yaser Hamdi, eines amerikanischen Staatsbürgers, der im November 2001 als mutmaßlicher Helfer der Taliban in Afghanistan verhaftet worden war. «Welche Befugnisse die Verfassung der Vereinigten Staaten der Exekutive in Zeiten des Konflikts hinsichtlich anderen Nationen oder mit Blick auf feindliche Organisationen auch immer einräumt, sie sieht ohne jeden Zweifel eine Mitsprache aller Zweige der Regierung beim Thema individuelle Freiheiten vor.»[47] In anderen Worten: Der Präsident ist nicht befugt, das Recht auf Haftprüfung vor einer «neutralen Entscheidungsinstanz» aufzuheben, Zivilgerichte dürfen auf keine Weise an der Ausübung ihrer Rechte und Pflichten gehindert werden. Zugunsten von Shafiq Rasul, einem in Guantanamo einsitzenden Briten, hielt das Oberste Gericht in einem ebenfalls am 28. Juni 2004 verkündeten Urteil fest, dass nicht nur amerikanische Staatsbürger, sondern Gefangene jedweder Nationalität vor zivilen Bundesgerichten Klage gegen ihre Inhaftierung einreichen und Anwälte ihrer Wahl als Interessenvertreter bestellen können. Zwei Jahre später wurden die Hamdi- und Rasul-Urteile eindrucksvoll bestätigt.

In seinem bis dato wichtigsten Votum – «Hamdan vs. Rumsfeld» vom 29. Juni 2006 – ging der Supreme Court sogar noch einen Schritt weiter und erinnerte an die bedingungslose Gültigkeit der Genfer Konventionen. Egal, ob Gefangene einer regulären Armee, einer Guerillatruppe oder terroristischen Vereinigungen angehören, ob es sich um Spione, Saboteure oder wie im Fall von Salim Ahmed Hamdan um einen mutmaßlichen Fahrer Osama Bin Ladens handelt – unterschiedslos alle sind vor grausamen, unmenschlichen und erniedrigenden Praktiken zu schützen. «Die Vorstellung eines ‹feindlichen Kombattanten› ohne Rechte oder Zugang zu richterlicher Prüfung ist dem Kriegsrecht völlig fremd. […] Wenn sie Hamdan anklagen und ihn strafrechtlich zur Verantwortung ziehen will, muss sich die Exekutive an die auf diesem Gebiet gültige Rechtssprechung halten.»[48] Demnach stand auch wegen eines Verstoßes gegen die Genfer Konventionen der Klageweg offen. Die nochmalige Erinnerung an die im «Uniform Code of Military Justice» geregelte Militärgerichtsbarkeit und an das Mitbestimmungsrecht des Kongresses in allen Fragen der nationalen Sicherheit komplettierte die Blamage des Weißen

Hauses. Keines der vollmundig beanspruchten Sonderrechte des Präsidenten hielt einer höchstrichterlichen Prüfung stand, die Formel eines gegen bestimmte Gruppen und Personen anwendbaren «Feindstrafrechts» wurde als zivilisatorischer Rückfall hinter die Maxime des universellen und unteilbaren Rechts geradezu gegeißelt. Die nochmalige Betonung dieser Prinzipien in «Bush vs. Boumedien» im Juni 2008 setzte einen mittlerweile fast schon erwartbaren Schlusspunkt.

Nach den Rasul- und Hamdan-Urteilen war die Administration Bush zur Annahme von Haftbeschwerden verpflichtet. Binnen einen knappen Jahres gingen bei militärischen Prüfkommissionen in Guantanamo, den sogenannten «Combatant Status Review Tribunals» und «Administrative Review Boards», 560 Anträge ein, 200 Gefangene gaben sich mit deren abschlägigen Bescheiden nicht zufrieden und riefen amerikanische Zivilgerichte an. Die Bilanz laut Angabe des Pentagon: In keinem einzigen Fall wurde ein reguläres Verfahren eröffnet, in keinem einzigen Fall sprachen Militär- oder Zivilrichter über Insassen von Guantanamo ein Urteil. Allenfalls ließ sich die Regierung zu Gnadenakten herbei, zu Gesten also, die ihr von Amts wegen zustanden, die ihr aber von Rechts wegen nicht auferlegt waren. Yaser Hamdi wurde im September 2004 unter der Bedingung freigelassen, dass er seine US-Staatsbürgerschaft niederlegt und nach Saudi-Arabien ausreist, andere Gefangene galten fortan nicht mehr als «unrechtmäßige feindliche Kämpfer», blieben aber vorerst in Haft, weil sie aus Sicht amerikanischer Behörden von «besonderem Nachrichtenwert» waren. 532 Insassen wurden bis Ende 2008 willkürlich und ohne nachvollziehbare Kriterien in ihre Heimatländer oder aufnahmebereite Drittstaaten abgeschoben, eine unbekannte Zahl von Häftlingen verlegte man unter der Hand ins befreundete Ausland, wo sie in den berüchtigten «black sites» unbeobachtet und vor allem ohne die Möglichkeit eines juristischen Einspruchs verhört werden konnten.

Alles in allem fällt die Bilanz der richterlichen Einsprüche mager aus. Erstens beharrte die Bush-Administration weiterhin auf ihrer unhaltbaren Verfassungsinterpretation, wonach der Präsident in seiner Funktion als Oberkommandierender der Streitkräfte das letzte Wort über Gefangene hat, die Justiz also eine Einstufung als «unrechtmäßiger feindlicher Kämpfer» zwar kritisieren, aber auf keinen Fall annullieren darf. Zweitens wurden grundsätzliche Fragen wie die «extraordinary rendition» oder «außergewöhnliche Überstellung» von Gefangenen an Drittländer juristisch nie im Grundsatz geklärt, geschweige denn in der Praxis unterbunden. Und drittens wiederholte sich eine aus der Vergangenheit hinlänglich bekannte Geschichte: In Kriegs- und Ausnahmezuständen zu ihrem Recht zu kommen, ist für die Opfer unrechtmäßiger Praktiken nicht nur wegen sachlich aufwändiger Verfahren schwer. Es kostet vor allem extrem viel Zeit – mitunter mehr als zehn Jahre – und kann deshalb vor lebenslangen Beschädigungen nur selten schützen.[49]

Möglicherweise hätten rechtliche Korrekturen bei einem entsprechenden öffentlichen Rückhalt größere Wirkung entfaltet. Aber die Umwertung von Rechtsnormen wurde nur in liberalen Nischen problematisiert, von der Mehrheit indes toleriert oder gar gefordert. Die über mehrere Jahre vom «Pew Research Center» ermittelten Umfragedaten illustrieren den Trend. Unmittelbar nach dem 11. September hießen zwei Drittel der Befragten die Ermordung von Terrorverdächtigen durch die CIA gut. Mochte man diesen Wert im Herbst 2001 noch mit dem zeitnahen Entsetzen über ein unbegreifliches Ereignis erklären, so zeigte sich in den nächsten Jahren, dass von einer vorübergehenden Aufwallung keine Rede sein konnte. Im August 2006 waren 55 Prozent der Meinung, ihre Regierung sei beim Schutz gegen den Terror nicht weit genug gegangen und hätte drastischere Maßnahmen ergreifen müssen. Die Nachrichten aus Guantanamo oder die Bilder aus Abu Ghraib hatten also keinen nachhaltigen Eindruck hinterlassen; 54 Prozent sprachen von «isolierten Einzelfällen», aufgebauscht von den Medien und deshalb keiner weiteren Beschäftigung wert. 2008, wenige Monate vor der Wahl Barack Obamas, bezeichneten 52 Prozent den Umgang mit Gefangenen in Guantanamo als fair, nur ein Drittel kritisierte ihn als unfair. Dass die Anwendung der Folter unter keinen Umständen gerechtfertigt ist, unterstützte in allen Befragungen nur eine Minderheit – 32 Prozent im Jahr 2004, 30 Prozent vier Jahre später. Eine absolute Mehrheit zwischen 68 und 75 Prozent hingegen sprach sich zwischen 2004 und 2009 dafür aus, Folter «selten», «manchmal» oder «oft» einzusetzen. Was unter derlei Attributen zu verstehen ist, bleibt unklar; und weil belastbare Vergleichsdaten zur Zeit vor «9/11» fehlen, mangelt es diesen Werten auch an historischer Tiefenschärfe. Alles in allem aber kann für das erste Jahrzehnt nach den Terroranschlägen in New York und Washington, D.C. von einer stabilen Akzeptanz der Folter ausgegangen werden.[50]

Das populärste Argument zugunsten von Folter wurde durch die Fernsehserie «24» auch weit über die amerikanischen Grenzen hinaus bekannt: die «tickende Zeitbombe». So unrealistisch die in zig Folgen variierte Handlung auch sein mag, ausweislich der Beliebtheit der Sendung beschäftigte sie offensichtlich die Phantasie von Millionen. Sicherheitskräfte verhaften einen Terroristen, man weiß bereits zum Zeitpunkt der Verhaftung, dass diese Person über Ort und Zeitpunkt eines unmittelbar bevorstehenden Anschlags Kenntnis hat, seine Komplizen aber bekommen von der Polizeiaktion nichts mit und bleiben bei ihren ursprünglichen Planungen – also eine einmalige Gelegenheit, Leben zu retten, vorausgesetzt, der Verdächtige gibt sein Wissen preis. Die Protagonisten sind alles andere als Folterknechte, sie ringen vielmehr mit ihrem Gewissen, wägen Recht, Gesetz und Moral skrupulös gegen den Zwang der Verhältnisse ab, am Ende stellen sie sich ohne Rücksicht auf die eigene Karriere in den Dienst der Allgemeinheit und foltern das Geständnis aus ihrem Gefangenen heraus. Mit tragischen Helden hat man es zu tun und mitunter, wenn der Widerstand von Liberalen und Gesetzestreuen allzu heftig wird, auch mit Märtyrern im Dienste der guten Sache, mit Männern, die sich in höchster Not auf die Tugend des zivilen Ungehorsams zurückbesinnen. «Rettungsfolter» hat sich als Chiffre dieser Situation eingeprägt und mit ihr der Merksatz: Moralisch handelt, wer Folter sparsam und verhältnismäßig einsetzt, unmoralisch, wer die körperliche Unversehrtheit eines Einzelnen höher bewertet als das Leben von Vielen.[51]

Nimmt man das Szenario der «tickenden Zeitbombe» wider alle Plausibilität und Erfahrung ernst, so hätte die normative und juristische Selbstverpflichtung auf das bedingungslose Folterverbot eine Bestrafung der Folterer wie ihrer Vorgesetzten geboten – unabhängig davon, ob und wie viele Menschen gerettet wurden. Aber davon wollten noch nicht einmal einflussreiche amerikanische Juristen und Intellektuelle etwas wissen, die nach «9/11» der «Rettungsfolter» öffentlich das Wort redeten. Aufwertung der Folter durch ihre Verharmlosung: auf diesen Nenner lassen sich einschlägige Publikationen von Michael Ignatieff, Alan Derschowitz, Sanford Levinson oder Richard Posner bringen. Sterile Nadeln unter die Fingernägel zu bohren oder andere, ehedem als Folter bezeichnete Praktiken firmieren in ihren Texten als «Folter light» ohne individuelle Risiken und gesellschaftliche Nebenwirkungen. Dieser Paradigmenwechsel wäre eine eigene Untersuchung wert; sie hätte nicht zuletzt nach den Gemeinsamkeiten und Unterschieden zu jenen Publizisten zu fragen, die nach «9/11» wie Redenschreiber des Präsidenten in Erscheinung traten. Von Osama Bin Laden als Wiedergänger Hitlers oder Stalins ist seither zu hören, von «Islamo-Faschismus» und der Wiederkehr des «absolut Bösen». Ironischerweise trifft die Behauptung, dass am 11. September 2001 ein neues Kapitel in der endlosen Konfrontation des Liberalismus mit dem Totalitarismus aufgeschlagen wurde, den Kern des Problems – die Tatsache nämlich, dass die USA wie ehedem im Kalten Krieg Gefahr laufen, ureigenste Werte bei dem Versuch ihrer Verteidigung zu ruinieren.[52]

«Wir haben es mit einem Gegner zu tun, der im Schatten lauert, einem Gegner, der keine Verträge unterschreibt, der keine Uniform trägt», kommentierte Alberto Gonzales, Rechtsberater des Präsidenten, die Vorgänge in Abu Ghraib. «Es ist ein Gegner, der sich keinem Land verpflichtet fühlt, der das Leben nicht liebt. Es ist ein Gegner, der nicht nach den allgemein akzeptierten Regeln der Kriegsführung kämpft, angreift oder plant und sich vor allem nicht an die Genfer Konvention hält.»[53] Wie viele persönliche Ängste in diesen Sätzen nisten, ist schwer zu sagen. In jedem

Fall präsentiert sich die amerikanische Gesellschaft seit nunmehr zehn Jahren als nervöses, verängstigtes Kollektiv. Im August 2003 schätzten 75 Prozent der vom «Pew Research Center» Befragten die Gefährdung durch den Terrorismus höher ein als die vom Kalten Krieg ehedem ausgehenden Gefahren. Über sieben Jahre hinweg blieb, von geringfügigen Schwankungen abgesehen, dieses Bedrohungsgefühl konstant hoch; an die 65 Prozent gingen zwischen 2002 und 2009 davon aus, dass internationale Terroristen über unveränderte oder gar vermehrte Angriffsfähigkeiten verfügten. Den politischen Gewinn hatte bis zum Ende seiner Amtszeit George W. Bush. Vier von fünf Befragten, die Mitte 2002 die Arbeit der Regierung positiv bewerteten, nannten Angst vor dem Terror als eines ihrer wichtigsten Motive. Während in allen zentralen Politikbereichen wie Wirtschaft, Gesundheit und Soziales die Zustimmung zur Regierungspolitik Mitte 2002 unter 50 Prozent lag und im Laufe der Jahre weit unter 40 Prozent absackte, bekam der Präsident für seine Anti-Terrorpolitik durchweg Bestnoten: 74 Prozent Zustimmung Ende Juni 2002 und selbst im August 2006 noch über 50 Prozent, als ansonsten nur noch jeder Dritte die Arbeit des Weißen Hauses positiv bewertete.[54]

Angesichts dieser Zahlen drängt sich die Vermutung auf, dass George W. Bush nicht trotz, sondern gerade wegen seiner skrupellosen Bekämpfung des Terrors im Amt bestätigt wurde – weil er Terroristen ihre eigene Medizin verabreichte, weil er jenseits von Parteigrenzen einer diffusen Stimmung im eigenen Land Ausdruck und Richtung gab. Arabische Terroristen haben die USA erniedrigt, so Henry Kissinger, «also müssen wir sie erniedrigen».[55] Alttestamentarische Religiosität verschmilzt an dieser Stelle mit der nationalen Meistererzählung über die «Frontier» oder den bis zum Ende des 19. Jahrhunderts währenden Kampf gegen die «Barbaren» im eigenen Land: Wer die Gesetzlosen bändigen will, muss selbst das Gesetz brechen, muss Gleiches mit Gleichem vergelten und die Terroristen terrorisieren. In diesem Sinne kann und soll die eigene Gesetzlosigkeit als doppelte Botschaft verstanden werden. Amerikas Feinde müssen wissen, dass ihnen das Schlimmste blüht, dass es buchstäblich nichts gibt, wozu die Vereinigten Staaten nicht willens und in der Lage sind. Ob mit der Folter Informationen gewonnen werden oder nicht, ob künftige Generationen von Terroristen tatsächlich verängstigt und abgeschreckt werden, spielt am Ende keine Rolle mehr. In den Worten des Journalisten William Pfaff: «Die Administration Bush foltert Gefangene nicht, weil es einen Nutzen hätte, sondern wegen der Symbolkraft.»[56] Auch nach Innen richtet sich dieses Signal, an einen anderen Adressaten zwar, aber mit dem gleichen Nachdruck: Wir sind nicht verweichlicht, nicht schwach und schon gar nicht wehrlos, wir sind und bleiben unerschrocken, dominant und einzig uns selbst verpflichtet.

Dass Recht ein politischer Störfaktor sein kann und jederzeit suspendiert werden darf, weil Macht über dem Recht steht – das war der Kern des unermüdlich eingeforderten «neuen Denkens», der archimedische Punkt bei der Planung von Militäreinsätzen wie im Umgang mit Gefangenen, im Umgang mit Verbündeten ebenso wie bei der Politik gegenüber Gegnern und Feinden. Deshalb ist die viel bemühte Rede vom «Unilateralismus der USA» eine euphemistische Umschreibung des Problems. Es ging nämlich weniger um amerikanische «Alleingänge» als um einen im Alleingang vollzogenen Bruch mit Selbstbindung und Selbstbeschränkung – um die eigenmächtige, mit niemandem beratene und von keiner Instanz legitimierte Setzung neuen Rechts. Donald Rumsfeld: «Wir hätten es alle gern perfekt; wir hätten alle am liebsten, dass alle Punkte für uns verbunden und mit einer Schleife verpackt sind. […] [Wir] wollen Beweise, die über jeden vernünftigen Zweifel erhaben sind. Man möchte die Gewissheit haben, dass man Bescheid weiß, bevor irgendjemand bestraft wird. [Doch] es geht nicht um Bestrafung. In unseren Köpfen steckt eine falsche Vorstellung, wenn wir an Strafe denken. Wir strafen nicht. Das ist keine Vergeltung oder Strafe.»[57]

Utopie automatischer Prävention: Eine unbemannte US-Drohne vom Typ «Predator» im Flug.

Erbmassen

«Change we can» – welche Hoffnungen Barack Obamas Wahlspruch auch immer weckte, die Wiederherstellung der Rechtsstaatlichkeit zählte in jedem Fall dazu. Tatsächlich hatten Optimisten anfänglich Grund zur Freude. Am 22. Januar 2009, 48 Stunden nach der Amtseinführung, schien der neue Präsident mit zwei «Executive Orders» das Erbe seines Vorgängers weitgehend zu tilgen. Guantanamo sollte so schnell wie möglich, spätestens binnen eines Jahres, geschlossen werden, die diversen Geheimgefängnisse würden mit sofortiger Wirkung aufgelöst; Militärkommissionen wollte man abschaffen und die Prüfung eines jeden Einzelfalls auf rechtsstaatlich unbedenkliche Weise vornehmen lassen; Gefangene könnten fortan einer menschenwürdigen Behandlung im Sinne der Genfer Konvention sicher sein; schließlich und endlich wurden alle vom Justizministerium und vom Office of Legal Counsel zwischen dem 11. September 2001 und dem 20. Januar 2009 erlassenen Rechtsexpertisen für Verhöre – die berüchtigten «Foltermemoranden» – widerrufen. Sechs Wochen später untersagte Obama den weiteren Gebrauch des Begriffs «unrechtmäßiger feindlicher Kämpfer», im August 2009 beauftragte er eine Spezialeinheit des FBI anstelle der CIA mit dem Verhören von Terrorverdächtigen.

Die Ernüchterung trat schneller als selbst von Pessimisten befürchtet ein. Am 17. April 2009 sprach sich Obama öffentlich gegen eine strafrechtliche Verfolgung von Geheimdienstmitarbeitern und Militärs aus, die in der Vergangenheit Gefangene erniedrigt, gequält oder gefoltert hatten. «[Die Beamten haben] ihre Aufgabe in gutem Glauben an die juristischen Vorgaben des Justizministeriums erfüllt. [...] Wir haben ein dunkles und schmerzhaftes Kapitel unserer Geschichte durchlebt. Doch in Zeiten großer Herausforderungen und beunruhigender Uneinigkeit ist nichts gewonnen, wenn wir unsere Zeit und Energie nutzlos auf Vorwürfe aus der Vergangenheit verwenden.»[1] Damit bestätigte Obama das Votum der republikanischen Mehrheit des Kongresses, die 2006 im Gesetz über Militärkommissionen allen Tätern Amnestie gewährt hatte. «Schaut nach vorne und nicht zurück», wurde fortan zum Mantra der neuen Regierung. Selbst die Untersuchung vergangener Verbrechen blockierte man nach Kräften. Obamas Justizministerium verhinderte die Veröffentlichung von Fotos und anderer Beweise für Folterpraktiken und sorgte wiederholt dafür, dass Folteropfer vor Bundesgerichten mit Anträgen auf Zulassung einer Zivilklage abgewiesen wurden – und zwar unter Verweis auf das vermeintliche Sonderrecht des Präsidenten zur Wahrung von Staatsgeheimnissen. Daran scheiterten bis heute auch alle Bemühungen, die Ermordung von drei Guantanamo-Häftlingen Anfang Juni 2006 untersuchen zu lassen.[2] Diese Politik zielt nicht allein auf Vertuschung. Im Grunde nimmt Barack Obama wie sein Amtsvorgänger in Anspruch, das Strafrecht nach Opportunitätserwägungen behandeln zu dürfen – davon Gebrauch zu machen, wenn es nützt, es zu ignorieren, falls es politischen Zwecken im Wege steht.

Von der Schließung Guantanamos ist Anfang 2011 keine Rede mehr, die jedem Militär- und Kriegsrecht Hohn sprechenden Militärkommissionen sind weiterhin aktiv. Die 174 auf Kuba noch Festgehaltenen können nicht auf den Rechtsweg, sondern allenfalls auf einen Gnadenerweis hoffen. Ganz im Sinne seiner Amtsvorgänger hat Justizminister Eric Holder angekündigt, entweder überhaupt keine Gerichtsverfahren zuzulassen oder Angeklagte selbst nach einem Freispruch auf unbestimmte Zeit in präventivem Gewahrsam zu halten. Dem Vernehmen nach droht 48 Insassen unbegrenzte Haft – Häftlingen, die von keinem Gericht verurteilt würden, weil die Geständnisse aus ihnen herausgefoltert wurden. Die gleiche Verachtung von Rechtsstaatlichkeit spiegelt sich auch im Umgang mit Terrorverdächtigen in Afghanistan. Zwar wird im größten Gefängnis auf dem Luftwaffenstützpunkt

Bagram nahe Kabul nach Erkenntnissen des Internationalen Roten Kreuzes mittlerweile nicht mehr gefoltert. Aber die knapp 700 Insassen sind wie zu Bushs Zeiten völlig rechtlos. Mit dem Hinweis, dass Bagram in einer Kriegszone und damit außerhalb der Zuständigkeit amerikanischer Zivilgerichte liegt, versperrt ihnen die Obama-Administration das Einreichen von Habeas Corpus-Klagen. Ferner wurde auf dem Gelände des weitläufigen Stützpunktes in Bagram ein zweites Gefängnis eingerichtet, zu dem das Rote Kreuz keinen Zutritt hat – ein sogenanntes «Black Jail», in dem Gefangene in fensterlosen Betonverschlägen gehalten werden. Vieles deutet darauf hin, dass Vernehmer der CIA und der Special Forces dort wie gehabt ihre «verschärften Verhörmethoden» anwenden. Von einem «Hundezwinger» sprechen ehemalige Häftlinge, von extrem aufgeheizten oder klirrend kalten Zellen, von tagelanger Beschallung mit lauter Musik und greller Dauerbeleuchtung. Offiziell gibt es auf US-Stützpunkten in Afghanistan neun weitere Gefängnisse dieser Art, sogenannte «Field Detention Sites». Man kann mit guten Gründen auch von rechtsfreien Räumen weit abseits der öffentlichen Wahrnehmung sprechen.[3]

Obendrein eskalierte Barack Obama den «Krieg gegen den Terror». Seine bereits im Wahlkampf gängige Formulierung vom «notwendigen Krieg» in Afghanistan wurde lange Zeit entweder unterschätzt oder ging in den großen Erwartungen an einen Neuanfang unter. Spätestens die Verlegung von 30 000 zusätzlichen Soldaten an den Hindukusch unterstrich jedoch, dass Obama die Prämissen imperialer Selbstbehauptung teilt und die Tradition seiner Vorgänger fortzusetzen gedenkt. Demnach führt Amerika nicht nur Krieg, wenn seine Existenz und territoriale Integrität auf dem Spiel steht; Amerikas Kriege erfüllen auch, wenn nicht in erster Linie, einen symbolischen Zweck. Sie demonstrieren Glaubwürdigkeit, halten potentielle Rivalen auf Distanz und kräftigen den Glauben an die eigene Stärke und Mission. So ist Obamas Hinweis auf Amerikas «Bürde» zu lesen, in diesem Sinne will er seine Rede von nützlichen Kriegen «jenseits der Selbstverteidigung oder der Verteidigung eines Landes gegen einen

Angreifer» verstanden wissen.[4] Und darauf zielt die Charakterisierung Obamas als «self-entangling giant», als Riese, der sich in selbst gefertigten Fallstricken verheddert.[5] Er hat sich zum militärischen Erfolg in einem Krieg verdammt, in dem es keinen Sieger

geben wird. In den Worten von David Petraeus, Obamas wichtigstem General: «Sie müssen auch sehen, dass man meines Erachtens diesen Krieg [in Afghanistan] nicht gewinnen kann. Man muss einfach weiter kämpfen. Es ist in etwa so wie im Irak, man kann den Irak wie eine Metapher dafür sehen. Ja, es gab enorme Fortschritte im Irak. Aber noch immer kommt es im Irak zu fürchterlichen Angriffen, und man muss wachsam bleiben. Man muss hinterher sein. Das ist die Sorte von Kämpfen, in denen wir für den Rest unseres Lebens und wahrscheinlich auch noch unsere Kinder stecken werden.»[6]

Auch Obamas Krieg ist ein Krieg jenseits von Kriegs- und Völkerrecht. Zwar wird dem Vernehmen nach weniger entführt und gefoltert als in der Ära George W. Bush. Aber Obama hat der CIA und den Spezialeinheiten der Streitkräfte eine Lizenz zum Töten auf Verdacht ausgestellt – mittels unbemannter Drohnen, sogenannten «Predators», die ihre Bomben ferngesteuert in Häuser von Verdächtigen lenken, Wagenkolonnen ins Visier nehmen oder gegen vermutete Ausbildungslager programmiert werden. 60 derartiger Angriffe befahl Bush während seiner achtjährigen Amtszeit; 120 Drohnen wurden unter Obamas Verantwortung bis Oktober 2010 allein auf Ziele in Pakistan angesetzt.[7] Ob die Opfer tatsächlich Terroristen waren und wie viele Unbeteiligte zu Schaden kamen, vermag niemand zu sagen. Entgegen den wiederholten Bemühungen, derartige Attacken mit dem internationalen Kriegsrecht in Übereinstimmung zu bringen, bleibt festzuhalten: Außerhalb des Schlachtfeldes dürfen nur Personen gezielt angegriffen werden, die über einen längeren Zeitraum an Kämpfen beteiligt waren und nach wie vor Teil von bewaffneten Verbänden sind. Für alle anderen gilt der Unschuldsvorbehalt, sie haben das Recht auf ein ordentliches Verfahren vor Gericht. «Selbst Terroristen», so die ehemalige schwedische Außenministerin Anna Lindh, «müssen nach dem Völkerrecht behandelt werden. Sonst könnte ja jedes Land anfangen, alle hinzurichten, die es für Terroristen hält.»[8]

Präventionsrecht

Dass auf absehbare Zeit weder mit einem Ende des Krieges noch mit einer Restaurierung von Rechtsstaatlichkeit zu rechnen ist, hängt zweifellos mit den ungeschriebenen Gesetzen amerikanischer Politik zusammen. Ein Präsident, so die seit Beginn des Kalten Krieges gültige Grundregel, der sich in Krisenzeiten dem bloßen Verdacht der Schwäche, Unentschlossenheit und Nachgiebigkeit aussetzt, spielt mit Amt und Karriere. Barack Obama hatte gar einen Abwehrkampf an drei Fronten zu führen. Er durfte den Furor jener verängstigten Wähler nicht wecken, die seit Jahren mehrheitlich für eine harte Gangart im «Krieg gegen den Terror» plädieren; er musste die parlamentarische Opposition besänftigen, die schon im Wahlkampf vor keiner Denunziation seiner Reformprojekte – von der Krankenversicherung bis zum Klimaschutz – Halt gemacht hatte und weiterhin über Obamas «Kumpanei mit Terroristen» zeterte. Und er benötigte nicht zuletzt die Loyalität und Kooperationsbereitschaft von Militär und Geheimdiensten; sie zu vergrätzen, hätte der Opposition innerhalb wie außerhalb des Parlaments einen schwer kontrollierbaren Auftrieb gegeben. In anderen Worten: Der mächtigste Mann der Welt kann seine Macht nur nutzen, so lange er die vom nationalen Sicherheitsstaat gezogenen Grenzen nicht überschreitet.[9]

Andererseits wäre es verfehlt, die unabgegoltenen Hypotheken der Anti-Terrorpolitik allein mit politischen und institutionellen Zwängen in den Vereinigten Staaten in Verbindung zu bringen. Egal, wann Terroristen zuschlagen und welchen Staat sie ins Visier nehmen, alle demokratisch verfassten Gesellschaften sehen sich der gleichen Herausforderung gegenüber. Stehen rechtsstaatliche Prinzipien zwecks Verteidigung des Rechtsstaats zur Disposition? Welche Grund- und Freiheitsrechte können oder müssen zwecks einer Abwehr terroristischer Gefahr eingeschränkt werden, wie lange sollen Ausnahmeregelungen gelten, wer verhängt sie und wer kontrolliert ihre Ausübung? Wann wird Sicherheit auf Kosten von Freiheit geschaffen, welche Risiken ist man um bestimmter Freiheiten willen bereit zu akzeptieren? Stets geht es um das Abwägen knapper Güter und um die Verhältnismäßigkeit der Mittel. Oder, wie es in der Sprache von Verfassungsrichtern heißt, um den Respekt vor dem Übermaßverbot. Womit die Unhintergehbarkeit eines normativen Postulats angesprochen ist: Welche Grenzen zu ziehen und welche Grenzüberschreitungen hinnehmbar sind, ist im Vorhinein nicht zu beantworten. Die Frage stellt sich vielmehr stets aufs Neue, duldet aber gleichwohl keine beliebige Antwort. Heribert Prantl: «Recht sichert Freiheit. Sicherheit [...] ist die Sicherheit der Menschen im Recht.»[10]

Gleichwohl ist diesseits wie jenseits des Atlantiks seit jeher das Verlangen nach einem Königsweg aus dem Dilemma groß. «Prävention» heißt das Stichwort und gemeint ist, nicht erst im Nachhinein zu bestrafen, sondern nach Möglichkeit sicherzustellen, dass künftig keine Verbrechen begangen werden – also im Vorwege zu ahnden. Im Vorwege aber heißt: Ermittler nehmen auch ohne konkreten Verdacht ihre Tätigkeit auf, sie benötigen keine tatsächlichen Anhaltspunkte für ein geplantes Verbrechen. Die Fahndungsräume für imaginierte, phantasierte und konstruierte Gefahren jeder Art sind per definitionem unbegrenzt, im Prinzip kann jederzeit gegen jedermann ermittelt werden. Weil die Unschuldsvermutung gegenüber Einzelnen durch einen Generalverdacht gegen alle ersetzt wird und Personen nach Überzeugungen und Gesinnungen statt nach ihren Taten beurteilt werden, schmilzt der Kern des Rechtsstaates. Fortan muss der Beschuldigte seine Unschuld beweisen. Mit dem vorbeugenden «Bekämpfungsrecht» verabschiedet man sich von der Einsicht, dass der Staat fehlerhaft handeln kann und daher das Risiko eingehen muss, eher zehn Schuldige aus Mangel an Beweisen freizusprechen als einen Unschuldigen einzusperren. Ob der uralte Menschheitstraum von einer Welt ohne Gewalt dabei den Ausschlag gibt oder ein grundsätzliches Misstrauen gegen den Rechtsstaat, sei dahingestellt. In jedem Fall ebnet die antagonistische Entgegensetzung von Freiheit und Sicherheit einem maßlosen Streben nach Prävention die Bahn.[11]

In Europa war Großbritannien der Vorreiter. Erstmals 1922 und verstärkt seit den 1970er Jahren verabschiedete man zur Bekämpfung des nordirischen Widerstands Gesetze, die lange Zeit als die drakonischsten in der westlichen Welt galten. Der umstrittene «Terrorism Act» aus dem Jahr 2000 nahm gar viele Bestimmungen vorweg, die andernorts erst im Schatten von «9/11» durchgesetzt werden konnten. Beispielsweise war es fortan erlaubt, Verdächtige ohne konkreten Anhaltspunkt für 48 Stunden in «Incommunicado-Haft» zu halten – ohne richterliche Anordnung und ohne anwaltliche Beratung also. Überdies lag die Beweislast unter bestimmten Voraussetzungen nicht beim Ankläger, sondern beim Angeklagten. Weil der Terrorismusbegriff sehr weit gefasst war, sprachen Kritiker auch von einem Instrumentarium zur Disziplinierung politischer Opposition. In Spanien – wo der jahrzehntelange Terror baskischer und katalonischer Separatisten hunderte von Toten forderte – wurde mit Artikel 55 der Verfassung eine Handhabe zur Suspendierung aller Freiheitsrechte geschaffen. Für die Dauer eines nationalen Notstands kann das Recht auf die Unverletzlichkeit der Wohnung, auf Bewegungsfreiheit, freie Meinungsäußerung und Versammlungsfreiheit außer Kraft gesetzt werden. Die Morde der «Roten Armee Fraktion» in Deutschland und die Anschläge algerischer und korsischer Untergrundgruppen in Frankreich hinterließen juristisch zwar weniger drastische, aber dennoch bleibende Spuren. Sogenannte «Vorfeldgesetze» regeln seither den staatlichen Zugriff auf private Daten, das akustische Abhören und optische Überwachen, das flächendeckende Fahnden anhand potentieller Täterprofile und nicht zuletzt die Ausdehnung der «Incommunicado-Haft» – im deutschen Fall für einen Zeitraum von maximal 30 Tagen.

«9/11» freilich steht für eine Zeitenwende. Auch wenn die im Gefolge der Anschläge erlassenen Gesetze zahlreiche Vorläufer hatten und eine über Jahrzehnte geführte Diskussion fortschrieben, so ist die seither in Europa wie in den USA zu beobachtende Entwicklung ungleich wuchtiger. Vor allem zeichnet sie sich durch eine größere Nachhaltigkeit aus. In keinem Land wurde bis dato ein «Rückbau» ausufernder Verfügungen oder Apparate in Angriff genommen. Im Gegenteil. Die untergründig präsente Angst gibt immer wieder Anlass, eine beständige Erweiterung des «Sicherheitskatalogs» zumindest im Gespräch zu halten.

«Uniting and Strengthening America by Providing Appropriate Tools Required to Intercept and Obstruct Terrorism» heißt das seit dem 26. Oktober 2001 in den USA gültige Antiterror-Gesetz. Der umständliche Titel wurde geschaffen, weil sich aus den Anfangsbuchstaben eine Abkürzung mit hohem emotionalen Gebrauchswert bilden ließ: «USA PATRIOT Act», ein Gesetz, das Staatsbürger auf «Patrioten» und die Republik auf ein «Heimatland» schrumpfen lässt. Nach dreitägiger Beratung votierten 356 von 422 Abgeordneten des Repräsentantenhauses und 98 von 99 Senatoren für ein Konvolut, das mit knapp 350 Seiten nicht nur umfangreicher als alle bis dato verabschiedeten Gesetze war, sondern mit Abstand auch folgenreicher.

Beschlossen wurde erstens eine Aufweichung der Gewaltenteilung zwischen Exekutive und Justiz. Elektronische Verbindungsdaten von Computern und Telefonen zu erfassen und zu speichern, Telefonverkehr abzuhören, finanzielle Transaktionen zu kontrollieren und auf Grundlage sogenannter «National Security Letters» personengebundene Informationen bei Arbeitgebern oder öffentlichen Einrichtungen anzufordern, liegt heute ausschließlich in der Hand von Strafverfolgern. Entweder müssen FBI, Staatspolizei oder die National Security Agency (NSA) keine richterliche Verfügung mehr einholen; oder die Gerichte sind gehalten, ihren Anträgen unbesehen stattzugeben, sobald ein allgemeines Interesse an Terrorismusbekämpfung geltend gemacht wird. Einzig «sneak and peek warrants» – das Durchsuchen von Wohnungen und Arbeitsplätzen ohne vorherige oder umgehende Unterrichtung der Betroffenen – bedürfen der Genehmigung eines Richters. Dass auch die NSA gegen amerikanische Staatsbürger im Inland ermitteln darf, hob die Überwachung auf ein deutlich höheres Niveau; die von privaten Firmen wie ITT, AT&T, RCA Global, Global Crossing, Worldcom, First Data oder Western Union abgeschöpften Daten können seither schneller und präziser verarbeitet werden. Niemals zuvor wurde der vierte Verfassungszusatz, demzufolge Regierung und Polizei auf keinen Fall ein eigenmächtiger Zugriff auf die Privatsphäre von Bürgern gestattet ist, dermaßen relativiert.[12]

Zweitens führte der «Patriot Act» in den USA das sogenannte «Feindstrafrecht» ein und hebelte den wichtigsten, seit der Habeas-Corpus-Akte aus dem Jahr 1679 gültigen Rechtsgrundsatz aus. Die Maxime nämlich, dass Recht immer universelles Recht ist, prinzipiell für alle gilt und keine Unterschiede zwischen Personen oder Gruppen macht, also blind ist gegenüber Differenzen des sozialen Status, der nationalen Herkunft, der ethnischen Zugehörigkeit oder des Geschlechts. Davon abweichend schafft das «Feindstrafrecht» ein Sonderrecht für Ausländer, es bürgert eine ausgewählte Personengruppe aus dem Recht aus. Laut Artikel 411 und 412 «Patriot Act» können auf Weisung des Justizministers terrorverdächtige Ausländer in Haft genommen werden – ohne richterliche Prüfung, ohne konkreten Anhaltspunkt, ohne Anhörung, ohne Anklageerhebung und bei Bedarf für mehrere Monate. Der schlichte Verdacht reicht aus, im Zweifel die Tatsache, dass jemand wegen seiner Hautfarbe, Religion oder wegen des Geburtsortes auffällig geworden ist. Auch wird, fast überflüssig zu betonen, das rechtsstaatliche Prinzip der Beweislast auf den Kopf gestellt. Sofern Beschuldigte den zeitraubenden und kostspieligen Weg wählen, ihre Haft mittels einer Habeas Corpus-Petition vor einem Bundesgericht anzufechten, müssen sie selbst ihre Unschuld beweisen. Andernfalls bleibt ihnen nur die Hoffnung, dass die Staatsorgane ihren Fehlgriff erkennen und korrigieren. Bis Mai 2003 wurden mehr als 5000 Personen verhaftet, weil sie in ein bestimmtes Profil passten: vorwiegend junge, unverheiratete Männer arabischer Herkunft und muslimischen Glaubens, die nach ihrer Einwanderung in die USA weiterhin Kontakt zu ihren Heimatländern pflegten. Die meisten wurden nach kurzer Zeit wieder freigelassen, einige blieben bis zu acht Monaten in Haft, 531 wurden des Landes verwiesen, zwei wurden einschlägiger Kontakte zu terroristischen Organisationen verdächtigt, aber in keinem Fall reichten die Verdachtsmomente zu einer Anklageerhebung aus. Dennoch standen sie weiterhin mit einem Bein im Gefängnis, faktisch ausgebürgert und im Falle eines neuen Anschlags erneut schutzlos.[13]

Drittens öffnete der «Patriot Act» eine Tür zur Kriminalisierung von politischem Dissens. Laut Artikel 802 ist der Straftatbestand des «inländischen Terrorismus» erfüllt, sofern jemand die Politik der Regierung durch «Einschüchterung oder Zwang» beeinflussen will. Eine vage und mithin äußerst strapazierfähige Definition, die auch zivilen Ungehorsam in einer kriminellen Grauzone verortet. Wie schnell ähnliche Bestimmungen in der Vergangenheit zur Begründung staatlicher Repression herangezogen wurden, zeigt die Geschichte des «Alien and Sedition Act» aus dem Jahr 1798, des 1917 verhängten «Espionage and Sedition Act» oder des «Alien Registration Act» («Smith Act»), der von 1940 bis weit in die 1960er Jahre vornehmlich Dissidenten aus der Arbeiter- und Bürgerrechtsbewegung hinter Gitter brachte oder verstummen ließ. Obwohl die relevanten Akten vermutlich noch Jahrzehnte unter Verschluss bleiben werden, gibt es bereits jetzt zahlreiche Hinweise, dass die Bush-Administration Kritiker im eigenen Land mit Hilfe des «Patriot Act» ausspähte und unter Druck setzte.[14]

In Europa brachten führende Politiker zur Revision von Recht und Verfassung Argumente vor, die dem Zitatenschatz von Richard Cheney hätten entnommen sein können. «Wir leben nicht mehr in der Welt des Jahres 1949», erklärte beispielsweise der deutsche Innenminister Wolfgang Schäuble mit Blick auf das Grundgesetz.[15] Gemeint war und ist, dass man Bedrohungen im Hier und Heute nicht mit antiquierten Instrumenten der Vergangenheit begegnen kann und dass radikale Herausforderungen nicht minder radikale Antworten verlangen. Dementsprechend wurden in den weitaus meisten Mitgliedsstaaten der Europäischen Union unter extremem Zeitdruck entweder neue Sicherheitsgesetze erlassen oder seit langem gültige Gesetze verschärft. Aktualität und Grad der Gefährdung spielten dabei keine Rolle. In Anlehnung an die amerikanische Diskussion ging es vielmehr um

Rückversicherungen für alle Eventualitäten und auch für den Fall, dass nur eine einprozentige Risikowahrscheinlichkeit bestand.

Ob in Spanien, Großbritannien, Frankreich oder Deutschland, überall erweiterte man den Katalog terroristischer Straftatbestände. Und überall drängen Strafverfolgungsbehörden seit «9/11» auf deutlich erweiterte Kompetenzen. Im Rahmen «verdachtsunabhängiger Vorratsdatenspeicherung» werden beispielsweise Informationen gehortet, die bei der Telekommunikation und während der Nutzung des Internet anfallen – Daten, die darüber Auskunft geben, wer mit wem zu welchem Zeitpunkt und wie lange telefoniert oder E-Mails ausgetauscht hat. Gesetzlich verboten, aber technisch möglich sind Inhaltsprotokolle von Telefonaten oder E-Mails. Ferner wird dokumentiert, wer welche Internetseiten wie oft aufruft. Wie lange diese Informationen zur Verfügung stehen und unter welchen Bedingungen sie abgerufen werden dürfen, ist von Land zu Land unterschiedlich und gibt immer wieder Anlass zu Kontroversen mit der Justiz. Seitens der Europäischen Union ist eine «Mindestspeicherfrist» von sechs Monaten vorgesehen. Solange höchstrichterliche Entscheidungen ausstehen, machen Polizei und Geheimdienste von diesen Möglichkeiten exzessiven Gebrauch. In Deutschland wurden allein im Jahr 2003 3,7 Millionen Daten von privaten Dienstleistungsunternehmen abgefragt und unter anderem im Rahmen von Rasterfahndungen – d. h. der Suche nach potentiell Verdächtigen aufgrund bestimmter Merkmale – verwendet.[16] Schließlich intensivieren Polizei und Nachrichtendienste in allen europäischen Ländern ihre Kooperation, in Deutschland lockerte der Gesetzgeber das besonders strikte und wegen der Erfahrungen mit dem Nationalsozialismus über Jahrzehnte respektierte «Trennungsgebot» zwischen diesen Institutionen.

Das britische Parlament wollte im November 2001 sogar ein Feindstrafrecht nach amerikanischem Vorbild durchsetzen. Der «Anti-Terrorism, Crime and Security Act» (ATCSA) verwehrte terrorverdächtigen Ausländern die Gleichheit vor dem Gesetz und gab der Regierung die Vollmacht zu einer Inhaftierung auf rein administrativem Weg – also unter Umgehung von Haftrichtern und allein auf Geheiß des Innenministeriums. Obendrein legalisierte der «ATCSA» eine dauerhafte Internierung ohne Gerichtsverfahren und verlangte von Verdächtigen den Nachweis ihrer Unschuld. In anderen Worten: Das Gesetz verstieß in seinen wesentlichen Bestandteilen gegen Artikel 5 und 14 der europäischen Menschenrechtskonvention. Um auch diese Hürde zu nehmen, rief die britische Regierung als einziges europäisches Land den Notstand aus. Erst die Lordrichter des Oberhauses – höchste Berufungsinstanz und faktisch auf einer Stufe mit den Verfassungsgerichten auf dem Kontinent – geboten Mitte Dezember 2004 mit einer 8:1-Entscheidung Einhalt und rügten die Verhängung des Notstands als unverhältnismäßige Maßnahme: «Terroristische Gewalt, so ernst sie auch zu nehmen ist, gefährdet nicht die institutionelle Ordnung unserer Regierung oder unsere Existenz als zivile Gemeinschaft.» Geradezu erzürnt zeigten sich die Lordrichter über die Ungleichbehandlung von britischen Staatsbürgern und Ausländern. «Ausnahmslos jedes Individuum hat ein Recht auf Freiheit. [...] Freiheit ist ein Recht, kein Privileg.»[17]

Der Vorstoß der britischen Lordrichter markiert eine nach wie vor bestehende Differenz zu den Vereinigten Staaten. Das Unterhaus in London folgte zwar nicht in allen Punkten dem Votum der Lordrichter; insbesondere hielten die Abgeordneten an der Umkehrung der Beweislast fest. Aber die umstrittenen Paragraphen 21–23 des «ATCSA», die zwecks Terrorabwehr eine dauerhafte Internierung von Ausländern ohne Gerichtsverfahren vorsahen, erklärte man Anfang November 2006 für ungültig. Obwohl von interessierter Seite immer wieder in die Diskussion gebracht, konnte das Feindstrafrecht auch nirgendwo sonst in Europa durchgesetzt werden. Im deutschen Bundestag scheiterte Innenminister Otto Schily im Frühjahr 2004 mit seinem Antrag auf Einführung der Präventionshaft – es blieb also beim Grundsatz, dass auf Verdacht ermittelt, aber nicht verhaftet werden darf und dass die gerichtliche Kontrolle von Verhaftungen unter allen Umständen vor Übergriffen der Exekutive zu schützen ist. Im Unterschied zu den USA wurde die Gewaltenteilung zwischen Justiz und Exekutive in Europa also nicht zu einer Kann-Bestimmung degradiert. «Feind» wird weiterhin als politischer Begriff und nicht als rechtliche Kategorie verstanden.

Am häufigsten trat das deutsche Bundesverfassungsgericht durch Urteile wider das Präventionsrecht in Erscheinung. Im Februar 2006 erklärte Karlsruhe das Luftsicherheitsgesetz und damit die Legalisierung des Abschusses entführter Flugzeuge für verfassungswidrig. «[Ein Abschuss] missachtet die Betroffenen als Subjekte mit Würde und unveräußerlichen Rechten. Sie werden dadurch, dass ihre Tötung als Mittel zur Rettung anderer benutzt wird, verdinglicht und zugleich entrechtlicht; indem über ihr Leben von Staats wegen einseitig verfügt wird, wird den als Opfern selbst schutzbedürftigen Flugzeuginsassen der Wert abgesprochen, der dem Menschen um seiner selbst willen zukommt.» Dass eine «allgemeine Gefährdungslage» wie nach «9/11» keine hinreichende Begründung für Eingriffe in Grund- und Menschenrechte darstellt, erklärt auch die ablehnenden Urteile zur präventiven Rasterfahndung vom April 2006, zur Telekommunikationsüberwachung vom Juli 2005 und zur Vorratsdatenspeicherung vom März 2010. In allen Fällen ist laut Urteilsbegründung eine Vereinbarkeit mit dem Grundgesetz erst dann gegeben, «wenn eine konkrete Gefahr für hochrangige Rechtsgüter» vorliegt – «wie den Bestand oder die Sicherheit des Bundes oder eines Landes oder für Leib, Leben oder Freiheit einer Person.» Den Entwurf der Bundesregierung («Schäuble-Entwurf») zur Online-Durchsuchung privater Computer ohne Wissen der Betroffenen und ohne richterliche Billigung nahmen die Verfassungsrichter im Februar 2008 zum Anlass, um gleich eine vierfache Hürde vor das Präventionsbegehren zu stellen: Für dergleichen Eingriffe in die Privatsphäre sind richterliche Genehmigungen unabdingbar, es müssen «tatsächliche Anhaltspunkte einer konkreten Gefahr» vorliegen und diese Gefahr muss ein «überragend wichtiges Rechtsgut» betreffen. Und zu guter Letzt definierte das Gericht ein neues Grundrecht, umgangssprachlich «Computer-Grundrecht» genannt, auf die «Gewährleistung der Integrität und Vertraulichkeit informationstechnischer Systeme».[18] Egal welche Auflage die Karlsruher Richter der Exekutive und der Legislative machten, stets ging es um das Prinzip der Verhältnismäßigkeit und um das Übermaßverbot. Und um den Hinweis, dass die Präventionslogik eine existentielle Bedrohung des Rechtsstaats darstellt, weil sie beides nicht kennt.

Doch auch in Europa droht der Justiz eine Niederlage im Wettlauf mit der Politik. Anti-Terrorgesetze werden in der Regel ohne zeitliche Befristung verabschiedet oder nach Ablauf einer sogenannten «Sunset-Klausel» auf unbestimmte Zeit verlängert – auch wenn die ursächliche Gefährdung nicht mehr gegeben ist. Man könnte von einer infektiösen Eigendynamik sprechen, von einer schwer zu kontrollierenden Übertragung auf andere Problemzonen der inneren Sicherheit. Vorbeugende Überwachungen jedweder Art bieten sich zur Bekämpfung von Bandenkriminalität und organisiertem Verbrechen an, verschärfte Ausweisvorschriften können problemlos auf Ausländergesetze und Einwanderungsbestimmungen übertragen werden. Wer dennoch auf Korrekturen besteht, setzt sich im Falle eines neuerlichen Anschlags dem Vorwurf unterlassener Vorsorge aus und riskiert die politische Karriere. Davon abgesehen sind die Interessen von Geheimdiensten und anderen Sicherheitsapparaten erfahrungsgemäß nur mit hohem Aufwand zu bändigen. Aus Furcht um die eigene Legitimität, wenn nicht Existenz neigen derlei Institutionen strukturell zu einer Konservierung des Ausnahmezustands. Anders gesagt: zu einer überdehnten Interpretation der ihnen gewährten Kompetenzen und zur Schaffung weiträumiger Grauzonen. Mit dem Ergebnis, dass Vorschriften zur ministeriellen oder parlamentarischen Kontrolle selten den Praxistest bestehen. Gerade davon handelt die Klage über den schleichenden Ausbau des Präventionsstaates.[19]

Zumindest auf diesem Terrain hat Europa nach «9/11» erkennbar an Kontur gewonnen: Kaum sind Dämme errichtet, werden sie auch schon wieder eingerissen. Oder argumentativ unter Beschuss genommen, wie das deutsche Beispiel zeigt. Das Karlsruher Urteil zum Luftsicherheitsgesetz war erst wenige Stunden alt, als Verteidigungsminister Franz Josef Jung trotzig seine Bereitschaft verkündete, im Zweifel dennoch den Abschuss von Flugzeugen zu befehlen. Sicherheitspolitiker der SPD sekundierten mit der Behauptung, dass die Verletzung deutschen Luftraums durch Terroristen als feindlicher Angriff gewertet und folglich nach den Regeln des Kriegsrechts beantwortet werden müsste. Nach den vereitelten Anschlägen mit Paketbomben Anfang November 2010 wurde das Thema prompt wieder aufgewärmt, diesmal mit Blick auf Frachtmaschinen. Kaum ein Beschluss des Verfassungsgerichts, der nicht auf ähnliche Art in Frage gestellt worden wäre. Zweifellos müssen die Gegner hohe Hürden nehmen und am Ende eine Grundgesetzänderung durchsetzen. Dass es auch andere Varianten zur Verwässerung höchstrichterlicher Auflagen gibt, haben die Abgeordneten des britischen Parlaments wiederholt demonstriert. Zwar konnten sie nicht umhin, das Feindstrafrecht wieder abzuschaffen; aber an einer drastischen Einschränkung der Rechte von Terrorverdächtigen vor Gericht hielten sie gleichwohl fest. Und wie lange das in England, Spanien und Deutschland gültige Verbot zur gerichtlichen Verwendung unter Folter erpresster Geständnisse Bestand haben wird, sei dahingestellt. Als Innenminister plädierte Wolfgang Schäuble bereits für eine Zulassung im Ausland gewonnener «Erkenntnisse», auch wenn sie nach deutschem Recht auf illegale Weise zustande gekommen waren. Bekanntlich machte sich das Oberlandesgericht Hamburg im Juni 2005 während des Prozesses gegen den mutmaßlichen Terrorhelfer Mounir al-Motassadeq diese Argumentation zu eigen.

Von «strukturell unstillbaren Sicherheitsbedürfnissen» spricht der ehemalige Verfassungsrichter Winfried Hassemer. «Eine Schippe Sicherheit passt immer noch in den mit Kontrollen und Sanktionen schon prall gefüllten Sack.»[20] Dass in den USA nach «9/11» sage und schreibe 263 Behörden zur Optimierung «nationaler Sicherheit» neu gegründet beziehungsweise von Grund auf reorganisiert wurden und inzwischen über 1200 staatliche Organisationen sowie 1931 private Firmen mit der Gefahrenabwehr beschäftigt sind, illustriert das bislang extreme Ende einer internationalen Entwicklung.[21] Das Problem sind nicht nur Politiker, die «von oben» Ängste schüren und Erregungszustände für ihre Zwecke nutzen. Ihre Appelle blieben ungehört, gäbe es nicht eine verbreitete Bereitschaft «von unten», sich ängstigen zu lassen und nach Instrumenten zu rufen, die hier und jetzt noch nicht zur Verfügung stehen, aber in Zukunft Leben retten könnten. Dass sich terroristische Gefährdung nicht beseitigen, sondern allenfalls drosseln lässt, wird als Einwand nicht akzeptiert. Die phantasierte Sicherheit, das Ideal einer gewaltfreien Welt, scheint allemal attraktiver. Mit dieser imaginierten Vollkommenheit muss der unvollkommene Rechtsstaat nach «9/11» erneut konkurrieren. Genauer gesagt mit einer expansiven und in ihrer Tendenz totalitären Präventionslogik.[22]

Präventivkrieg

«Unser Krieg gegen den Terror», so George W. Bush am 20. September 2001, «beginnt mit Al-Qaida, hört dort aber nicht auf. Er wird nicht aufhören, ehe jede Terrorgruppe von weltweiter Ausdehnung gefunden, gestoppt und geschlagen ist.»[23] Internationalen Terrorismus nicht als lästiges Problem unter vielen anderen, sondern als existenzielle Herausforderung zu sehen, die hauptsächlich mit den Mitteln des Militärs bekämpft werden muss, ist keine spezifisch amerikanische Lesart; auch Russland, Israel und Großbritannien teilen diese Betrachtung. Aber einzig die USA sind zu einer globalen Intervention fähig und willens. Den Feind entwaffnen, bevor er sich selbst bewaffnen kann, latente Gefahren eliminieren, ehe sie zu einer akuten Gefährdung werden – im strategischen Denken des Atomzeitalters jahrzehntelang verkapselt, wurde der Präventivkrieg nach «9/11» als Allzweckwaffe wieder entdeckt. Daran wird sich auch auf absehbare Zeit nichts ändern, wie Barack Obamas Rede vom «notwendigen Krieg» in Afghanistan und der in seiner Amtszeit intensivierte Drohneneinsatz gegen Ziele im Jemen und Pakistan zeigen. Dass die seit Oktober 2001 geführten Kriege die Kader der Terroristen nicht gelichtet, sondern mehr denn je gefüllt haben, gehört zur bitteren Ironie dieser Geschichte. Es ist zugleich ihre größte Hypothek.

Wie man Krieg planen kann, ohne einen Gedanken an die Nachkriegszeit zu verschwenden, ist schwer zu verstehen. Vermutlich werden sich noch Generationen von Historikern des Irakkrieges mit dieser Frage beschäftigen. 18 Monate feilten Stäbe im Pentagon und bei «Central Command» an den operativen Details zum Sturz von Saddam Hussein, anderthalb Jahre lang machten Analysten verschiedener Geheimdienste, Nahostexperten und erfahrene Militärs – unter ihnen Colin Powell und Eric Shinseki, Stabschef der Armee – auf die Defizite der Einsatzpläne aufmerksam. Ihre Einwände: Wer ein besetztes Land stabilisieren will, benötigt nicht nur erhebliche Reservetruppen, sondern auch und vor allem ein politisches Konzept. Mit welchen Partnern soll der Neuaufbau auf den Weg gebracht werden, welche Ressourcen stehen zur Verfügung, welche Ziele haben Priorität? Diverse Arbeitsgruppen befassten sich mit diesen Fragen, aber ihre Arbeit war für den Papierkorb. Verteidigungsminister Rumsfeld traf die Entscheidungen im engsten Kreis und ließ Kritik erst gar nicht aufkommen. «Speed kills»: Einen schnellen Sieg wollte er erringen, mit viel Hochtechnologie und wenig Personal, einen Sieg, der ein Zeichen für die Zukunft setzen sollte – Amerika kann seine Kriege aus dem Stand führen, ist in der Lage, technologische Übermacht jederzeit in militärische Allmacht zu übersetzen. Drei Monate nach dem Einmarsch in Bagdad würde die Verwaltung des Landes in irakische Hände übergehen, für den Wiederaufbau stünden hinreichend Einnahmen aus dem Ölexport zur Verfügung. Punktum. Mit der Abneigung gegen «nation building» und der Vorliebe für «Blitzkriege» hatte Rumsfeld auch in den Reihen des Militärs einen Nerv getroffen; professioneller Respekt vor dem Primat der Politik tat ein Übriges. «Wir müssen halt tun, was uns aufgetragen wird, das war die Stimmung. Und diese Geschichte wird ohnehin passieren, dachten wir. Krawall zu machen, war nicht unsere Sache.»[24]

Im August 2003 begann der Aufstand. Minen und Sprengfallen – sogenannte «Improvised Explosive Devices» oder «IEDs» – forderten erhebliche Verluste unter den alliierten Truppen, überall im Land gingen Bomben vor ausländischen Vertretungen hoch, Selbstmordattentäter rissen wahllos Menschen in den Tod. Nach wenigen Wochen zog die UNO einen Großteil ihrer Mitarbeiter ab, Weltbank, Internationaler Währungsfonds und britische Hilfsorganisationen verließen den Irak vollständig. «Ich habe

diesen Film schon einmal gesehen», meinte der ehemalige Chef von «Central Command», General Anthony Zinni. «Er hieß Vietnam.»[25] In der Tat: In der Provinz Al Anbar, insbesondere im Umfeld von Fallujah, wurden US-Marines im Winter 2003 in die schwersten Kämpfe seit Vietnam verwickelt. Nachdem die «Fallujah Brigade», eine von den USA aufgestellte und bewaffnete Truppe, die Seiten gewechselt hatte, mussten sich die Marines aus der Stadt zurückziehen. Alsbald verloren die Alliierten auch die Kontrolle über andere Zentren wie Ramadi, Najaf und Kufa. Dass Saddam Husseins Elitetruppen in den Untergrund gehen und kämpfen würden, hatte man erwartet; aber auch ohne sie wäre der Widerstand aufgeflammt. Schneller als erwartet mussten die Besatzungsmächte ihren kopflosen Entscheidungen Tribut zollen. Eine halbe Million Iraker hatte infolge der Auflösung von Armee und Polizei und wegen der «Ent-Baathisierung» des öffentlichen Lebens – der Entlassung ehemaliger Mitglieder der Regierungspartei – ihren Job verloren, unter ihnen ungezählte Ärzte, Lehrer, Ingenieure und Beamte, die für ein funktionierendes öffentliches Leben unverzichtbar waren. Ohne sie waren die Nervenzentren des Irak schutzlos, Polizeistationen, Gefängnisse und Regierungsgebäude wurden ebenso zur leichten Beute der Aufständischen wie Elektrizitäts- und Wasserwerke. Mehr als 26 000 Angriffe wurden im Jahr 2004 gezählt, 2005 waren es über 34 000.[26]

«Geht da rein und haut ihnen eins auf den Kopf. [...] Geht da rein mit der ganzen Wucht einer Division Marines.»[27] Ob der Oberkommandierende der US-Truppen im Irak, Ricardo Sanchez, Ende März 2004 seinen Befehl zur Rückeroberung Fallujahs tatsächlich so vortrug oder ob er nur in diesem Sinne verstanden wurde, sei dahingestellt. Entscheidend ist, dass eine unterbesetzte und auf unkonventionelle Kriegsführung nicht im Mindesten vorbereitete Besatzungsarmee vier lange Jahre Öl ins Feuer goss – indem man überfallartig ganze Stadtteile nach Guerillas durchsuchte, wahllos Tausende Männer im Alter von 16 bis 60 Jahren verhaftete und in Lager wie Abu Ghraib steckte, Wohnungen demolierte und Häuser sprengte, Alte, Kranke und Behinderte drangsalierte, willkürlich Verdächtigte vor den Augen ihrer Familien mit Fausthieben und Fußtritten erniedrigte oder

Öl ins Feuer: Ein junger Iraker in einem Käfig auf dem Gelände von Abu Ghraib, Oktober 2005. Er hatte durch den Absperrzaun mit Inhaftierten geredet.

Angehörige so lange in Sippen- und Geiselhaft nahm, bis sie irgendwelche Namen preisgegeben hatten. Ein Nachrichtenoffizier: «Uns fielen die Kinnladen herunter, als wir sahen, wie viele Zivilisten misshandelt und eingeschüchtert wurden.»[28] Von Übergriffen Einzelner kann keine Rede sein. Alle Kampfverbände waren auf «Cordon and Sweep-Operationen» und auf eine «Shock and Awe» genannte Strategie der Einschüchterung fixiert, einige standen im Ruf extremer Brutalität – vorweg die 4th Infantry Division, die 82nd Airborne Division und zeitweise auch die 101st

Airborne Division. Wie Chris Hedges und Laila Al-Arian in einer bislang einzigartigen Dokumentation, gestützt auf Interviews mit Hunderten im Irak eingesetzter Soldaten, gezeigt haben, taten die Angst vor einem unsichtbaren Feind, das Bedürfnis nach Rache an einer unkooperativen Bevölkerung und die Frustration über ausbleibende Erfolge ein Übriges. Derlei Stimmungen entluden sich in alltäglichen Schikanen, in wilden Schießereien an Kontrollpunkten und schließlich in vorsätzlichen Morden bis hin zu Massakern wie etwa in Haditha, wo eine Gruppe Marines am 19. November 2005 drei Familien, 24 Personen insgesamt, meuchelte.[29]

Wie viele Einwohner des Irak durch amerikanische «Säuberungen», Gewaltexzesse zwischen Schiiten und Sunniten und Terrorakte von Al-Qaida zu Schaden kamen, ist umstritten. Weder auf amerikanischer noch auf irakischer Seite gibt es ein Interesse an Aufklärung. Im Gegenteil. Vieles wurde vorsätzlich vertuscht, anderes aus Desinteresse oder wegen Geringschätzung irakischer Leben nicht protokolliert. Die bis dato vorliegenden Militärakten lassen keine belastbaren Rückschlüsse zu, auch das viel diskutierte Material auf der Internetplattform «Wikileaks» nicht – dort findet man nur unsortiertes Rohmaterial, das einer eingehenden Prüfung anhand zusätzlicher, aber nicht verfügbarer Quellen bedürfte. Grobe Schätzungen besagen, dass zwischen 2005 und 2007 etwa zwei Millionen Iraker – überwiegend Ärzte, Rechtsanwälte, Lehrer und andere mittelständische Berufsgruppen – ihr Land aus Angst vor einem Bürgerkrieg verließen und dass zwei weitere Millionen, vornehmlich Sunniten, aus ihren Wohngebieten vertrieben wurden. Die in einer gemeinsamen Untersuchung der Bloomberg School of Public Health (Johns Hopkins University, Washington, D. C.) und der School of Medicine, Al Mustansiriya University von Bagdad behauptete Zahl von über 600 000 zwischen 2003 und 2006 getöteten Irakern ist sehr umstritten;[30] andere Beobachter sprechen von maximal 150 000 Todesopfern. Vermutlich wird, zieht man die Erfahrung mit Todesstatistiken aus anderen Kriegen des 20. Jahrhunderts zu Rate, die Wahrheit in der Mitte liegen. Zweifellos hatten die Schreckensherrschaft

Saddam Husseins, sein Terror gegen Schiiten und Kurden und der Krieg gegen den Iran in den 1980er Jahren noch mehr Opfer gefordert. Aber die Toten seit März 2003 wurden weithin als Ergebnis amerikanischer Politik wahrgenommen, sie galten als untrüglicher Beleg für einen Krieg des Westens gegen die gesamte muslimische Welt. Dass infolgedessen unpolitische Zeitgenossen zu entschiedenen Gegnern der USA wurden und Patrioten sich zu fanatischen Nationalisten wandelten, ist nicht zu bestreiten. Im Januar 2005 bezeichnete der «National Intelligence Council», ein Beratergremium der CIA, in einer Expertise den Irak als «Magneten für internationale terroristische Aktivitäten» und als wichtigstes Trainingslager für eine neue Generation von Terroristen.[31]

Eine weitere Eskalation wurde in letzter Minute verhindert. Lange Zeit schien Washington von den Ereignissen überfordert und gelähmt. Zwar häuften sich kritische Stimmen in den Reihen des Militärs, wegen der öffentlichen Wortmeldung einer Handvoll pensionierter Generale war gar von einer «Generalsrevolte» die Rede. Aber die Kontrahenten blockierten sich mit unvereinbaren Konzepten gegenseitig – auf der einen Seite die Befürworter eines baldigen Rückzugs, auf der anderen Seite die Vertreter der «Irakisierungs-Strategie», die zu mehr Geduld und vor allem zu einem nachhaltigen Aufbau irakischer Sicherheitskräfte rieten. Als Donald Rumsfeld nach der Niederlage der Republikaner bei den Zwischenwahlen vom November 2006 zurücktrat, war der Weg für eine ebenso meinungsstarke wie machtbewusste Minderheit von Offizieren frei, die den Streit der Mehrheit zum eigenen Vorteil nutzte. Die Geschichte ihrer bürokratischen Winkelzüge und Überraschungscoups ist noch längst nicht geschrieben; am Ende aber behielt eine Gruppe um David Petraeus, Raymond Odierno und H. R. McMaster die Oberhand. Monatelang hatten sie bei konservativen «Denkfabriken» und Mittelsmännern zum Weißen Haus antichambriert, ehe der zögernde Präsident Anfang 2007 sein Plazet für einen radikalen Kurswechsel gab. Angesichts drängender Zeit und verbrauchter Alternativen setzte man auf eine Strategie, die wegen des Desasters in Vietnam in Verruf geraten war und von der Mehrheit der Militärs bis heute skeptisch, wenn nicht verächtlich kommentiert wird: «Counterinsurgency» oder Aufstandsbekämpfung.

«Counterinsurgency» lebt von der Vorstellung, unkonventionelle Kriege auch unter widrigsten Umständen mit unkonventionellen Mitteln gewinnen zu können. Trotz der durchweg negativen Erfahrungen mit asymmetrischen Kriegen in der Vergangenheit sind David Petraeus und seine Mitstreiter vom Erfolg ihres Ansatzes überzeugt. Bisher, so ihr Credo, fehlte es nur an Zeit und Durchhaltevermögen auf dem Weg zu einem machbaren Ziel – und an einer intelligenten Abstimmung militärischer Mittel mit politischen Zielen. «Eine Operation mit fünf getöteten Aufständischen ist kontraproduktiv», heißt es in dem seit Ende 2006 gültigen «Field Manual» der Armee, «wenn ihr Kollateralschaden zur Rekrutierung von 50 neuen Aufständischen führt.»[32] Demnach steht der Schutz der Bevölkerung an erster Stelle, nicht der maximale Einsatz von Feuerkraft und nicht das Bestreben, in möglichst kurzer Zeit eine möglichst große Zahl von Feinden auszuschalten. Wie in den einschlägigen Handbüchern aus der Zeit des Vietnamkrieges ist von «winning the hearts and minds» die Rede, vom politischen Kapital, das sich angeblich verlässlich mehrt, je erfolgreicher der Feind von der Bevölkerung isoliert wird. Im Unterschied zu früheren Konzeptionen akzentuiert Petraeus den politischen Auftrag des Militärs wesentlich stärker, fordert einen aktiven Beitrag zum Krisenmanagement – beispielsweise durch eine vorsichtige Annäherung an die Aufständischen und den Versuch, mit kooperationswilligen Fraktionen auf unterster Ebene Waffenstillstand zu schließen. Im Kern handelt das reformierte Modell der «Counterinsurgency» also auch von einem radikal geänderten Rollenverständnis des Militärs, von der Vision eines Botschafters in Uniform.

Fünf zusätzliche Brigaden wurden zu Beginn des Jahres 2007 in den Irak verlegt, davon 20 000 Mann für Kampftruppen und 8000 für Versorgungseinheiten. Durch diese Aufstockung – «Surge» im Sprachgebrauch des Militärs – erreichte die amerikanische Truppenpräsenz mit 156 000 regulären Soldaten und 180 000 über private Sicherheitsfirmen angeheuerten Zusatzkräften ihren Höchststand. Der größte Teil der Truppen wurde fortan nicht mehr in abgelegenen Stützpunkten oder «Forward Operating Bases» stationiert, sondern auf zahlreiche Brückenköpfe innerhalb der wichtigsten Städte verteilt; allein im Stadtgebiet von Bagdad errichtete man 75 derartiger Stützpunkte in leer stehenden Schulen und verlassenen Fabrikgebäuden. Statt in gepanzerten Fahrzeugen patrouillierten die GIs jetzt rund um die Uhr zu Fuß in Wohngebieten, eine Art Nachbarschaftspolizei, die weniger einschüchtern als Vertrauen schaffen sollte. Dass ehemalige Aufständische die Seiten wechselten, fiel indes viel mehr ins Gewicht. Teilweise legten Stammesführer ein gutes Wort für die Besatzungsmacht ein, teilweise lockte deren Versprechen einer Amnestie oder die Aussicht auf eine Anstellung beim Staat – und mehr als alles andere überzeugte amerikanisches Geld. Pro Monat flossen 30 Millionen Dollar an sunnitische und schiitische Milizen, auf dass sie entweder stillhielten oder in ihren Vierteln als Ordnungshüter auftraten. Mit knapp 800 bewaffneten Gruppen vereinbarte man eine Waffenruhe, darunter viele Kleingruppen, aber auch Verbände von mehreren hundert Mann. Selbst Moqtada al-Sadr, der einflussreichste schiitische Prediger und Herr über den riesigen, «Sadr City» genannten Slum im Osten von Bagdad, gab dem Drängen der Amerikaner nach. «Söhne des Irak» oder «Erweckungsräte» nannten sich diese Alliierten auf Zeit, gut 100 000 Mann sollen es Ende 2007 gewesen sein.

Tatsächlich stellten sich überraschende Anfangserfolge ein. Zwischen Juni und Dezember 2007 ging die Zahl der militärischen Überfälle und Bombenanschläge im Irak um fast 60 Prozent zurück, genauer gesagt von wöchentlich 1600 auf weniger als 600 pro Woche. Waren in Bagdad im Februar 2007 noch 44 Autobomben gezündet, 253 Personen getötet und 654 verletzt worden, so gab es im Dezember 2007 nur noch fünf Anschläge mit Autobomben. Auch die Angriffe auf amerikanische Konvois gingen drastisch zurück, in den großen Städten schöpften die Menschen allmählich wieder Mut, kehrte der Alltag langsam zurück. Zwar wurden Anfang 2010 landesweit noch immer über 500 Anschläge im Monat gezählt, aber die Zahl der getöteten irakischen Sicherheitskräfte und Zivilisten erreichte den niedrigsten Stand seit drei Jahren. Als die letzte US-Kampfbrigade am 19. August 2010 das Land verließ, hatten auch die Besatzungstruppen kaum noch Verluste zu beklagen; in den Jahren zuvor hatten knapp 5000 alliierte Soldaten den Einsatz mit ihrem Leben bezahlt, fast 40 000 waren verwundet worden. Bis Ende 2011 sollen die letzten US-Truppen das Land verlassen haben.

Dass der Irakkrieg damit ein Ende hat, ist allerdings nicht gesagt. Die fundamentalen Probleme des Landes – ethnische Spaltung und religiöse Feindschaft – sind so virulent wie eh und je, von einer Integration der Minderheiten kann keine Rede sein. Im Gegenteil. Weil die Zentralregierung kaum Interesse an einer Aussöhnung zeigt und insbesondere das Versprechen nicht einhält, Sunniten vermehrt in den Staatsdienst aufzunehmen, kündigen sunnitische Milizen ihre Stillhalteabkommen. Als bürgerkriegsträchtig bezeichnen zahlreiche Beobachter die Situation: Militante und aus den Kassen des Öl- und Innenministeriums üppig alimentierte Schiiten auf der einen Seite, sunnitische Kämpfer, von US-Truppen mit neuen Waffen besser denn je ausgestattet, auf der anderen Seite. Und mittendrin die Terrorgruppe Al-Qaida, die nach einer vorübergehenden Schwächung anscheinend wieder zur alten Stärke zurückfindet. Seit Herbst 2010 liefen offenbar hunderte «Söhne des Irak» zu Al-Qaida über, tausende ehemaliger Milizen leisten den Dschihadisten angeblich verdeckte Hilfe. Hass auf die Zentralregierung spielt dabei ebenso eine Rolle wie Angst vor den Todesdrohungen gegen «Kollaborateure» mit dem Staat; nicht zuletzt zahlt Al-Qaida dem Vernehmen nach einen deutlich über dem Durchschnitt liegenden Monatslohn.[33] Monat für Monat mehren sich die Anzeichen für eine neue Welle der Gewalt. Im Mai 2010 starben 337 Menschen bei Sprengstoffanschlägen, im Juni stürmten 15 Al-Qaida-Kämpfer die Zentralbank in Bagdad und lieferten sich eine Stunde lang ein Feuergefecht mit der Polizei, Mitte August riss ein Selbstmordattentäter 60 Menschen vor einem Rekrutierungsbüro der Streitkräfte in den Tod, im November 2010 übernahm Al-Qaida die Verantwortung für das Massaker an 58 Besuchern der syrisch-katholischen Kathedrale in Bagdad. Möglicherweise schreibt der seit 2007 erreichte Erfolg eine aus der Geschichte asymmetrischer Kriege notorisch bekannte Lektion fort: dass der vermeintlich Starke alle Schlachten, der scheinbar Schwache aber den Krieg gewinnt.

«Ihr habt Uhren, wir haben Zeit»: Der seit Oktober 2001 in Afghanistan geführte Krieg mutet wie eine endlose Illustration dieses landesüblichen Sprichwortes an. Wenige Wochen nach Beginn des amerikanischen Luftkrieges aus Kabul vertrieben, durften sich die Taliban alsbald berechtigte Hoffnungen auf ein Comeback machen. Die im Irak überbeschäftigten Amerikaner konnten nicht, wie sie wollten; und ihre Verbündeten aus 39 Ländern wollten nicht, was sie im Prinzip hätten leisten können. Je mehr die USA den Druck auf die Alliierten zur Entsendung zusätzlicher Kampftruppen erhöhten, desto mehr spitzten sich die innenpolitischen Konflikte an der Heimatfront zu. Wegen des Widerstandes gegen eine Ausweitung des Afghanistan-Mandats stürzte in Italien die Regierung Romano Prodi im Februar 2007, die japanische Regierung unter Shinzō Abe im September 2007, die Regierung Jan Peter Balkenende in den Niederlanden im Frühjahr 2010, von geringeren Krisen wie Ministerrücktritten in Kanada, Polen, Dänemark, Spanien oder Deutschland gar nicht erst zu reden. Weil Jahr für Jahr mehr Wahlbürger im Westen für einen baldigen Rückzug votierten und die Kritik mit jedem toten Soldaten noch lauter wurde, verlegten sich die ISAF-Truppen zusehends auf Luftangriffe; allein in der zweiten Jahreshälfte 2006 wurden mehr Bombereinsätze geflogen als in den gesamten vier Jahren zuvor. Wie viele Zivilisten an den direkten oder indirekten Folgen starben und ob die augenblickliche Schätzung von weit über 20000 zutrifft, ist schwer zu sagen.[34] Unzweifelhaft hingegen sind die Taliban Krisengewinnler. Dass eine Mehrheit der Afghanen dem westlichen Militär mittlerweile fortgesetzten «Machtmissbrauch» vorwirft, stellte Stanley McChrystal zu Beginn seines Oberkommandos im Sommer 2009 fest.[35] Noch drastischere Worte fand ein hochrangiger französischer Offizier: «In Afghanistan wird durch die Tötung der Feinde deren Zahl nicht verringert, da unten ist zehn minus zwei nicht acht, sondern 16. An die Stelle eines jeden Getöteten treten vier andere, seine Cousins, Freunde oder Nachbarn. Mit jedem Tag gibt es in Afghanistan einen Feind des Westens mehr.»[36]

Obwohl Barack Obama die Entsendung von 30 000 zusätzlichen Soldaten im Dezember 2009 fortschrittsgewiss mit der Ankündigung verband, den Rückzug vom Hindukusch im Sommer 2011 in die Wege leiten zu wollen, erscheint eine Stabilisierung Afghanistans wenig wahrscheinlich. Zumindest vier Faktoren deuten eher auf einen Krieg ohne absehbares Ende hin – oder auf die gleichermaßen unattraktive Alternative eines neuerlichen Triumphs der Taliban.

Erstens bleibt Pakistan wie eh und je eine unberechenbare Größe. Überzeugt, dass die USA über kurz oder lang sich zurückziehen werden und von der fixen Idee besessen, dass der Erzfeind Indien mit Unterstützung aus Russland und der Türkei das Machtvakuum in Kabul zu seinen Gunsten nutzen wird, unterstützt Islamabad weiterhin Gotteskrieger jeder Couleur: die Taliban um Mullah Omar, die Milizen unter Führung des ehemaligen Mudschahedin Gulbuddin Hekmatyar und die Warlords des Haqqani-Clans. Sie alle nutzen Pakistan als Rückzugsgebiet und Sammelbecken, steuern von dort ihre Aktionen in Afghanistan – in jüngster Zeit mit zunehmendem Erfolg, seit sie ihre traditionellen Rivalitäten zugunsten einer gemeinsam koordinierten Kriegsstrategie hintan stellen.[37] Der Preis dieser Duldung steigt scheinbar unaufhörlich. In den nordwestlichen Provinzen des Landes hat die pakistanische Armee die Kontrolle an eine Streitmacht von schätzungsweise 40 000 schwer bewaffneten Extremisten verloren, die zur Festigung ihrer Macht in den letzten Jahren hunderte unzuverlässiger Stammesführer ermordet haben. Für die Reorganisation von Al-Qaida war und ist dieser Schutzraum unentbehrlich.[38] Inzwischen gibt es hinreichend Grund zu der Annahme, dass nicht so sehr die pakistanische Regierung islamische Extremisten für ihre Zwecke nutzt, sondern umgekehrt Extremisten die Regierung vor ihren Karren spannen. Jedenfalls terrorisieren pakistanische Taliban ihre innenpolitischen Gegner nach Belieben – und schüren nicht nur in Washington die Angst vor einem geopolitischen Beben mit unabsehbaren Folgen im zentralasiatischen Raum von Usbekistan über Kirgisistan, Tadschikistan, Turkmenistan bis nach Kasachstan. Der im Oktober 2001 eröffnete Kriegsschauplatz steht also längst im Zentrum eines regionalen «Krisenbogens» und wird augenblicklich von Akteuren bevölkert, die kein Interesse an diplomatischen Konfliktlösungen haben – egal, welche Signale sie aus dem Westen empfangen.

Zweitens ist der Aufbau eines militärischen Gewaltmonopols in Afghanistan offensichtlich gescheitert. Während die Ausbildung einer nationalen Polizei und Armee seit Jahren weit hinter den Erwartungen zurückbleibt, füllen unzählige Gewaltunternehmer die Lücke. Wie sie im Dienst der amerikanischen Streitkräfte, aber auf deren Kosten, ihren Geschäften nachgehen, wird in einem Untersuchungsbericht des amerikanischen Repräsentantenhauses aus dem Jahr 2010 in allen Details ausgeleuchtet: Um Personal und Kosten zu sparen, beauftragt das Pentagon private Unternehmen mit dem Transport von Nachschub in Afghanistan; 70 Prozent aller benötigten Güter, von Waffen bis Cornflakes, werden auf circa 8000 Lastwagen Monat für Monat in die mehr als 200 über das Land verstreuten Stützpunkte gebracht. Weil sie die Lieferungen mit eigenen Mitteln nicht schützen können, schließen die Frachtunternehmer Verträge mit afghanischen Sicherheitsfirmen, genauer gesagt mit findigen Warlords und Milizenchefs, die sich auf diese Weise ein legales und überaus lukratives Geschäftsfeld erobert haben. Dollarsummen im zweistelligen Millionenbereich werden jährlich an Partner transferiert, deren hauptsächliches Interesse im Aufbau ihrer Privatarmeen besteht – von insgesamt 70 000 schwer bewaffneten «Eskorten» ist inzwischen die Rede. Aber nicht nur die Milizenchefs treiben ihr Schutzgeld im Zweifel mit Angriffen auf Konvois säumiger oder zahlungsunwilliger Spediteure ein; Taliban und Al-Qaida erpressen ihrerseits die Milizenführer und finanzieren den Krieg mit Geldern aus der amerikanischen Staatskasse. Mit gutem Grund haben die Rechercheure des US-Kongresses zur Beschreibung dieses Teufelskreises einen im Handelsregister üblichen Begriff gewählt: «Eingetragene Gesellschaft» oder «Warlord Incorporated». Die Pointe: Je mehr die USA und ihre Verbündeten militärisch investieren, desto schneller wächst die kriegsgesteuerte Schattenwirtschaft ihrer vermeintlichen Verbündeten wie ihrer realen Feinde.[39]

Warlord, Inc.: Titelbild der Broschüre mit den Untersuchungsergebnissen des Repräsentantenhauses vom Juni 2010.

Drittens scheint eine funktionsfähige Zentralregierung in Afghanistan in unerreichbarer Ferne zu liegen. Amerikanischen Angaben vom Sommer 2010 zufolge hat Präsident Hamid Karzai nur in einem Viertel der wichtigsten Provinzen und Bezirke Rückhalt – wohlgemerkt Rückhalt, von Kontrolle ist nicht die Rede. In den mehrheitlich staatsfernen Räumen bauen die Warlords eine multipolare, unübersichtliche Gegenmacht auf, die ihre Legitimität aus der Delegitimierung der Zentrale schöpft. Ob Staudämme, Straßen, Brücken oder Schulen gebaut werden, hängt vom Wohlwollen der lokalen Machthaber ab – und von der

Bereitschaft der Regierung, Etateinbußen von bis zu 40 Prozent für die allfälligen Schutzgelder hinzunehmen. Zahlt Kabul nicht, enttäuscht man die Erwartungen der Bevölkerung; fließt das Geld, dokumentiert die Regierung ihre eigene Ohnmacht. Dass in jüngster Zeit sogar die Leitung wichtiger Ministerien an Kriegsherren und ihre Kamarilla vergeben wird, setzt ein zusätzliches Ausrufezeichen. In mehreren Provinzen kontrollieren Milizenchefs im Einvernehmen mit den Taliban faktisch die Entwicklung der Infrastruktur; geduldet wird nur, was ihren Interessen nützt. Beispielsweise erklären sich vielerorts lokale Mobilfunkanbieter bereit, ihre Sender in den militärisch kritischen Nachtstunden vom Netz zu nehmen – und die Aufständischen verzichten im Gegenzug auf eine Sprengung der Relaisstationen.[40] In ihrer Not ist die Regierung Karzai dazu übergegangen, die örtliche Bevölkerung mit Waffen zu versorgen und zur Selbstverteidigung aufzurufen. Dass die Stämme zu den Taliban überlaufen oder ihnen zumindest die gespendeten Gewehre überlassen, wäre keine Überraschung; diese Erfahrung mussten bereits die Sowjets und ihre Marionettenregierung in den 1980er Jahren machen.[41]

Viertens stecken die USA in einer Glaubwürdigkeitsfalle. Den Taliban und Al-Qaida in Afghanistan das Feld zu überlassen, würde das überparteiliche Konzept amerikanischer Weltmachtpolitik im Kern treffen: Durchsetzungsfähigkeit, Behauptungswille und Führungskraft. Um diese Attribute vor sich selbst und dem Rest der Welt zu beglaubigen, verschloss man bekanntlich auch jahrelang die Augen vor den Realitäten in Vietnam und redete sich im Stile einer klassischen Imperialmacht ein, dass kein Staat, erst recht keine «viertrangige Nation» (Henry Kissinger) wie Nordvietnam auf Dauer dem Willen der Vereinigten Staaten würde widerstehen können. Dergleichen Logik scheint sich in Zeiten der Krise und des drohenden Niedergangs eher zu revitalisieren als zu verbrauchen: Gerade Kriege, die man nicht gewinnen kann, dürfen auf keinen Fall verloren gehen. So gesehen laufen die USA Gefahr, sich und andere zur Geisel ihrer eigenen Politik zu machen.

Der Armeepsychologe, der im Herbst 2009 auf dem Stützpunkt Fort Hood in Texas Amok lief; der verhinderte Selbstmordattentäter, der an Weihnachten 2009 ein Passagierflugzeug über Detroit zum Absturz bringen wollte; schließlich Faisal Shahzad, dessen selbst gebastelte Bombe am Abend des 1. Mai 2010 am belebten Times Square in Manhattan nicht zündete – allesamt begründeten sie ihre mörderischen Vorsätze mit der vermeintlichen Kriegserklärung des Westens an den Islam. «Ich will mich schuldig bekennen, und ich werde mich hundert Mal schuldig bekennen.» Mit diesen Worten trat Shahzad am 21. Juni 2010 vor eine Bundesrichterin in New York City. «Denn bis zu der Stunde, da die Amerikaner ihre Truppen aus dem Irak und aus Afghanistan abziehen, bis sie ihre Drohnenangriffe in Somalia, im Jemen und in Pakistan einstellen, bis sie nicht länger muslimischen Boden besetzt halten, bis sie aufhören, Muslime zu töten, [...] werden wir Amerika angreifen. Und dazu bekenne ich mich schuldig.» Auf die Frage, warum er Unschuldige, auch Kinder, töten wollte, antwortete er: «Nun, die Leute wählen ihre Regierung; wir machen zwischen ihnen keinen Unterschied. Und die Drohnen schlagen in Afghanistan und im Irak ein, sie nehmen keine Rücksicht auf Kinder, sie nehmen Rücksicht auf niemanden. Sie töten Frauen, Kinder, sie töten alle. [...] Was ich getan habe, ist meiner Ansicht nach kein Verbrechen. Ich weiß, dass es gegen die Gesetze der Vereinigten Staaten verstößt, aber mich interessieren die Gesetze der Vereinigten Staaten nicht. Ich betrachte mich als Mudschahid, als muslimischen Soldaten. Amerikaner und die Nato haben muslimisches Land angegriffen. Dies ist ein Krieg, und ich nehme daran teil.»[42]

So könnte auch das Bekennerschreiben nach dem nächsten großen Anschlag klingen – und die Begründung für eine Fortsetzung des Kriegs ohne Fronten gegen denselben Gegner in einem anderen Land.

Anmerkungen

Einleitung

1 Tom Clark, zit. n. Wright, Der Tod wird Euch finden, S. 20.
2 Ein namentlich nicht identifizierter CIA-Mitarbeiter, zit. n. Suskind, One Percent Doctrine, S. 290.
3 Orhan Pamuk, zit. n. Todorov, Angst vor den Barbaren, S. 125.
4 Benjamin Barber, Amerika du hasst es besser, in: Süddeutsche Zeitung, 4./5. 12. 2010, S. 14.
5 Hersh, Befehlskette, S. 392.

Dienstag, 11. September 2001

1 Flight Path Study: American Airlines Flight 11, S. 6, in: National Security Archive, Electronic Briefing Book 196.
2 The 9/11 Commission Report, S. 22.
3 Flight Path Study: United Airlines Flight 175, S. 6, in: National Security Archive, Electronic Briefing Book 196.
4 Flight Path Study: American Airlines Flight 77, S. 7, in: National Security Archive, Electronic Briefing Book 196.
5 Air Traffic Control Recording: United Airlines Flight 93, S. 6–10, in: National Security Archive, Electronic Briefing Book 196. Die schriftliche Warnung wurde vom «Aircraft Communications Addressing and Reporting System» (ACARS) übermittelt.
6 Zit. n. Aust/Schnibben, Geschichte eines Terrorangriffs, S. 105.
7 The 9/11 Commission Report, S. 14.
8 The 9/11 Commission Report, S. 17, 20, 22, 30–34.
9 The 9/11 Commission Report, S. 31, 43, 45.
10 Richard Cheney, zit. n. The 9/11 Commission Report, S. 41, 43; das Gespräch mit Donald Rumsfeld fand um 10 Uhr 39 statt. Vgl. Gellman, The Angler, S. 118–130.
11 The 9/11 Commission Report, S. 44, 45.
12 Aust/Schnibben, Geschichte eines Terrorangriffs, S. 94.
13 Zit. n. Aust/Schnibben, Geschichte eines Terrorangriffs, S. 136.
14 Die beste Fotodokumentation des Tages wurde zusammengestellt von George, A. R., Peress, G., Shulan, M., Traub, Ch., Hg., here is new york.

a democracy of photographs, Zürich, Berlin, New York 2001. Das gesamte Fotoarchiv mit über 5000 Aufnahmen ist auch zugänglich unter www.hereisnewyork.org

15 Aust/Schnibben, Geschichte eines Terrorangriffs, S. 10

16 «Fibel für Selbstmordattentäter», zit. n. Aust/Schnibben, Geschichte eines Terrorangriffs, S. 275 ff.

17 Wright, Der Tod wird Euch finden, S. 135 ff.

18 Vgl. Holmes, Matador's Cape, S. 50–58.

19 Osama Bin Laden, zit. n. Wright, Der Tod wird Euch finden, S. 436/437.

20 The 9/11 Commission Report, S. 165 ff.

21 The 9/11 Commission Report, S. 155 ff. sowie Wright, Der Tod wird Euch finden, S. 383 ff.

22 The 9/11 Commission Report, S. 147; Wright, Der Tod wird Euch finden, S. 223.

23 The 9/11 Commission Report, S. 149–155.

24 The 9/11 Commission Report, S. 166.

25 The 9/11 Commission Report, S. 243–250.

26 The 9/11 Commission Report, S. 235 ff. Diese Angaben machte Khalid Scheich Mohammed im März 2003 unmittelbar nach seiner Verhaftung in Rawalpindi.

27 Wright, Der Tod wird Euch finden, S. 422.

28 Richard Clarke, zit. n. Wright, Der Tod wird Euch finden, S. 430.

29 Presidential Daily Brief, Bin Laden Determined to Strike in US, in: The 9/11 Commission Report, S. 262.

Al-Qaida

1 Richard A. Clarke, Memorandum for Condoleezza Rice, 25. 1. 2001, National Security Archive, Electronic Briefing Book No. 147.

2 Vgl. Bergen, The Osama I Know; Coll, The Bin Ladens; Atwan, Secret History of Al-Qaeda.

3 Ayatollah Chomeini, zit. n. Wright, Der Tod wird Euch finden, S. 62.

4 Zbigniew Brzezinski, zit. n. Wright, Der Tod wird Euch finden, S. 125.

5 Wright, Der Tod wird Euch finden, S. 138, 173 ff.

6 Osama Bin Laden, zit. n. Wright, Der Tod wird Euch finden, S. 198, 263.

7 Osama Bin Laden, zit. n. The 9/11 Commission Report, S. 59.

8 Wright, Der Tod wird Euch finden, S. 279; vgl. ebd., S. 221, 246 sowie The 9/11 Commission Report, S. 65.

9 Zu den einzelnen Etappen des Bürgerkrieges siehe Rashid, Taliban, S. 57–135.

10 Rashid, Descent into Chaos, S. 14; vgl. ders., Taliban, S. 16–20, 135–154.

11 U.S. Embassy (Islamabad), Cable, July 1, 1998, in: National Security

Archive, Electronic Briefing Book 227. Vgl. National Security Archive, Electronic Briefing Book 97.

12 U.S. Embassy (Islamabad), Cable, October 8, 1996, in: National Security Archive, Electronic Briefing Book 295.

13 U.S. Embassy (Islamabad), Cable, March 10, 1997, in: National Security Archive, Electronic Briefing Book 295.

14 Diese Richtlinien wurden am Ende der Amtszeit von Bill Clinton noch einmal bekräftigt. Siehe Secretary of State, Memorandum to U.S. Embassy (Islamabad), September 26, 2000, in: National Security Archive, Electronic Briefing Book 227.

15 Wright, Der Tod wird Euch finden, S. 337.

16 Osama Bin Laden, zit. n. The 9/11 Commission Report, S. 50/51 sowie Wright, Der Tod wird Euch finden, S. 8.

17 Osama Bin Laden, zit. n. Wright, Der Tod wird Euch finden, S. 235. Vgl. Sasson, Growing Up bin Laden, S. 177.

18 American Consul (Peschawar), Cable, January 9, 1997, in: National Security Archive, Electronic Briefing Book 295.

19 «Fatwa» vom 23. Februar 1998, zit. n. Kepel/Minelli, Texte des Terrors, S. 69.

20 Wright, Der Tod wird Euch finden, S. 357.

21 U.S. Secretary of State (Washington, D. C.), Cable, August 23, 1998, in: National Security Archive, Electronic Briefing Book 134.

22 U.S. Embassy (Islamabad), Cables, August 21, 25, 1998, in: National Security Archive, Electronic Briefing Books 253 und 134.

23 U.S. Embassy (Islamabad), Cable, December 19, 1998, in: National Security Archive, Electronic Briefing Book 134.

24 Vgl. National Security Archive, Electronic Briefing Books 97 und 134.

25 The 9/11 Commission Report, S. 110–114, 133, 142, 176.

26 The 9/11 Commission Report, S. 195; vgl. ebd., S. 190.

Afghanistan und Irak

1 George W. Bush, Rede an die Nation, 11. 9. 2001, zit. n. The 9/11 Commission Report, S. 326.

2 Stephen Cambone, Staatssekretär für Geheimdienstfragen im Verteidigungsministerium, Protokollnotiz, 11. 9. 2001, in: National Security Archive, Electronic Briefing Book 326.

3 George W. Bush, zit. n. Suskind, One Percent Doctrine, S. 23; siehe auch The 9/11 Commission Report, S. 330, 334/335.

4 Clarke, Against all Enemies, S. 30.

5 Zum Text der Resolution und zur Verhandlungstaktik des Weißen Hauses siehe Huq/Schwarz, Unchecked and Unbalanced, S. 137.

6 George W. Bush, Rede vor beiden Kammern des Kongresses, 20. 9. 2001, zit. n. The 9/11 Commission Report, S. 337.
7 Rashid, Descent into Chaos, S. 65–70.
8 Rashid, Descent into Chaos, S. 19; siehe ebd., S. 129 ff.
9 The 9/11 Commission Report, S. 338.

10 Hersh, Befehlskette, S. 155–159.
11 George W. Bush, zit. n. Rashid, Descent into Chaos, S. 74.
12 Rashid, Descent into Chaos, S. 177–182.
13 Rashid, Descent into Chaos, S. 133–135, 186, 203, 209.
14 Rashid, Descent into Chaos, S. 90–94.
15 Hersh, Befehlskette, S. 322–347.
16 Rashid, Descent into Chaos, S. 50 ff., 60, 240.
17 Admiral Michael Mullen, zit. n. Rashid, Descent into Chaos, S. 397.
18 George W. Bush und Charles Krauthammer, zit. n. Suskind, One Percent Doctrine, S. 80/81.
19 U. S. Department of Defense, Notes from Donald Rumsfeld [Iraq War Planning], November 27, 2001, in: National Security Archive, Electronic Briefing Book 326.
20 Richard Armitage, zit. n. National Security Archive, Electronic Briefing Book 328.
21 Tenet, Center of the Storm, S. 305–308.
22 George W. Bush, zit. n. National Security Archive, Electronic Briefing Book 328.
23 Alastair Campbell, Tagebucheintrag vom 11. 3. 2002, in: Campbell, The Blair Years, S. 609.
24 George W. Bush laut Tony Blair, zit. n. National Security Archive, Electronic Briefing Book 328.
25 Condoleezza Rice, zit. n. Haas, War of Necessity, S. 213.
26 Prime Minister's Office, David Manning, Memorandum for the Prime Minister, Secret – Strictly Personal, 14. 3. 2002, in: National Security Archive, Electronic Briefing Book 328.
27 U.S. Department of State, Bureau of Intelligence and Research, Intelligence Assessment, 18. 12. 2001: Europe: Key Views on Iraqi Threat and Next Steps, in: National Security Archive, Electronic Briefing Book 326.
28 U.S. Department of Defense, Notes from Donald Rumsfeld [Iraq War Planning], November 27, 2001, in: National Security Archive, Electronic Briefing Book 326.
29 British Embassy Washington to No. 10 Downing Street, Confidential and Personal, 18. 3. 2002, Iraq and Afghanistan: Conversation with Wolfowitz, in: National Security Archive, Electronic Briefing Book 328.
30 Prime Minister's Office, David Manning, Memorandum for the Prime Minister, Secret – Strictly Personal, 14. 3. 2002, in: National Security Archive, Electronic Briefing Book 328.

31 Matthew Rycroft, Private Secretary to the Prime Minister, Cabinet Minutes Discussion, S 195/02, 23. 7. 2002, Secret and Strictly Personal – UK Eyes Only, in: National Security Archive, Electronic Briefing Book 328. Dieses sogenannte «Downing Street Memorandum» wurde später der Presse zugespielt und am 1. Mai 2005 in der «Sunday Times» publiziert. Vgl. Danner, Secret Way to War.

32 Colin Powell, zit. n. Woodward, Plan of Attack, S. 150.

33 Andrew Card, zit. n. Danner, Secret Way to War, S. 17.

34 Gordon, M. R., Miller, J., «U. S. Says Hussein Intensifies Quest for A-Bomb-Parts», in: The New York Times, September 8, 2002.

35 Condoleezza Rice, zit. n. Ricks, Fiasco, S. 58.

36 Richard Cheney, zit. n. Ricks, Fiasco, S. 49 und Gellman, The Angler, S. 217 ff.; George W. Bush, zit. n. Ricks, Fiasco, S. 61.

37 British Embassy Washington to No. 10 Downing Street, Confidential and Personal, 18. 3. 2002, Iraq and Afghanistan: Conversation with Wolfowitz, in: National Security Archive, Electronic Briefing Book 328.

38 Alastair Campbell, Director of Communications and Strategy, Memorandum, 9. September 2002, in: National Security Archive, Electronic Briefing Book 330.

39 U. S. Senate Intelligence Committee Report, zit. n. Ricks, Fiasco, S. 52/53.

40 Tenet, Center of the Storm, S. 362; siehe auch Suskind, One Percent Doctrine, S. 188, 245, 328.

41 George Tenet, zit. n. Suskind, One Percent Doctrine, S. 191.

42 George Tenet, zit. n. Suskind, One Percent Doctrine, S. 246.

43 The Secretary of Defense, Memorandum for the Vice President, the Secretary of State, the Assistant to the President for National Security Affairs, Subject: Iraqi Inspections/UN Strategy, Undated, in: National Security Archive, Electronic Briefing Book 328.

44 Richard Cheney, zit. n. Danner, Secret Way to War, S. 15.

45 Richard Cheney, zit. n. Danner, Secret Way to War, S. 21.

46 George W. Bush, zit. n. Aust/Schnibben, Irak, S. 74.

47 Zit. n. Ricks, Fiasco, S. 91.

48 Dominique de Villepin, zit. n. Aust/Schnibben, Irak, S. 38.

49 Zit. n. Bierling, Geschichte des Irakkriegs, S. 80.

50 George W. Bush, zit. n. Bierling, Geschichte des Irakkriegs, S. 83.

51 Joetze, Irak als deutsches Problem, S. 135, 139.

52 Joschka Fischer, zit. n. Aust/Schnibben, Irak, S. 60.

53 Bierling, Irakkrieg, S. 65–67; Aust/Schnibben, Irak, S. 62, 88; Joetze, Irak als deutsches Problem, S. 105–108, 120–142.

54 U. S. Department of Justice, Federal Bureau of Investigation, Baghdad Operations Center, Conversation with Saddam Hussein, June 11, 2004, in: National Security Archive, Electronic Briefing Book 279. Siehe auch Bierling, Irakkrieg, S. 94–96.

55 Paul Wolfowitz, zit. nach Ricks, Fiasco, S. 23.

56 Donald Rumsfeld, Working Paper, To: Condoleezza Rice, Richard Cheney, Colin Powell, July 27, 2001, Secret – Close Hold, in: National Security Archive, Electronic Briefing Book 326.

57 Colin Powell, zit. n. Ricks, Fiasco, S. 31.

58 The 9/11 Commission Report, S. 336.

59 Holmes, Matador's Cape, S. 308–311.

60 George Tenet, zit. n. Suskind, One Percent Doctrine, S. 61; vgl. ebd., S. 47 ff., 71. Siehe auch Wright, Der Tod wird Euch finden, S. 9 ff., 179 ff., 238 ff.; Rashid, Descent into Chaos, S. 120 ff., 295 sowie The 9/11 Commission Report, S. 60.

61 Richard Cheney, zit. n. Suskind, One Percent Doctrine, S. 61/62.

62 Donald Rumsfeld, zit. n. Suskind, One Percent Doctrine, S. 123.

63 George W. Bush, zit. n. Suskind, One Percent Doctrine, S. 149/150.

64 George W. Bush, zit. n. Suskind, One Percent Doctrine, S. 182, 233.

65 General Charles Horner, U.S. Air Force, zit. n. Holmes, Matador's Cape, S. 91. Siehe auch Suskind, One Percent Doctrine, S. 214.

Eine Neuauflage der «Imperialen Präsidentschaft»

1 George W. Bush, zit. n. Gellman, The Angler, S. 318.

2 George W. Bush, zit. n. Woodward, Bush at War, S. 166.

3 Richard Cheney, zit. n. Sean Wilentz, «Mr. Cheney's Minority Report», in: The New York Times, 9. 7. 2007.

4 Richard Cheney, William S. Broomfield et. al., The Minority Report, in: 100th Congress, 1st Session (Lee H. Hamilton, Daniel K. Inouye, Chairmen), Report of the Congressional Committees Investigating the Iran-Contra Affair. With Supplemental Minority and Additional Views, Washington, D. C. 1987, S. 467, 465. Siehe auch Huq/Schwarz, Unchecked and Unbalanced, S. 154/155, 160–164.

5 Gellman, The Angler, S. 30–36.

6 Bob Woodward geht beispielsweise davon aus, dass Cheneys Mitarbeiter in letzter Minute mehrmals versuchten, das Plazet für eine Rückkehr der Waffeninspektoren in den Irak aus dem Text der Rede zu streichen, die Bush am 12. September 2002 vor der UNO hielt. Siehe Woodward, Plan of Attack, S. 148–153, 180–185.

7 Zit. n. Hersh, Befehlskette, S. 239. Siehe auch Suskind, One Percent Doctrine, S. 24.

8 Zit. n. Hersh, Befehlskette, S. 237.

9 Greg Thielman, zit. n. Hersh, Befehlskette, S. 247.

10 Zit. n. Hersh, Befehlskette, S. 248.

11 Siehe Suskind, One Percent Doctrine, S. 224ff, 294, 308 ff. sowie Gellman, The Angler, S. 143 ff., 152, 164 ff., 282 ff., 296 ff.

12 Gellman, The Angler, S. 81 ff., 91 ff., 104 ff.
13 George W. Bush, zit. n. Hersh, Befehlskette, S. 69.
14 Wills, Bomb Power, S. 217 ff. Siehe auch Rudalevige, New Imperial Presidency, S. 175 ff.
15 Ein hochrangiger, namentlich nicht identifizierter Angehöriger der Bush-Administration, zit. n. Huq/Schwarz, Unchecked and Unbalanced, S. 139.
16 Hamilton/Madison/Jay, Federalist Papers: Artikel 51, S. 320.
17 Ebd.
18 Hamilton/Madison/Jay, Federalist Papers: Artikel 47, S. 301–307 sowie Artikel 69, S. 408–415.
19 Hamilton/Madison/Jay, Federalist Papers: Artikel 48, S. 312.
20 Verfassung der Vereinigten Staaten von Amerika, 17. 9. 1787, Artikel I, Abschnitt 8.
21 Hamilton/Madison/Jay, Federalist Papers: Artikel 69, S. 410.
22 Hamilton/Madison/Jay, Federalist Papers: Artikel 69, S. 408.
23 Hamilton/Madison/Jay, Federalist Papers: Artikel 41, S. 259 sowie Artikel 28, S. 186 ff.
24 Lincoln, Speeches and Writings, Vol. 2, S. 252, 261.
25 U. S. Supreme Court, Ex Parte Milligan, zit. n. Rossiter, Supreme Court, S. 34.
26 General James H. Doolittle, zit. Huq/Schwarz, Unchecked and Unbalanced, S. 13/14.
27 Richard Nixon, zit. n. Huq/Schwarz, Unchecked and Unbalanced, S. 156. Zu John F. Kennedys verblüffend ähnlicher Haltung vgl. Wills, Bomb Power, S. 157.
28 Richard Cheney, Interview mit Fox News, 22. 12. 2008, zit. n. Wills, Bomb Power, S. 3/4.
29 Wills, Bomb Power, S. 47–49.
30 Rudalevige, New Imperial Presidency, S. 116.
31 Charles Black, zit. n. Huq/Schwarz, Unchecked and Unbalanced, S. 203.
32 House Joint Resolution 542, Concerning the War Powers of Congress and the President, Public Law 93–148, Washington, D. C., 7. 11. 1973.
33 Robert Byrd, zit. n. Ricks, Fiasco, S. 88.
34 House Joint Resolution 114, Authorization for Use of Military Force Against Iraq, Public Law 107–243, Washington, D. C., 16. 10. 2002.
35 Savage, Takeover, S. 228–231.
36 Richard Cheney, zit. n. Huq/Schwarz, Unchecked and Unbalanced, S. 91.
37 Richard Cheney, zit. n. Gellman, The Angler, S. 353.
38 House Joint Resolution 6166, The Military Commissions Act of 2006, Public Law 109–366, Washington, D. C., 17. 10. 2006.

39 Lyndon B. Johnson sowie Gulf of Tonkin-Resolution, zit. n. Siff, Why the Senate Slept, S. xiv/xv.

40 Danner, Secret Way to War, S. xvii.

41 Siff, Why the Senate Slept, S. 34; vgl. ebd., S. 56.

Vom Rechtsstaat zum Machtstaat

1 Jack Goldsmith, zit. n. Gellman, The Angler, S. 289.

2 Jim Comey, zit. n. Senate Judiciary Committee, Hearing on the U. S. Attorney Firings, S. 53.

3 John Ashcroft, zit. n. ebd., S. 56.

4 George W. Bush und Jim Comey, zit. n. Gellman, The Angler, S. 318.

5 Gellman, The Angler, S. 302–324 sowie Wills, Bomb Power, S. 235.

6 JTF GTMO [Joint Task Force Guantanamo] SERE SOP [Standard Operating Procedure], Subj.: Guidelines for Employing «SERE» Techniques During Detainee Interrogations, 10 December 2002, in: National Security Archive, Torturing Democracy Documents.

7 U.S. Department of Justice, Office of Legal Counsel, Memorandum for William J. Haynes II, General Counsel, Department of Defense: Application of Treaties and Laws to al Qaeda and Taliban Detainees, January 9, 2002, S. 14, 41 sowie S. 11, 12, 42, in: National Security Archive, Torturing Democracy Documents.

8 Alberto R. Gonzales, Memorandum for the President, Subject: Decision Re Application of the Geneva Convention on Prisoners of War to the Conflict with Al Qaeda and the Taliban, January 25, 2002, in: The National Security Archive, Torturing Democracy Documents.

9 William H. Taft, Memorandum to: John C. Yoo, Subject: Your Draft Memorandum of January 9, January 11, 2002, in: The National Security Archive, Torturing Democracy Documents.

10 Colin L. Powell, Memorandum to: Counsel to the President, Assistant to the President for National Security Affairs, Subject: Draft Decision Memorandum for the President on the Applicability of the Geneva Convention to the Conflict in Afghanistan, 26 January 2002, in: The National Security Archive, Torturing Democracy Documents.

11 George W. Bush, Memorandum, Subject: Humane Treatment of al Qaeda and Taliban Detainees, February 7, 2002, in: The National Security Archive, Torturing Democracy Documents.

12 U.S. Department of Justice, Office of Legal Counsel, Memorandum for Alberto R. Gonzales, Counsel to the President, Re: Standards of Conduct for Interrogation under 18 U.S.C. §§ 2340–2340A, August 1, 2002, S. 1, 6, 13, in: The National Security Archive, Torturing Democracy Documents.

13 Ebd., S. 44; siehe auch S. 3/4, 31, 34/35, 41–43, 45.

14 U.S. Department of Justice, Office of Legal Counsel, Memorandum for

John Rizzo, Acting General Counsel of the Central Intelligence Agency, Subject: Interrogation of al Qaeda Operative, August 1, 2002, S. 15, in: The National Security Archive, Torturing Democracy Documents.

15 Goldsmith, Terror Presidency, S. 143.

16 Die zitierte Korrespondenz aus dem Zeitraum vom 11.–25. Oktober 2002 findet sich im Bestand des National Security Archive unter dem Schlagwort «Torturing Democracy Documents».

17 Zit. n. U.S. Senate, Inquiry into the Treatment of Detainees, S. xxviii, 67–70.

18 General Counsel of the Department of Defense, Action Memo for Secretary of Defense, Subject: Counter-Resistance Techniques, November 27, 2002, in: The National Security Archive, Torturing Democracy Documents. Im Original: «However, I stand for 8–10 hours a day. Why is standing limited to 4 hours? D. R.»

19 Department of the Navy, General Counsel of the Navy, Memorandum for Inspector General, Department of the Navy, Subject: Statement for the Record, July 7, 2004, S. 4, 7/8, in: The National Security Archive, Torturing Democracy Documents.

20 U. S. Senate, Inquiry into the Treatment of Detainees, S. 121; General Counsel of the Navy, Memorandum, July 7, 2004, S. 19, in: The National Security Archive, Torturing Democracy Documents.

21 Department of the Army, Office of the Judge Advocate General, Memorandum for General Counsel of the Department of the Air Force, 3 March 2003; General Counsel of the Navy, Memorandum, July 7, 2004, S. 17; U. S. Senate, Inquiry into the Treatment of Detainees, S. 121/122, 126/127, in: The National Security Archive, Torturing Democracy Documents.

22 The Secretary of Defense, Memorandum for the Commander, US Southern Command, Subject: Counter-Resistance Techniques in the War on Terrorism, April 16, 2003, in: The National Security Archive, Torturing Democracy Documents.

23 Die internen Debatten beschreiben Suskind, One Percent Doctrine, S. 21 sowie Huq/Schwarz, Unchecked and Unbalanced, S. 86; Donald Rumsfeld, zit. n. Rashid, Descent into Chaos, S. 297; George W. Bush, zit. n. Suskind, One Percent Doctrine, S. 99 und Duffy, Framework of International Law, S. 384.

24 George W. Bush, zit. n. Suskind, One Percent Doctrine, S. 152 und Huq/Schwarz, Unchecked and Unbalanced, S. 87. Siehe auch Gellman, The Angler, S. 177 ff.

25 U.S. Senate, Inquiry into the Treatment of Detainees, S. 41 ff., 73, 129, 199.

26 George Tenet, zit. n. Suskind, One Percent Doctrine, S. 87; siehe auch ebd., S. 20 sowie Hersh, Befehlskette, S. 35, 72 ff.

27 Ein nicht identifizierter Vernehmer, zit. n. Huq/Schwarz, Unchecked

and Unbalanced, S. 112. Zu den anderen Schicksalen siehe Willemsen, Hier spricht Guantanamo.

28 Rashid, Descent into Chaos, S. 281, 298; Hersh, Befehlskette, S. 20.

29 U.S. Department of Justice, Office of Legal Counsel, Memorandum for John A. Rizzo, Senior Deputy General Counsel, Central Intelligence Agency, Re: Application of 18 U.S.C. §§ 2340–2340A to Certain Techniques That May Be Used in the Interrogation of a High Value al Qaeda Detainee, May 10, 2005, S. 7–14, in: American Civil Liberties Union, http://www.aclu.org/national-security

30 Counter Resistance Strategy Meeting Minutes, Guantanamo Bay, October 2, 2002, in: The National Security Archive, Torturing Democracy Documents. Siehe auch U.S. Senate, Inquiry into the Treatment of Detainees, S. 132 ff.

31 U.S. Senate, Inquiry into the Treatment of Detainees, S. xxi, 19, 80, 88–91 sowie International Committee of the Red Cross, ICRC Report on the Treatment of Fourteen «High Value Detainees» in CIA Custody, Washington, D. C., February 2007, S. 8, 26/27, in: The National Security Archive, Torturing Democracy Documents.

32 Ricardo Sanchez, zit. n. U.S. Senate, Inquiry into the Treatment of Detainees, S. 189.

33 Captain William Ponce, E-Mail, August 14, 2003, zit. n. The National Security Archive, Torturing Democracy Documents.

34 Ein namentlich nicht identifizierter Offizier, zit. n. Huq/Schwarz, Unchecked and Unbalanced, S. 86. Siehe auch Hersh, Befehlskette, S. 68, 82/83.

35 Major General Geoffrey Miller, zit. n. U.S. Senate, Inquiry into the Treatment of Detainees, S. 191.

36 Ricks, Fiasco, S. 239 ff.

37 Ein namentlich nicht identifizierter Geheimdienstoffizier, zit. n. Hersh, Befehlskette, S. 83.

38 U.S. Senate, Inquiry into the Treatment of Detainees, S. 162 sowie Ricks, Fiasco, S. 272.

39 Antonio Taguba, Article 15–6 Investigation, S. 16 sowie Hersh, Befehlskette, S. 42.

40 Hersh, Befehlskette, S. 60.

41 U.S. Senate, Inquiry into the Treatment of Detainees, S. 211.

42 Major Nathan Hoepner, 501. Military Intelligence Battalion, E-Mail an verschiedene Adressaten, August 14, 2003, zit. n. The National Security Archive, Torturing Democracy Documents. Siehe auch U.S. Senate, Inquiry into the Treatment of Detainees, S. 168/169.

43 Gellman, The Angler. S. 347–360.

44 U.S. Department of Justice, Office of Legal Counsel, Memorandum for James B. Comey, December 30, 2004, S. 2; siehe auch S. 5, 7, 12, 14, 17.

45 James Comey, Office of the Deputy Attorney General, E-Mail to Chuck Rosenberg, May 31, 2005, zit. n. The National Security Archive, Torturing Democracy Documents. Die «Bradbury-Memoranden» des Office of Legal Counsel wurden auf der Website der American Civil Liberties Union publiziert: http://www.aclu. org/national-security

46 Rossiter, Supreme Court, S. 3 ff., 75, 128–131.

47 Bush vs. Hamdi, zit. n. Huq/Schwarz, Unchecked and Unbalanced, S. 185.

48 Hamdan vs. Rumsfeld, zit. n. Huq/Schwarz, Unchecked and Unbalanced, S. 144, 185.

49 Siehe die eindringliche Schilderung bei Wax, Kafka in Amerika.

50 Zugrunde gelegt wurden folgende Umfragen des «Pew Research Center»: American Psyche Reeling from Terror Attacks (19. 9. 2001); Iraq Prison Scandal Hits Home, but Most Reject Troop Pullout (12. 5. 2004); Foreign Policy Attitudes Now Driven by 9/11 and Iraq (18. 8. 2004); Iraq News Increases Calls for Troop Withdrawal (13. 6. 2005); Bush and Public Opinion (18. 12. 2008); Obama Faces Familiar Divisions over Anti-Terror Policies (18. 2. 2009); Public Remains Divided over Use of Torture (24. 4. 2009).

51 Holmes, Matador's Cape, S. 274; Prantl, Terrorist als Gesetzgeber, S. 73–75.

52 Todorov, Angst vor den Barbaren, S. 152–154.

53 Alberto Gonzales, zit. n. Hersh, Befehlskette, S. 23.

54 Zugrunde gelegt wurden folgende Umfragen des «Pew Research Center»: Domestic Concerns Will Vie with Terrorism in Fall (27. 6. 2002); Two Years Later, the Fear Lingers (4. 9. 2003); American Attitudes Hold Steady in Face of Foreign Crises (17. 8. 2006); Obama Faces Familiar Divisions over Anti-Terror Policies (18. 2. 2009).

55 Henry Kissinger, zit. n. Holmes, Matador's Cape, S. 277.

56 William Pfaff, zit. n. Holmes, Matador's Cape, S. 277; siehe ebd., S. 271–276, 280 und Todorov, Angst vor den Barbaren, S. 162.

57 Donald Rumsfeld, zit. n. Hersh, Befehlskette, S. 299.

Erbmassen

1 Barack Obama, zit. n. Frankfurter Allgemeine Zeitung, 18. 4. 2009, S. 8.

2 Death and Cover-Up at Guantanamo, in: The Nation, 15. 2. 2010, S. 8.

3 Anand Gopal, America's Secret Afghan Prisons, in: The Nation, 15. 2. 2010, S. 11–16.

4 Barack Obama, zit. n. Todorov, Angst vor den Barbaren, S. 267.

5 Wills, Bomb Power, S. 240.

6 David Petraeus, zit. n. Woodward, Obama's Wars, S. 332/333.

7 Der ferngesteuerte Krieg, in: Der Spiegel, 41, 2010, S. 108.
8 Anna Lindh, zit. n. Hersh, Befehlskette, S. 296.
9 Pyle, Regierung der Optionen.
10 Prantl, Terrorist als Gesetzgeber, S. 216.
11 Prantl, Terrorist als Gesetzgeber, S. 118, 143–147; Büsching, Rechtsstaat und Terrorismus, S. 135 ff.; Oehmichen, Terrorized Legislator?, S. 347–352 und vor allem Hassemer, Ein Plädoyer.
12 Büsching, Rechtsstaat und Terrorismus, S. 49, 60, 164; Beckmann, Comparative Legal Approaches, S. 28 ff.; Suskind, One Percent Doctrine, S. 211 sowie Gellman, The Angler, S. 150.
13 The 9/11 Commission Report, S. 328; Suskind, One Percent Doctrine, S. 153; Arzt, Präventionsstaat, S. 264 sowie Prantl, Terrorist als Gesetzgeber, S. 12 ff., 155, 166.
14 Huq/Schwarz, Unchecked and Unbalanced, S. 127–135.
15 Wolfgang Schäuble, zit. n. Prantl, Terrorist als Gesetzgeber, S. 29.
16 Hirsch, B., Terrorismusbekämpfung und Bürgerrechte, S. 51.
17 Votum der Lordrichter des Oberhauses, Dezember 2004, zit. n. Büsching, Rechtsstaat und Terrorismus, S. 153.
18 Urteile des Bundesverfassungsgerichts zum Luftsicherheitsgesetz vom Februar 2006, zur präventiven Rasterfahndung vom April 2006 und zur Online-Durchsuchung vom Februar 2008, zit. n. Büsching, Rechtsstaat und Terrorismus, S. 133, 109.
19 Oehmichen, Terrorized Legislator?, S. 349 sowie Prantl, Terrorist als Gesetzgeber, S. 39.
20 Hassemer, Ein Plädoyer, S. 8.
21 Danna Priest, William Arkin, A hidden world, growing beyond control, in: The Washington Post, 19. 7. 2010.
22 Prantl, Terrorist als Gesetzgeber, S. 117.
23 George W. Bush, Rede vor beiden Kammern des Kongresses, 20. 9. 2001, zit. n. The 9/11 Commission Report, S. 337.
24 Ein namentlich nicht identifizierter Mitarbeiter des Pentagon, zit. n. Ricks, Fiasco, S. 67; siehe auch S. 40–43, 98 ff., 110 ff., 129 ff., 156, 213.
25 Anthony Zinni, zit. n. Ricks, Fiasco, S. 362.
26 Ricks, Fiasco, S. 217, 257, 337.
27 Ricardo Sanchez, zit. n. Ricks, Fiasco, S. 332.
28 Ein namentlich nicht identifizierter Nachrichtenoffizier der 4th Infantry Division, zit. n. Ricks, Gamble, S. 108.
29 Hedges/Al-Arian, Collateral Damage; Ricks, Fiasco, S. 35 ff., 233–237, 256–260, 275–285, 366 ff. sowie ders., Gamble, S. 3 ff.
30 Bloomberg School of Public Health (Johns Hopkins University), School of Medicine (Al Mustansiriya University), Human Cost of the War.
31 Ricks, Fiasco, S. 430; siehe auch S. 33, 47, 378 sowie ders., Gamble, S. 6 ff.

32 US-Army Field Manual «Counterinsurgency», 2006, zit. n. Ricks, Gamble, S. 164.
33 Iraqis allied with U.S. are lured back to insurgency, in: International Herald Tribune, 18. 10. 2010, S. 4.
34 Rashid, Descent into Chaos, S. 97 ff., 361–367.
35 Stanley McChrystal, Commander's Initial Assessment: NATO International Security Assistance Force, Afghanistan; US Forces, Afghanistan, Washington, D. C., August 30, 2009.
36 Ein namentlich nicht identifizierter französischer Offizier, zit. n. Todorov, Barbaren, S. 264.
37 Insurgents put aside rivalries to fight NATO, in: International Herald Tribune, 29. 12. 2010, S. 1, 4.
38 Rashid, Descent into Chaos, S. 265, 278, 384–386.
39 U.S. House of Representatives, Committee on Oversight and Government Reform, Majority Staff Report, Warlord, Inc., S. 1–6, 10, 13–17, 22, 34–36, 46–48.
40 U.S. House of Representatives, Committee on Oversight and Government Reform, Majority Staff Report, Warlord, Inc., S. 39 ff.
41 Sayed Yaqub Ibrahimi, Glückwunsch, Taliban!, in: Süddeutsche Zeitung, 24./25. 7. 2010, S. 2.
42 Faisal Shahzad, zit. n. Frankfurter Allgemeine Zeitung, 23. 6. 2010, S. 3; siehe auch International Herald Tribune, 23. 6. 2010, S. 4.

Bildnachweis

S. 16 © Steve McCurry/Magnum/Agentur Focus
S. 19 © SZ-photo/AP
S. 27 © STR New/Reuters
S. 29 © Greg Semendinger/AP
S. 35 © Ho New/Reuters
S. 46 Unbekannter Künstler, entnommen aus: Street Art and the War on Terror, Eleanor Mathieson (ed.), London 2007, 44
S. 50 © AP
S. 73 © ullstein bild/AP
S. 77 © ullstein bild/AP
S. 80 © Cartrain, entnommen aus: Street Art and the War on Terror, Eleanor Mathieson (ed.), London 2007, 72
S. 84 © James A. Parcell, entnommen aus: Bob Woodward, Bush at War, Stuttgart/München 2003
S. 87 © Reuters
S. 115 © DOLK, entnommen aus: Street Art and the War on Terror, Eleanor Mathieson (ed.), London 2007, 90
S. 118 © Reuters
S. 130 © Denis Poroy/AP
S. 136 © Reuters
S. 150 © Cinetext/Sammlung Richter
S. 155 © Ron Edmonds/AP
S. 163 © Larry Downing/Reuters
S. 172 © Roufixte Designers Production, entnommen aus: Street Art and the War on Terror, Eleanor Mathieson (ed.), London 2007, 122
S. 188 The National Security Archives, Torturing Democracy Documents
S. 194 © Joe Skipper/Reuters
S. 206 © AP
S. 220 © picture alliance/dpa
S. 239 © John Moore/Getty Images
S. 248 Entnommen aus: Warlord, Inc., Report of the Majority Staff, US House of Representatives June 2010

Literatur

Ackerman, B., Before the Next Attack. Preserving Civil Liberties in an Age of Terrorism, New Haven, London 2006.

Albrecht, P.-A., Der Weg in die Sicherheitsgesellschaft. Auf der Suche nach staatskritischen Absolutheitsregeln, Berlin 2010.

Arzt, C., Präventionsstaat zwischen Rechtsgüterschutz und Abbau von Freiheitsrechten in den USA, in: Graulich, K., Simon, D., Hg., Terrorismus und Rechtsstaatlichkeit. Analysen, Handlungsoptionen, Perspektiven, Berlin 2007.

Atwan, A. B., The Secret History of al-Qaeda, Berkeley, Los Angeles 2007.

Aust, S., Schnibben, C., Hg., 11. September. Geschichte eines Terrorangriffs, Stuttgart 2002.

Dies., Hg., Irak. Geschichte eines modernen Krieges, München 2003.

Bacevich, A. J., Grenzen der Macht. Das Ende des amerikanischen Traums? Hamburg 2009

Ders., Washington Rules: America's Path to Permanent War, New York 2010.

Ball, H., Bush, the Detainees, and the Constitution, Lawrence 2007.

Baum, G., Rettet die Grundrechte! Bürgerfreiheit contra Sicherheitswahn. Eine Streitschrift, Köln 2009.

Becker, J. M., Wulf, H., Hg., Afghanistan. Ein Krieg in der Sackgasse, Berlin 2010.

Beckman, J., Comparative Legal Approaches to Homeland Security and Anti-Terrorism, Aldershot 2007.

Bergen, P., The Osama Bin Laden I Know, New York 2006.

Berger, R., Executive Privilege: A Constitutional Myth, Cambridge, Mass. 1974.

Bierling, S., Geschichte des Irakkriegs. Der Sturz Saddams und Amerikas Albtraum im Mittleren Osten, München 2010.

Blix, H., Disarming Iraq, New York 2004.

Bloomberg School of Public Health (Johns Hopkins University), School of Medicine (Al Mustansiriya University), The Human Cost of the War in Iraq. A Mortality Study, 2002–2006, Baltimore, Baghdad 2008. (Auszugsweise publiziert in: Lancet, 368, 2006, S. 1421–1428).

Blumenthal, S., How Bush Rules. Chronicles of a Radical Regime, Princeton 2006.

Brecher, B., Torture and the Ticking Bomb, Malden, Oxford 2007.

Büsching, S., Rechtsstaat und Terrorismus. Untersuchung der sicherheitspolitischen Reaktionen der USA, Deutschlands und Großbritanniens auf den internationalen Terrorismus, Frankfurt/M. 2010.

Campbell, A., The Blair Years: Extracts from the Alastair Campbell Diaries, London 2007.

Clarke, R. A., Against All Enemies. Inside America's War on Terror, New York 2004.

Cockburn, A., Rumsfeld. His Rise, Fall, and Catastrophic Legacy, New York 2007.

Coll, St., Ghost Wars. The Secret History of the CIA, Afghanistan, and Bin Laden. From the Soviet Invasion to September 10, 2001, New York 2005.

Ders., The Bin Ladens. An Arabian Family in the American Century, New York 2008.

Coughlin, C., American Ally: Tony Blair and the War on Terror, New York 2006.

Crews, R. D., Tarzi, A., Hg., The Taliban and the Crisis of Afghanistan, Cambridge. Mass. 2008.

Danner, M., The Secret Way to War. The Downing Street Memo and the Iraq War's Buried History, New York 2006.

Denbeaux, M. P., Hafetz, J., Hg., The Guantanamo Lawyers: Inside a Prison Outside the Law, New York 2010.

Draper, R., Dead Certain: The Presidency of George W. Bush, New York 2007.

Duffy, H., The ‹War on Terror› and the Framework of International Law, Cambridge, New York 2005.

Fielding, N., Fouda, Y., Masterminds of Terror. Die Drahtzieher des 11. September berichten – Der Insider-Report von Al-Qaida, Hamburg 2003.

Fisher, L., Congressional Abdication on War and Spending, Texas A&M University Press 2000.

Fisher, L., The Constitution and 9/11. Recurring Threats to America's Freedoms, Lawrence 2008.

Franks, T., American Soldier, New York 2004.

Fried, Ch., Fried, G., Because it is Wrong: Torture, Privacy and Presidential Power in the Age of Terror, New York 2010.

Gellman, B., Angler. The Cheney Vice Presidency, New York 2008.

Giustozzi, A., Empires of Mud. War and Warlords in Afghanistan, London 2009.

Ders., Koran, Kalashnikov, and Laptop. The Neo-Taliban Insurgency in Afghanistan, New York 2008.

Goldsmith, J., The Terror Presidency. Law and Judgement Inside the Bush Administration, New York 2007.
Gordon, M., Trainor, B., Cobra II: The Inside Story of the Invasion and Occupation of Iraq, New York 2006.
Gourevitch, Ph., Morris, E., Die Geschichte von Abu Ghraib, München 2009.
Graulich, K., Simon, D., Hg., Terrorismus und Rechtsstaatlichkeit. Analysen, Handlungsoptionen, Perspektiven, Berlin 2007.
Greenberg, K. J., Hg., The Torture Debate in America, Cambridge, Mass. 2006.
Grote, R., Präventionsstaat zwischen Rechtsgüterschutz und Abbau von Freiheitsrechten im Vereinigten Königreich, in: Graulich, K., Simon, D., Hg., Terrorismus und Rechtsstaatlichkeit. Analysen, Handlungsoptionen, Perspektiven, Berlin 2007.
Gusy, Ch., Präventionsstaat zwischen Rechtsgüterschutz und Abbau von Freiheitsrechten in Deutschland, in: Graulich, K., Simon, D., Hg., Terrorismus und Rechtsstaatlichkeit. Analysen, Handlungsoptionen, Perspektiven, Berlin 2007.
Gutman, R., How We Missed the Story. Osama bin Laden, the Taleban, and the Hijacking of Afghanistan, Washington, D. C. 2008.
Haas, R. N., War of Necessity, War of Choice: A Memoir of Two Iraq Wars, New York 2009.
Hamilton, A., Madison, J., Jay, J., Die Federalist Papers (herausgegeben und übersetzt von B. Zehnpfennig), München 2007.
Hassemer, W., Warum Strafe sein muss. Ein Plädoyer, Berlin 2009.
Hedges, Ch., Al-Arian, L., Collateral Damage. America's War Against Iraqi Civilians, New York 2008.
Heinz, W. S., Terrorismusbekämpfung und Schutz der Menschenrechte. Strategien in den USA, Großbritannien und Deutschland, in: Smidt, W. K., Poppe, U., Hg., Fehlbare Staatsgewalt. Sicherheit im Widerstreit mit Ethik und Bürgerfreiheit, Münster 2009.
Hersh, S. M., Die Befehlskette. Vom 11. September bis Abu Ghraib, Reinbek bei Hamburg 2004.
Hirsch, B., Terrorismusbekämpfung und Bürgerrechte, in: Müller, E., Schneider, P., Hg., Die Europäische Union im Kampf gegen den Terrorismus: Sicherheit vs. Freiheit?, Baden-Baden 2007.
Hirschmann, K., Der Jihadismus: Ideologie, Organisation und Bekämpfungsmöglichkeiten, in: Graulich, K., Simon, D., Hg., Terrorismus und Rechtsstaatlichkeit. Analysen, Handlungsoptionen, Perspektiven, Berlin 2007.
Holmes, S., The Matador's Cape. America's Reckless Response to Terror, Cambridge 2007.
Huband, M., Brutal Truths, Fragile Myths, Power Politics and Western Adventurism in the Arab World, Boulder, Co. 2004

Huq, A. Z., Schwarz, F. A. O. Jr., Unchecked and Unbalanced. Presidential Power in a Time of Terror, New York 2007.
Joetze, G., Der Irak als deutsches Problem, Baden-Baden 2010.
Jones, S. G., In the Graveyard of Empires. America's War in Afghanistan, New York 2009.

Juergensmeyer, M., Die Globalisierung religiöser Gewalt. Von christlichen Milizen bis al-Qaida, Hamburg 2009.
Kepel, G., Milelli, J.-P., Hg., Al-Qaida. Texte des Terrors, Zürich 2005.
Kleinerman, B. A., The Discretionary President. The Promise and Peril of Executive Power, University Press of Kansas 2009.
Klingst, M., Alle Macht dem Präventionsstaat?, in: Graulich, K., Simon, D., Hg., Terrorismus und Rechtsstaatlichkeit. Analysen, Handlungsoptionen, Perspektiven, Berlin 2007.
Krämer, G., Hasan al-Banna. Makers of the Muslim World, Oxford 2010.
Lange, H.-J., Ohly, H. P., Reichertz, J., Hg., Auf der Suche nach neuer Sicherheit. Fakten, Theorien und Folgen, Wiesbaden 2009.
Lawrence, B. B., Hg., Messages to the World. The Statements of Osama Bin Laden, London 2005.
Lia, B., Architect of Global Jihad. The Life of al-Qaeda Strategist Abu Musab al-Suri, New York 2008.
Lincoln, A., Speeches and Writings, 2 Vols. (herausgegeben von D. E. Fehrenbacher), New York 1989.
Lüdtke, A., Wildt, M., Hg., Staats-Gewalt: Ausnahmezustand und Sicherheitsregimes. Historische Perspektiven, Göttingen 2008.
Mann, J., Rise of the Vulcans. The History of Bush's War Cabinet, New York 2004.
Mayer, J., The Dark Side. The Inside Story of How the War on Terror Turned into a War on American Ideals, New York 2008.
Mestrovic, St. G., Rules of Engagement? A Social Anatomy of an American War Crime – Operation Iron Triangle, Iraq, New York 2008.
Müller, H., Amerika schlägt zurück. Die Weltordnung nach dem 11. September, Frankfurt/M. 2003.
Müller, T. B., Workshop «Imperial Presidency», in: Berliner Colloquien zur Zeitgeschichte Nr. 1, Beilage zum Mittelweg 36, 4, 2010, S. 50–67.
Myers, R. B., Eyes on the Horizon: Serving on the Front Lines of National Security, New York 2009.
Nagl, J., Learning to Eat Soup with a Knife: Counterinsurgency Lessons from Malaya and Vietnam, New York 2002.
Naumann, K., Einsatz ohne Ziel? Die Politikbedürftigkeit des Militärischen, Hamburg 2008.
Oehmichen, A., Terrorism and Anti-Terror Legislation: The Terrorized Legislator? A Comparison of Counter-Terror Legislation and Its Implica-

tions on Human Rights in the Legal Systems of the United Kingdom, Spain, Germany and France, Antwerpen 2009.
Olmsted, K. S., Real Enemies. Conspiracy Theories and American Democracy, World War I to 9/11, Oxford 2009.
Pease, D. E., The New American Exceptionalism, Minneapolis, MN 2009.
Pfaff, W., The Irony of Manifest Destiny. The Tragedy of America's Foreign Policy, New York 2010.
Prados, J., Hood-Winked: The Documents That Reveal How Bush Sold Us a War, New York 2004.
Prantl, H., Der Terrorist als Gesetzgeber. Wie man mit Angst Politik macht, München 2008.
Priest, D., The Mission. Waging War and Keeping Peace with America's Military, New York 2003.
Pyle, Ch. H., Getting Away with Torture. Secret Government, War Crimes, and the Rule of Law, Washington D. C. 2009.
Ders., Eine Regierung der Optionen. Zur Wiederherstellung der Rechtsstaatlichkeit in den USA, in: Berliner Colloquien zur Zeitgeschichte Nr. 1, Beilage zum Mittelweg 36, 4, 2010, S. 38–49.
Rashid, A., Taliban. Afghanistans Gotteskämpfer und der neue Krieg am Hindukusch, München 2010.
Ders., Descent Into Chaos. How the war against Islamic extremism is being lost in Pakistan, Afghanistan and Central Asia, London 2008.
Reemtsma, J. Ph., Folter im Rechtsstaat?, Hamburg 2005.
Ricks, Th. E., Fiasco. The American Military Adventure in Iraq, London 2006.
Ders., The Gamble. General David Petraeus and the American Military Adventure in Iraq, 2006–2008, New York 2009.
Risen, J., State of War: The Secret History of the CIA and the Bush Administration, New York 2006.
Rossiter, C., Constitutional Dictatorship: Crisis Management in the Modern Democracies, Princeton 1948 (New Brunswick 2002).
Ders., The Supreme Court and the Commander-in-Chief, Ithaca 1951.
Rozell, M. J., Whitney, G., Hg., Testing the Limits. George W. Bush and the Imperial Presidency, Lanham 2009.
Rudalevige, A., The New Imperial Presidency. Renewing Presidential Power after Watergate, Ann Arbor 2005.
Sands, Ph., Torture Team. Deception, Cruelty and the Compromise of Law, London 2008.
Sasson, J. P., Growing Up bin Laden. Osama's Wife and Son Take Us Inside Their Secret World, New York 2009.
Savage, Ch., Takeover. The Return of the Imperial Presidency and the Subversion of American Democracy, New York 2007.
Scahill, J., Blackwater. Der Aufstieg der mächtigsten Privatarmee der Welt, München 2008.

Siff, E. Y., Why the Senate Slept. The Gulf of Tonkin Resolution and the Beginning of America's Vietnam War, London 1999.

Spitzer, R. J., Saving the Constitution from Lawyers. How Legal Training and Law Reviews Distort Constitutional Meaning, Cambridge 2008.

Stiglitz, J., Bilmes, L. J., The Three Trillion Dollar War. The True Cost of the Iraq Conflict, New York 2008.

Stone, G., Perilous Times: Free Speech in Wartime from the Sedition Act of 1798 to the War on Terrorism, New York 2007.

Suskind, R., The One Percent Doctrine. Deep Inside America's Pursuit of Its Enemies since 9/11, New York 2006.

Tenet, G., At the Center of the Storm: My Years at the CIA, New York 2007.

Todorov, T., Die Angst vor den Barbaren. Kulturelle Vielfalt versus Kampf der Kulturen, Hamburg 2010.

Wax, St. T., Kafka in Amerika. Wie der Krieg gegen den Terror Bürgerrechte bedroht, Hamburg 2009.

Willemsen, R., Hier spricht Guantanamo. Roger Willemsen interviewt Ex-Häftlinge, Frankfurt / M. 2006.

Wills, G., Bomb Power. The Modern Presidency and the National Security State, New York 2010.

Woodward, B., Bush at War. Amerika im Krieg, Stuttgart, München 2003.

Ders., Plan of Attack, New York 2004.

Ders., Obama's Wars, New York 2010.

Wright, L., Der Tod wird Euch finden. Al-Qaida und der Weg zum 11. September, Stuttgart 2007.

Zaeef, A. S., My Life With the Taleban, New York 2010.

Quellen

Gedruckte Quellen:

Ehrenberg, J. et. al., Hg., The Iraq Papers, New York 2010.
Greenberg, K. J., Dratel, J. L., Hg., The Torture Papers: The Road to Abu Ghraib, Cambridge, Mass. 2005.
Independent Panel to Review Department of Defense Detention Operations, Final Report, Washington, D. C., August 2004.
International Committee of the Red Cross (Regional Delegation for United States and Canada), ICRC Report on the Treatment of Fourteen «High Value Detaineees» in CIA Custody, Washington, D. C., February 2007.
Jaffer, J., Singh, A., Hg., Administration of Torture: A Documentary Record from Washington to Abu Ghraib and Beyond, New York 2008.
Taguba, Antonio M., Article 15–6 Investigation of the 800th Military Police Brigade, Washington, D. C., March 2004.
The 9/11 Commission Report. Die offizielle Untersuchung zu den Terrorattacken vom 11. September 2001, Potsdam 2004.
The Guantanamo Review Task Force Final Report, Washington, D. C., January 22, 2010.
United States House of Representatives, House Committee on the Judiciary, Majority Staff Report to Chairman John Conyers, Jr., Reining in the Imperial Presidency. Lessons and Recommendations Relating to the Presidency of George W. Bush, Washington D. C., January 13, 2009.
United States House of Representatives, Subcommittee on National Security and Foreign Affairs, Committee on Oversight and Government Reform, Majority Staff Report, Warlord, Inc.: Extortion and Corruption Along the U.S. Supply Chain in Afghanistan, Washington, D. C., June 22, 2010.
United States Senate, Senate Judiciary Committee, Committee Hearing on the U.S. Attorney Firings, Washington, D. C., May 15, 2007.
United States Senate, Committee on Armed Services, Report on the Inquiry into the Treatment of Detainees in U.S. Custody, Washington, D. C., November 20, 2008.

Internet-Quellen:

National Security Archive, Electronic Briefing Books: The September 11th Sourcebooks:
http://www.gwu.edu/~nsarchiv/NSAEBB//September11thSourcebooks

National Security Archive, Electronic Briefing Books: Torturing Democracy:
http://www.gwu.edu/~nsarchiv/torturingdemocracy//documents

National Security Archive, Electronic Briefing Books:
http://www.gwu.edu/~nsarchiv/NSAEBB/:

- *Electronic Briefing Book 80*:
  Iraq and Weapons of Mass Destruction.
- *Electronic Briefing Book No. 97*:
  The Taliban File Part III.
- *Electronic Briefing Book No. 134*:
  The Taliban File Part IV.
- *Electronic Briefing Book No. 147*:
  Richard A. Clarke, Memorandum for Condoleezza Rice, Subject: Presidential Policy Initiative/Review – The Al-Qida Network, 25. 1. 2001.
- *Electronic Briefing Book No. 196*:
  National Transportation Safety Board (Office of Research and Engineering), 19. 2. 2002, Flight Path Study: American Airlines Flight 11, American Airlines Flight 77, United Airlines Flight 175.
- *Electronic Briefing Book No. 196*:
  National Transportation Safety Board (Vehicle Recorders Division), 21. 12. 2001, Air Traffic Control Recording: United Airlines Flight 93.
- *Electronic Briefing Book No. 227*:
  Pakistan: «The Taliban's Godfather?»
- *Electronic Briefing Book No. 234*:
  The Record on CURVEBALL.
- *Electronic Briefing Book No. 253*:
  1998 Missile Strikes on Bin Laden May Have Backfired.
- *Electronic Briefing Book No. 254*:
  PR Push for Iraq War Preceded Intelligence Findings.
- *Electronic Briefing Book No. 279*:
  Saddam Hussein Talks to the FBI.
- *Electronic Briefing Book No. 295*:
  The Taliban File.
- *Electronic Briefing Book 325:*
  »No-Go» Tribal Areas Became Basis for Afghan Insurgency.
- *Electronic Briefing Book 326*:
  The Iraq War – Part I: The U. S. Prepares for Conflict, 2001.
- *Electronic Briefing Book 328*:
  The Iraq War – Part II: Was There Even a Decision?

– *Electronic Briefing Book 330*:
The Iraq War – Part III: Shaping the Debate.
Website der American Civil Liberties Union:
http://www.aclu.org/national-security
Website der Library of Congress:
http://www.loc.gov/law/help/usconlaw/index.php
Website der Regierung Tony Blair:
http://www.number10.gov.uk/archive
Website der Regierung Georg W. Bush:
http://georgewbush-whitehouse.archives.gov
Website der University of California, Davis:
http://humanrights.ucdavis.edu/projects/the-guantanamo-testimonials-project
Website der Washington Post:
http://washingtonpost/TopSecretAmerica
Website der Yale University:
http://www.yale.edu/lawweb/avalon/warpower.htm

Register

Register